教育部人文社会科学研究青年基金项目18YJCZH168资助

现代新儒家的自我观

王斐 著

XIANDAI XINRUJIA DE ZIWO GUAN

广西师范大学出版社

·桂林·

图书在版编目（CIP）数据

现代新儒家的自我观 / 王斐著. -- 桂林：广西师范大学出版社，2024.6
ISBN 978-7-5598-7000-1

Ⅰ.①现… Ⅱ.①王… Ⅲ.①新儒家－研究－中国－现代 Ⅳ.①B244.05

中国国家版本馆 CIP 数据核字（2024）第 099922 号

广西师范大学出版社出版发行
（广西桂林市五里店路9号　邮政编码：541004）
　网址：http://www.bbtpress.com
出版人：黄轩庄
全国新华书店经销
深圳市精彩印联合印务有限公司印刷
（深圳市光明新区光明街道白花社区精雅科技园　邮政编码：518107）
开本：880 mm × 1 240 mm　1/32
印张：9.875　　　字数：230 千
2024 年 6 月第 1 版　2024 年 6 月第 1 次印刷
定价：69.00 元

如发现印装质量问题，影响阅读，请与出版社发行部门联系调换。

目 录

绪论 1
 一、研究缘起 1
 二、研究对象及其界定 8
 三、研究综述 13
 四、研究框架 31

第一章 中国传统自我观的现代转型 33
 一、传统中国的自我观 33
 二、二十世纪初传统自我观的裂变 43
 三、新文化运动时期感官功利主义个体自我观的形成 66
 四、感官功利主义个体自我观带来的道德困境与时人之对策 81

第二章 梁漱溟自我观之研究 88
 一、梁漱溟早年思想历程 88

二、东西文化论争中的自我观重建　104
三、印度、中国文化的重释与功利主义自我观批判　121

第三章　"科玄论战"再审视与张君劢自我观之研究　153
一、"科玄论战"：一段学术史回顾　153
二、"科学"的三重面向：权势话语、知识论和世界图景　164
三、科学派人生观之典型：吴稚晖的"科学的人生观"　190
四、别"自我"与"非我"——张君劢对还原论的抵制　203

第四章　熊十力自我观之研究　220
一、"矛盾"的哲学家熊十力　220
二、熊十力的"证人之学"——理解《新唯识论》的一个视角　239
三、道德化世界图景与超越性自我观的重建　268

结论　286
一、自我观重建与现代新儒家的崛起　286
二、新儒家对抗虚无主义的两条道路　294

参考文献　306

绪论

> 人能够具有"自我"的观念,这使人无限地提升到地球上一切其他有生命的存在物之上,因此,他是一个人。
>
> ——康德《实用人类学》

一、研究缘起

(一)"自我":现代性重要标志

无论对于西方还是中国,人的自我意识之觉醒、个人从共同体中分离出来都乃现代性的标志性事件。哈贝马斯(Jürgen Habermas)将黑格尔(G. W. F. Hegel)视为思考现代性的首位哲学家,而黑格尔将主体性认作现代性的主要原则,"现代世界的原则就是主体性的自由,也就是说,精神总体性中关键的方方面面都应得到充分的发挥"。而这种主体性在宗教中的充分发挥则体现在直接面对上帝的个人之确立,"自马丁路德开始,宗教信仰变成了一种反思;在孤独的主体性中,神的世界成了由我们所设定的东西"。① 弗洛姆(Erich Fromm)虽对现代人日益个体化的现象持一种反思批判的态度,但也不得不承认"我们可以称这个个人日益从原始纽带中脱颖而出的过程为'个体化'。它似乎在现代历史上从宗教改革至今的几个世纪达到巅峰"。②

在中国近代史上,被梁启超视为晚清思想解放先锋的龚自珍③便赋予了自我作为万物创造者的价值,他说:"天地,人所造,众人自造,非圣人所造。圣人也者,与众人对立,与众人为无尽。众人之宰,非道非极,自名曰我。我光造日月,我力造山川,我变造毛羽肖翘,我理造文字言语,我气造天地,我天地又造人,我分别造伦纪。"④谭嗣同所力倡之"心力"同样可视为自我之主观精神与意志,这种力量能改换天地、拯救祸乱:"大劫将至矣,亦人心制造而成也。西人以在外之机器制造货物,中国以在心之机器制造大劫。[……]无术以救之,亦惟以心救之。缘劫既由心造,亦可以心解之也。"⑤梁启超视自我之独立与否乃人与动物的重要界限,疾呼人人应争取独立:"故今日救治之策,惟有提倡独立,人人各断绝倚赖,[……]庶可以扫拔以往数千年奴性之壁垒,可以脱离此后四百兆

---

① [德]哈贝马斯:《现代性的哲学话语》,曹卫东等译,译林出版社,2004年,第20、21页。
② [美]弗洛姆:《逃避自由》,刘林海译,国际文化出版公司,2002年,第16页。
③ 梁启超曾评龚自珍:"晚清思想之解放,自珍确与有功焉;光绪间所谓新学家者,大率人人皆经过崇拜龚氏之一时期;初读《定庵文集》,若受电然。"见梁启超:《清代学术概论》,《饮冰室合集·专集之三十四》,中华书局,1989年,第54页。
④ 龚自珍:《壬癸之际胎观第一》,《龚自珍全集》,上海古籍出版社,1975年,第12、13页。
⑤ 谭嗣同:《上欧阳中鹄》,《谭嗣同全集》(下册),中华书局,1981年,第466页。

奴种之沉沦。"①自我意识的觉醒与个人主义的张扬在五四新文化运动中达到了一个高峰,郁达夫便认为:"五四运动的最大成功,第一要算'个人'的发现。从前的人是为君而存在,为道而存在,为父母而存在,现在的人才晓得为自我而存在了。"②1941年林同济在《廿年来中国思想的转变》一文中同样将个性解放总结为五四新文化运动的"主旨和母题"。③

由此可见,自我问题是中国近代史的重要论题,不少重要的历史人物均对此有所论述,一系列论述所形成的话语,为我们理解近代自我观问题提供了丰富的材料,而对自我观问题的考察则会给我们思考中国现代性问题提供较为新颖独特的视角。

另一方面,人对于自我本质、存在意义以及价值观的不同理解常常会导向不同的人生选择,而这些选择最终造就了历史本身。杨贞德注意到,中国近代一些历史人物在进行政治思考时常常会有转向自我、从自我出发来改造现实的倾向,他认为中国近代政治思考中"清楚地呈现了一个吁求个人转向自我、自我改造的共同倾向。简单地说,近代中国知识分子在寻求政治和社会问题的根本解答时,往往从政治社会领域转向个人,特别强调'根底在人'、强

---

① 梁启超:《十种德性相反相成议》,《饮冰室合集·文集之五》,中华书局,1989年,第44页。
② 郁达夫著,王自立、陈子善主编:《郁达夫全集》(第六卷),花城出版社,1983年,第261页。
③ 林同济著,许纪霖、李琼编:《天地之间——林同济文集》,复旦大学出版社,2004年,第27、28页。

调个人的思想和态度在其中的重要性"。① 因此对于自我观的探讨,也是理解历史人物政治选择的重要渠道。

(二)新儒家研究的意义

二十世纪八十年代以来,中国现代新儒家在大陆学界中渐成显学,不过大多数研究皆从哲学角度入手,以史学视角梳理这一学派兴起过程的研究相对少见。② 考察现代新儒家的自我观,是从观念史角度切入此群体研究的较好手段。现代新儒家的早期代表人物梁漱溟、张君劢和熊十力均对"自我"问题有过深入探讨。梁漱溟的《东西文化及其哲学》便以中、西、印三种文化中的"自我"人生趋向作为其展开论证的逻辑起点。张君劢引发"科玄论战"的《人生观》演讲也将"自我"视为人生观之核心,"人生观之中心点,是曰我。与我对待者,则非我也"。③ 熊十力早年(1913年)即有阐发"证人之学"的理想,"证人何谓?证明人所以为人之道也"。④ 其后代表作《新唯识论》奠定了"道德自我"的本体论基础。熊十力对于道德自我的阐释进一步影响到其弟子,第二代新儒家唐君毅的

---

① 杨贞德:《转向自我:近代中国政治思想上的个人》,生活·读书·新知三联书店,2012年,第1页。
② 关于现代新儒家研究状况的概要梳理可见郭齐勇:《近20年中国大陆学人有关当代新儒学研究之述评》,见网页:https://chinakongzi.org/xueshu/guoqiyong/202102/t20210226_514715.htm。关于现代新儒家兴起过程的史学研究见张灏《新儒家与当代中国的思想危机》和罗义俊《当代新儒家的历程和地位问题》,见罗义俊编著:《评新儒家》,上海人民出版社,1989年。
③ 亚东图书馆编:《科学与人生观》,中国致公出版社,2009年,第1页。
④ 熊十力著,萧萐父主编:《熊十力全集》(第八卷),湖北教育出版社,2001年,第1页。

早期代表作即名为《道德自我之建立》。由此可见,自我观问题是早期现代新儒家的核心论题,考察此问题既可以厘清新儒家的兴起过程,又有助于我们对其思想有较为全面的认识,而从此角度研究新儒家的论文、著作,笔者还未发现。

余英时在反思中国近代自我观和个人观时尖锐地指出,在近代思想界占主流的知识分子皆缺乏对自我问题的深刻反思,他们在很多情况下被政治吞没了"自我","五四"时期虽是自我觉醒、个人主义张扬的年代,但大多知识人对自我的想象、个人的设定都是十分单一、浅薄的。"在'大我'存亡的关头,我们几乎完全忽略了'小我'的重要性。其结果是政治吞没了文化,无论是中国传统的'自我'的精神资源或西方的资源都没有人认真去发掘。"只有一小部分在当时不占主流的思想家坚持在发掘传统中重建自我观,对此问题有深刻思考:"儒、道、佛家对个人问题的讨论,到了近代以后,几乎被忽略了,但也不是没有人在继承传统,例如:熊十力先生、梁漱溟先生等,也都还在作努力,只是不成为主流。以五四为中心在知识界所掀起的大波浪,把上述的问题都摆到一边去了,不认为那是重要的问题。"①余英时敏锐地发现了新儒家群体的自我观所具有的思想史价值,可惜没有进一步深入阐释,当然这也给本研究留下了一定创新空间。这里阐释现代新儒家的自我观,一方面是对此学派兴起给予历史的梳理、解释;另一方面,如余先生所言,也是重新发掘其思想史价值,可反思、弥补占近代思想界主流的新文化派对此问题思考的不足之处。

---

① 熊十力著,萧萐父主编:《熊十力全集》(第八卷),第33页。

(三)范式转换的意义

对于"范式"概念能否指称中国近现代史领域的不同研究趋向这一问题,学界还存在争议,①但从问题意识、研究视角、叙述模式等方面观之,多数学者并不否认该领域的众多成果主要存在着两大类别:革命史叙事和现代化叙事。② 近年来随着革命史叙事的式微,现代化叙事日渐成为中国近代史研究中的主叙事。③

在思想史研究领域,李泽厚的《启蒙与救亡的双重变奏》一文

---

① 如杨念群认为"历史学可能根本就不存在自然科学意义上的'范式转换'的可能性,因为我们无法满足库恩所规定的那种彻底性要求,即在放弃一个范式之前必得先证明其无效,或者既能解释支持旧范式的论据,又能说明用旧范式无力解释的论据"。见杨念群:《中层理论——东西方思想会通下的中国史研究》,江西教育出版社,2001年,第55页。又如郑师渠认为"从严格意义上讲,当下的近代史研究,不仅客观上并不存在所谓'两个范式'的较量,而且事实上也不存在库恩所说的'范式'"。见郑师渠:《近代史教材的编撰与近代史研究的"范式之争"》,《近代史研究》,2010年第2期。更多有关"范式"问题的争论,可参见左玉河:《中国近代史研究的范式之争与超越之路》,《史学月刊》,2014年第6期。
② 左玉河综述了学界关于范式问题的各种争论后,认为"如果借用'范式'概念容易产生歧义的话,不妨改用取向、视角、模式等概念"。见左玉河:《中国近代史研究的范式之争与超越之路》,《史学月刊》,2014年第6期。因为历史研究都有其叙事性的特点,故笔者采用"革命史叙事"和"现代化叙事"的说法。
③ "……这些内外因素的共同作用,造就了新自由主义思想在中国知识分子中间的强势地位。现代化叙事在近代中国的撰述中渐占主导,正是这一时期自由主义思想盛行的体现。"见[美]李怀印:《重构近代中国——中国历史写作中的想象与真实》,岁有生、王传奇译,中华书局,2013年,第244、245页。"不过值得注意的是,虽则在官方意识形态宣传和教科书领域,革命史范式的主导地位一直未曾受到怎样的撼动,但是在学术研究领域,随着现实生活中市场经济地位的确立乃至市场霸权的建立,现代化范式还是逐步取得事实上的统治地位。"见夏明方:《中国近代历史研究方法的新陈代谢》,《近代史研究》,2010年第2期。

中的"救亡压倒启蒙"说,可谓反思革命倡导现代化的标志性文本;①其后学界对于新文化运动启蒙性特点的强调,对于五四运动以来各种激进思潮的批判性反思,对于中国自由主义旗帜性人物胡适思想的重新评定,以及对于近代一系列改良思想家的发掘、评价均体现了现代化叙事的强劲势头。

　　前人对于近代个人观和自我观的研究大体上采取了现代化研究范式/叙事模式,下文研究综述部分将对前人研究进行详细述评,这里简单指出现代新儒家自我观研究在范式创新方面所具有的三点意义:首先,新儒家群体多从传统的儒家与佛教思想中汲取资源,由此获得了对于古代传统思想的深刻洞见,相比现代化叙事简单将传统贬抑为负面价值的承载者,更多了一分同情之了解;其次,新儒家因于传统抱持有温情与敬意,对自身所处的"现代"之弊端便有更深刻的体察,能够跳出现代化线性的目的论叙事之窠臼,为我们寻求多元现代性提供了某种借鉴;最后,新儒家更加注重自我的道德性与超越价值,并将自我置于一种与传统经典的对话关系中,赋予了自我厚重的道德、价值与历史内涵,这同自由主义者对于"抽象的主体"自我的设定形成了鲜明对比,而与当代社群主

---

① 在文章结尾,李泽厚强调对传统进行创造性转换乃实现现代化的重要方法,"……只有这样,传统才能有转换的创造,并在这过程中得到承继和发扬。这也就是我在《中国古代思想史论》中所解释的'西体中用',即中国式的社会主义现代化道路"。见李泽厚:《中国现代思想史论》,天津社会科学院出版社,2004年,第43页。

义者所提倡的"厚"的自我观具有某种相似之处。① 因此,发掘现代新儒家的自我观,从理论上可以同当代社群主义形成某种对话关系,反思、批判自由主义所设定的抽象、单薄的"自我";从实践上观之,那种单薄的"自我观"切断了自我同历史传统与超越价值的关系,风行于世,从而使大多数人将自我想象成一种追逐利益与感官享受的世俗化功利性与感官主义的对象;重新发掘现代新儒家的自我观,并非要用一种自我观取代另一种自我观,而是希望能在世俗化的时代重拾些许超越的精神,在物欲横流、逐利不休的社会中唤回几分道德与精神上的追求,在现代化高歌猛进的岁月里给传统留下一片诗意栖居的家园。

二、研究对象及其界定

(一)"个人观"与"自我观"

"个人观"与"自我观"是两个十分接近的概念,实质上很多研究并没有对二者进行明确的区分,笔者之所以选取后者作为研究对象,主要有三点理由:

(1)"个人"体现了一种第三人称视角,"自我"是典型的第一人称视角,现代新儒家在阐发自己的思想时往往从第一人称视角

---

① 对儒家社群主义的阐发可参见[美]狄百瑞:《亚洲价值与人权:儒家社群主义的视角》,尹钛译,任锋校,社会科学文献出版社,2012 年。对儒家和社群主义自我观的比较研究可参见谢晓东:《试论"儒家社群主义"何以可能——从社群主义与儒家"自我观"比较的角度》,《陕西理工学院学报(社会科学版)》,2007 年第 2 期。

的"自我"出发。

（2）"个人"的出现是一个典型的现代性事件,在传统中国,个人往往依附于家族共同体存在,没有明确的个人与集体之分别。"个人观"研究很容易突出这一现代性特点,而采取一种单线进化论的现代化叙事,将个人从共同体中分离出来视为一个"解放"的过程。笔者不赞同这一现代化叙事,同时质疑"解放"话语背后的价值预设,因此采取"自我观"的提法,以示区别。

（3）现代化叙事的个人观研究中,抽象的权利主体、独立于共同体自存而且绝缘于特定价值的"个人"往往被置于进化论的终点,这种叙述方式简单地将传统自我中所蕴含的价值贬低为"枷锁",又难以观察到类似新儒家的现代思想家给自我重新赋予价值与意义的历史过程,因此,笔者采取内涵更加丰富的"自我观"概念。

（二）现代新儒家的厘定

1932年5月,冯友兰《韩愈李翱在中国哲学史中之地位》一文刊于《清华周刊》,首次使用"新儒家"一词。[①] 然此"新儒家"指的是包括程朱陆王的"宋明新儒家",非笔者所考察的现代新儒家。现代新儒家第一次进入研究者视野是在1978年,该年9月张灏发表《新儒家与当代中国的思想危机》[②]一文；1982年,台北《中国论坛》杂志社召开了题为"当代新儒家与中国现代化"的座谈会,从现

---

① 蔡忠德编撰:《冯友兰先生年谱长编》,中华书局,2014年,第166页。
② 见罗义俊编著:《评新儒家》,第45—73页。

代化角度对现代新儒家进行了探讨。

若采纳目前学界的看法,将梁漱溟于1920年进行的题为"东西文化及其哲学"的一系列演讲(后结集成书,于1921年出版)视为现代新儒家登上历史舞台的标志,①那么这时距此群体为学界所命名已相隔近一甲子。由于此群体乃后来研究者所命名,而早期代表人物并没有以新儒家自居者,这就造成了目前学界对此群体包含哪些人员这一问题并无定论的现实。

张灏《新儒家与当代中国的思想危机》一文探讨了梁漱溟、张君劢、熊十力、牟宗三、唐君毅、徐复观等人的思想;1982年的"当代新儒家与中国现代化"座谈会则将梁漱溟、张君劢、熊十力、钱穆、唐君毅、牟宗三、徐复观七人划入新儒家范围;②1987年"现代新儒家思潮研究"课题组召开的第一次研讨会则将新儒家代表人物扩充为十人,除以上七人又增添了冯友兰、贺麟和方东美三人;③后来"现代新儒家思潮研究"课题组接受了海外学者的意见,将马一浮

---

① "自梁漱溟在北大宣言发扬孔子,到抗战胜利,是当代新儒家的第一个历程。……他力排众议,提倡孔子的学说,无疑是当代新儒家的第一声狮子吼。……梁漱溟是开启当代新儒学的先驱。"罗义俊:《当代新儒家的历程和地位问题》,见罗义俊编著:《评新儒家》,第4、5页。"事实上,紧在五四后几年,梁漱溟出版了《东西文化及其哲学》一书,一九二〇年代,开启了'科玄论战',那时早就产生了对科学主义的反动。对科学主义的反抗,即显示出新儒家的兴起也与科学主义为同一思想的趋势。"张灏:《新儒家与当代中国的思想危机》,林镇国译,见罗义俊编著:《评新儒家》,第52页。"《东西文化及其哲学》为复兴儒学开辟了道路,成为新儒家思潮的开山之作。"见黄兴涛主编:《中国文化史·民国卷》,北京师范大学出版社,2009年,第73页。
② 罗义俊编著:《评新儒家》,第2页。
③ 胡治洪:《近20年我国大陆现代新儒家研究的回顾与展望》,参见儒家网:http://www.rujiazg.com/article/id/709/

纳入新儒家范围;① 刘述先总结各种意见,提出了一个十五人名单,并将其整理为一个"三代四群"的架构:"第一代第一群:梁漱溟、熊十力、马一浮、张君劢,第二群:冯友兰、贺麟、钱穆、方东美,第二代第三群:唐君毅、牟宗三、徐复观,第三代第四群:余英时、刘述先、成中英、杜维明。"②

在这份现代新儒家名单不断扩大的同时,另一些研究者则质疑名单中一些人物是否称得上"现代新儒家"。刘乐恒《马一浮与现代新儒家》一文认为,马一浮思想与新儒家代表人物熊十力、梁漱溟存在较大差异,故不能列入新儒家。③ 李明辉反对将方东美列入新儒家,认为方先生只是"欣赏儒家思想的某些侧面,却不宜说:他是儒家思想的代表人物";④ 胡军、蒋国保、余秉颐三人则就方东美是否属于新儒家进行了论战。⑤ 颜炳罡认为冯友兰和贺麟在早期虽从事过儒学现代化运动,但在新中国成立后接受了马列主义改造,因此不能被列入新儒家行列。⑥ 早在1991年余英时便撰文

---

① 方克立:《现代新儒学研究的自我回省——敬答诸位批评者》,《南开学报》,1993年第2期。
② 刘述先:《现代新儒家研究之省察》,《中国文哲研究集刊》,2003年第3期。
③ 刘乐恒:《马一浮与现代新儒家》,《浙江社会科学》,2006年第3期。
④ 李明辉:《当代儒学的自我转化》,中国社会科学出版社,2001年,第138页(脚注1)。
⑤ 参阅胡军《方东美哲学思想的道家精神》(《中国哲学史》,2000年第1期),蒋国保《方东美哲学思想的儒家精神——兼与胡军教授商榷》(《中国哲学史》,2001年第2期),余秉颐《方东美哲学思想的理论归趣——与胡军先生商榷》(《学术月刊》,2001年第12期),胡军《也论方东美哲学思想的儒家精神——兼答蒋国保先生》(《中国哲学史》,2001年第4期)、《也论方东美哲学思想的理论归趣——兼答余秉颐先生》(《学术月刊》,2004年第5期)。
⑥ 颜炳罡:《现代新儒家研究的省察与展望》,《文史哲》,1994年第4期。

《钱穆与新儒家》,力辩钱穆不属于现代新儒家,并提出了关于新儒家的三种划分方法:"第一种主要在中国大陆流行,其涵义也最宽广,几乎任何二十世纪中国学人,凡是对儒学不存偏见,并认真加以研究者,都可以被看成'新儒家'。""第二种比较具体,即以哲学为取舍的标准,只有在哲学上对儒学有新的阐释和发展的人,才有资格取得'新儒家'的称号。""第三种是海外流行的本义,即熊十力学派中人才是真正的'新儒家'。"①

综合以上各家观点,我们可以得出一个范围较小但争议最小的现代新儒家名单:梁漱溟、张君劢、熊十力、牟宗三、唐君毅、徐复观。实际上这六人正是张灏于《新儒家与当代中国的思想危机》一文中讨论的对象。这并非巧合,张灏此文抓住了这六人群体的内在联系,即都以传统儒家作为资源来解决现代中国的思想危机问题。梁漱溟、张君劢的思想均是对新文化运动的批判性反应,而熊十力将这一批判提升到体系化哲学的高度,牟、唐、徐三人作为熊十力的弟子,进一步将其老师的思想在台湾地区进行拓展、深化。笔者重点研究第一代现代新儒家,即梁漱溟、张君劢和熊十力三人,将时间限定在 1920—1944 年。之所以选取 1920 年作为研究起点,是因为学界普遍将梁漱溟在这一年发表的"东西文化及其哲学"系列演讲视为新儒家登上历史舞台的标志。当然,为了勾勒出现代新儒家思想产生的历史语境,笔者将会简要梳理出中国古代自我观的特点,并较为详细地厘清中国古代自我观在近代,特别是新文化运动时期发生的剧烈转型过程。1944 年熊十力的代表作

---

① 余英时:《钱穆与中国文化》,上海远东出版社,1994 年,第 55 页。

《新唯识论》的语体文版本正式出版,此著作奠定了新儒家自我观的本体论基础,开启了超越性道德自我的建构历程。另一方面,新儒家第二代唐君毅的代表作《道德自我之建立》于次年(1945年)出版。由此书之名即可看出,第二代新儒家继承了前代对于"自我"问题的省思传统,因此可将1945年作为第二代新儒家登上历史舞台的标志,1944年作为本研究考察的终点。

三、研究综述

笔者尚未发现有文献直接阐述现代新儒家的自我观问题,因此综述从三个方面展开:(1)综述与自我观有紧密关系的个人观研究文献;(2)综述自我观研究文献;(3)综述与研究主题较为接近的现代新儒家研究文献。

(一)个人观研究综述

刘晓虹《个人观转型:中国现代性研究中的一个重要问题》较早注意到个人观与现代性的密切联系,"个人的独立、自由和权利诸观念在思想文化世界中的确立,是现代性的重要内容和标志",现代中国的个人观则主要体现两方面内容:其一,是基于人道主义思想,要求个人的个性解放,肯定个人的价值,追求个人的人格自主和人格平等;其二,是基于西方的自由主义思想,要求个人的政治自由和民主权利。"中国近代个人观转型的实质,是要求变传统的臣民为近代的国民,使个人从道德义务的主体变为现代社会的法权主体。从哲学层面上看,也就是要确立个体的主体地位,实现个体主体性的解放。"①顾红亮《个人观与现代性意识的关联》同样强调个人观与现代性话语具有密切联系,而个人观是考察现代性的基本视角。此文还探讨了个人主义问题,认为"'个人主义'是西方现代性发展的一个核心原则",辨析了个人主义与利己主义的区别,"大多现代西方思想家对'个人主义'有自己的界定,尽力与利己主义区别开来,不把个人看作唯利是图的主体,强调现代个人是独立的、自主的、谦卑的主体"。②

顾红亮、刘晓虹合著的《想象个人:中国个人观的现代转型》是第一部全面考察近代中国个人观的著作,该书以个人观的现代转型为视角,介绍了中国个人观从明朝末年至二十世纪末的发展历程及各个时代的不同特点。该书除导论外共分五章,每一章分别介绍了一个时代个人观的特点:第一章涵盖晚明至清末时间段,作者认为晚明已出现传统向现代个人观转型的萌芽,但进程被清军入关打断,直至清中后期龚自珍对"自我"的哲学论证使得萌芽复苏,清末民族危机的爆发,"使中国现代个人观一开始就涂上了民族国家话语的底色";③第二章考察了"五四"时期的个人观,这一时期个人观的讨论达到高潮,个性解放与个人独立乃其主要内容,

---

① 刘晓虹:《个人观转型:中国现代性研究中一个的重要问题》,《华东师范大学学报(哲学社会科学版)》,2004 年第 6 期。
② 顾红亮:《个人观与现代性意识的关联》,《杭州师范学院学报(社会科学版)》,2007 年第 3 期。
③ 顾红亮、刘晓虹:《想象个人:中国个人观的现代转型》,上海古籍出版社,2006 年,第 28 页。

"'五四'时期的个人观标志着中国现代个人观的初步确立";①第三章探讨了二十世纪三四十年代的个人观,这时期思想家的个人观开始出现分化,呈现出多样化的论调与图像,不过"我们可以发现一个总的特征:徘徊于群体取向和个性取向之间。这个总特征不仅体现在伦理的、政治的层面上,还体现在历史的层面上";②第四章考察了二十世纪五六十年代的个人观,作者认为这一时期个人观的特点是"个人被笼罩在集体主义和整体主义的范式下。此处所谓整体主义与集体主义不同,前者强调个体对整体的服从和整体对个体性的抹杀,是对集体主义的偏离,而集体主义体现了个人与社会之间的某种统一性";③第五章涵盖的时间范围从二十世纪七十年代后期至二十一世纪初,不同于前四章论述的是各时期个人观的"事实",第五章在论述"事实"的基础上更强调把握未来趋势,"试图在理论上给出一个方向性的提示,指出一些建构原则,为现当代中国个人观的未来发展打开一个想象的空间"。和谐的个人观即作者认为未来的发展趋向,"和谐的个人观是对自主的个人观的继承和超越,是一个更高的个人观建构目标,这大体上可以视为当代中国个人观发展的一个可能性方向"。④

罗晓静的《寻找"个人":论晚清至五四现代个人观念的发生》一书认为,从五四运动至晚清这段时间是现代个人观念产生、发展及最终确立的"具有发生学意义的关键时段",因此将研究重点集

---

① 顾红亮、刘晓虹:《想象个人:中国个人观的现代转型》,第80页。
② 顾红亮、刘晓虹:《想象个人:中国个人观的现代转型》,第162页。
③ 顾红亮、刘晓虹:《想象个人:中国个人观的现代转型》,第257页。
④ 顾红亮、刘晓虹:《想象个人:中国个人观的现代转型》,第297—298页。

中于此时期。相较于《想象个人：中国个人观的现代转型》一书划分历史时段，定义每一时段个人观特征并加以阐释的演绎式分析方法，罗晓静的著作更加注重不同时段的内在联系，分析个人观念的变迁线索。该书将这一线索总结为"从'天'到'人'、再到'个人'"①：从鸦片战争到戊戌维新是"人"与"天"的分离时期，清末民初时逐渐完成了从"人"到"个人"的过渡，五四运动前后，现代个人观念最终确立并呈现出多元化样态。

除了对于个人观的整体性专题研究，一些探讨五四运动的著作也会涉及相关内容。如张宝明《启蒙与革命——五四"激进派"的两难》第一章探讨了个人观问题，作者比较了"五四"时期的胡适、陈独秀、李大钊和前"五四"时期严复、梁启超的思想，认为前者更强调"个人"，追求个人自由，乃是对后者的超越。② 孙强的《五四时期个人观念的历史内涵》探讨了"五四"时期个人观念形成的文化语境，阐释了个人主义的价值系统——独立自由的个体观念、理性被认为是个体解放的标志和对个人欲望正当性的肯定，考察了个人主义与民族主义的关系。③ 另外一些研究将重点集中于具体人物的个人观之上。如《技术人与道德人——论贺麟的儒者型个人观》，该文认为贺麟提出的儒者型个人观，"从道德行为的角度看，儒者是'合理性'、'合时代'和'合人情'的现代个人。从道德理想的角度看，儒者是有使命感的个人。从自我观的角度看，儒者

---

① 罗晓静：《寻找"个人"：论晚清至五四现代个人观念的发生》，中国社会科学出版社，2007年，第251页。
② 张宝明：《启蒙与革命——五四"激进派"的两难》，江西教育出版社，2009年版，第18页。
③ 孙强：《五四时期个人观念的历史内涵》，《贵州文史丛刊》，2011年第4期。

是现实自我与理想自我的统一。从总体上说,贺麟把儒者看作'技术人'和'道德人'的结合体"。① 又如《个别、个体与个性——论冯契的个人观》,文章认为冯契的个人观围绕着个别、个体和个性三个概念展开,以"自由的个性观"为核心。就个别来说,他在个别、特殊与一般的关系中阐述个别;就个体来说,他把个体看作实践的、历史的、知觉—意识的主体;就个性来说,他把"自由的个性"看作有智慧的个人。②

个人观研究是典型的现代化叙事,其问题意识在于个人观怎样实现"现代转型"③或"现代个人观如何发生"④;其叙述模式乃设定一目的论式的中心线索,这条线索起源于现代性"萌芽",终结于现代性完全确立,中间的过程则是"现代"如何一步步脱离"传统"。现代化叙事的最大优点在于明古今之变,清晰地展示出传统与现代的差异,以及形成这种差异的历史过程。然而其缺陷也比较明显,具体到个人观研究,主要有以下三点:

(1)现代化叙事具有鲜明的目的论特点,赋予了"现代"比"传统"更优的价值,往往将传统视为阻碍个人发展的枷锁,"以'解放'为特征的现代思想,就是要使个体从隶属的群体中分离出来,解除传统社会所加在个体身上的有形和无形的锁链",⑤一旦将"传统"

---

① 顾红亮:《技术人与道德人——论贺麟的儒者型个人观》,《上海交通大学学报(哲学社会科学版)》,2007年第3期。
② 顾红亮:《个别、个体与个性——论冯契的个人观》,《华东师范大学学报(哲学社会科学版)》,2009年第2期。
③ 顾红亮、刘晓虹:《想象个人:中国个人观的现代转型》。
④ 罗晓静:《寻找"个人":论晚清至五四现代个人观念的发生》。
⑤ 顾红亮、刘晓虹:《想象个人:中国个人观的现代转型》,第11页。

视为负面性的"锁链",在叙述中自然会突出其消极面向,从而无法对传统进行深入思考;另一方面,现代化叙事会特别注重表彰个人观中与传统不相同的"现代"内容,而缺乏对现代性中传统因子的考察,这使得对于"现代"同样难以进行透彻反思。

(2)每一种历史叙事都有其特定的意识形态背景,现代化叙事主要同自由主义意识形态缠绕在一起。① 这就造成了两个后果:

其一,直接引用某些自由主义学者的观点给历史问题下结论。例如罗晓静在解释"五四"时期自由主义色彩的个人观被许多知识分子接受不久即抛弃时,引用了林毓生和哈耶克(Friedrich Hayek)的观点:"正如林毓生所指出的,五四时期的'中国知识分子所以接受西方个人主义的思想和价值,主要是借它来支持并辩解反传统运动'","个人应当作目的,不可当作手段;个人的自立和独立,源自个人本身便遭到了曲解"。② "哈耶克曾区分了真个人主义与伪个人主义,他认为后者极容易在政治实践上转入狂热的集体主义,并极端地压制个人的自由和权利。'个人'在中国的历史恰好验证了这一点。"③由此观之,自由主义个人观丧失吸引力乃因为中国知

---

① "……总的来说,有两个宏大叙事在相互竞争,并轮流塑造着中国近现代史的表述,即革命和现代化……同情或偏袒国民政府(1927—1945)的自由主义和民族主义史学家,开创了现代化叙事,旨在强调国家推行的渐进改革,支持现有政权的政治方案,而左派和马克思主义史学家们则支持共产党革命,发明了革命叙事……"见[美]李怀印:《重构近代中国——中国历史写作中的想象与真实》,岁有生、王传奇译,中华书局,2013年,第11、12页。关于自由主义与现代化叙事的关系,详见此书第二章。

② 林毓生:《中国传统的创造性转化》,生活·读书·新知三联书店,1988年,第163、162页。转引自罗晓静:《寻找"个人":论晚清至五四现代个人观念的发生》,第220页。

③ 罗晓静:《寻找"个人":论晚清至五四现代个人观念的发生》,第220页。

识分子把"个人"当作了手段,信奉的是"伪个人主义"。笔者并不反对从自由主义意识形态角度反思近代历史,但是将自由主义在中国的失败归结于中国知识分子学习的个人主义、自由主义不够"正宗",显然是缺乏说服力的。应该需进一步反思的是:"为什么中国知识分子没有学到'真'个人主义、'真'自由主义呢?为什么'伪'自由主义能在短时期内吸引大批信奉者,却转而被其他意识形态所取代了呢?"因此必须跳出自由主义意识形态的现代化叙事,以新的视角审视二十世纪自由主义在中国的实践。

其二,将自由主义的个人观设定为某种"理想的类型"、目的论叙事的终点,以此来评判传统的或非自由主义色彩的个人观。罗晓静在总结中国近代个人观发展历程时写道:"从'天'到'人'、再到'个人',与中国漫长的思想文化史相比,现代个人观念的出场真像一个短暂而苍凉的手势。[……]五四高潮之后'个人'的追寻虽然未曾止步,但主流话语很快趋向于构造一个新的'天'。这个'天',它可以有不同的所指,如民族、国家、阶级、大众、社会主义、共产主义等等;这个'天',它又有着单一的能指,它作为新的框架结构,在不断被充填的过程中始终保持'天主人从'的基本模式。因此可以说,我们始终未能挣脱'天'的束缚,未能真正走近'个人'。"①很明显,在罗看来,"真正的个人"是远离超越性价值(社会主义、共产主义),独立于任何共同体(民族、国家、阶级、大众)意义上的自由主义的抽象个人。然而,这种"真正的个人"真正就具有最大的合理性而毫无指谪余地了么?笔者认为答案是否定的,这

---

① 罗晓静:《寻找"个人":论晚清至五四现代个人观念的发生》,第251页。

一答案实际上关联到现代化(个人主义意识形态)叙事的另一弊端——对于"个人"之理论预设存在缺陷。

(3)自由主义个人观的哲学基础奠定于西方近代主体性哲学之上,笛卡尔(René Descartes)的"我思"从哲学上把握到这一主体,随后洛克(John Locke)、卢梭(Jean-Jacques Rousseau)、康德(Immanuel Kant)等人给这一哲学主体赋予了权利,使之成为权利的主体。自由主义强调普适性的权利平等,因此从洛克的古典契约论直到当代罗尔斯(John Rawls)的现代契约论,自由主义者对个体在自然状态下的规定皆十分抽象,这种抽象的主体没有历史语境,并与各种超越性价值相绝缘。自由主义思想家对"个人"的独特设定,目的在于建构其政治思想体系,因此不必将其视为某种目的论终点的"现代个人",实际上当代一些政治哲学家已经对自由主义的个人观有所批评,[①]我们完全可以跳出现代化叙事下的"个人观",而对其本身进行批判性反思。

在现代化叙事中,个人只有完全脱离了"天"(可视为各种超越性价值的象征)才能成为"真正"的个人,"天"仿佛成为个人实现真正自我的某种羁绊。然而中国近代历史的发展却显示,个人并无法脱离"天",若从自由主义个人观观之,这也许是某种"历史的悲剧",但换一个角度思考,"天"是否乃组成完整"个人"的不可缺少的一部分呢?

查尔斯·泰勒(Charles Taylor)在《自我的根源:现代认同的形成》一书中讨论了西方自古希腊至当代自我观的变迁过程,令人信

[①] 社群主义者对自由主义个人观的批判,可参见龚群:《自由主义与社群主义的比较研究》,人民出版社,2014年,第107—153页。

服地证明了自我认同与超越性价值(书中称之为各种"善")密切联系在一起,自我"在没有趋向善的某种方向感的情况下我们无法获得这个概念,正是依靠它我们每个人才本质上(即至少是特别是规定我们自己)拥有立场"。① 因此,在中国近代个人观研究领域,我们完全可以转化视角,不再将"天"视为枷锁,而应深入探讨各种"天"的具体内容与个人认同的关系;不再采取一种目的论的叙事方式,将独立抽象的"个人"视为进化的终点,而应考察不同历史阶段"天"与人关系发生裂变与重组时,"自我观"所呈现的多种样态。由于现代化叙事中的"个人观"只是近代"自我观"所呈现出的多样态之一,这就要求我们从单线性叙事的"个人观"研究转向多样态模式共存的"自我观"研究。

(二)自我观研究综述

余英时作于1990年的《中国近代个人观的改变》一文较早涉及自我观问题。虽然此文名曰"个人观",但作者于文中并没有明确区分"个人观"与"自我观",还认为二者关系很密切:"最初我想提出的问题主要是关于自我(self)的问题,也就是在中国近代思想的变化中,中国人对自我的态度、看法是否有所改变的问题。现在正式写出来的题目是'个人观'[……]好在'自我'与'个人'关系

---

① [加]查尔斯·泰勒:《自我的根源:现代认同的形成》,韩震等译,译林出版社,2012年,第48页。

很密切,内容调整并不太困难。"①实际上作者主要谈的还是自我观问题。此文分为两个部分,第一部分探讨中国传统中的自我观,概括梳理了自先秦至明清时期中国人对于自我问题的思考与论述,认为古人对于自我问题的思索留下了宝贵丰富的资源,近代以来将这些资源摒弃实乃造成思想危机的重要原因。"这些精神资源照理说应该在五四以后成为中国人建立现代个人观的一大根据。可是五四激烈的反传统使中国知识分子对这些都不屑一顾,甚至将其作为'打倒'的对象。中国现代个人观的枯窘、自我意识的萎缩,可以在这里找到一个重要的解释。"②第二部分探讨了"五四"以来在西方文化影响之下,中国人个人观与自我观的改变。余英时对这种改变总体上持批判态度:"20世纪的不断革命,牺牲了中国两三千年累积下来的无数的精神资本。我个人认为:现代中国在精神资本方面的贫困,远超过在物质方面的匮乏。"③他认为没有人认真去发掘中国传统中的"自我"的精神资源或西方的资源。"五四"以来,思想界主流都忽视了对自我问题的深入思考,而只有一小部分人坚持在发掘传统中重建自我观。余先生此文重点谈的是中国古代的自我观,对于近代自我观谈得十分简略,但给了我很大启发:一方面,此文一反个人从传统中被解放的现代化叙事而对"五四"以来激烈的反传统倾向予以批判,启发我对现代化叙事进行反思,思考利用传统资源建立多元现代性的可能性;另一方面,

---

① 余英时:《余英时文集 第二卷,中国思想传统及其现代变迁》,广西师范大学出版社,2004年,第24页。
② 余英时:《余英时文集 第二卷,中国思想传统及其现代变迁》,第32页。
③ 余英时:《余英时文集 第二卷,中国思想传统及其现代变迁》,第35页。

此文也提到了熊十力、梁漱溟等人对于传统的继承具有不可磨灭的贡献,这也给我重新发掘现代新儒家自我观以学术信心。

张琼在《中国传统自我观溯源》一文中将自我观定义为"人们对自我问题的基本认识和态度",认为传统自我观源于孔子建立的"仁学",而忠恕之道是践行仁学的具体方式。孔子通过忠恕之道,一方面指出了实践仁学的具体方式,另一方面阐明了自我所具有的趋利避害的感性特征,然后将感性特征同重义轻利的价值观念结合起来,创建了中国历史上首个系统自我观。该文较准确地把握到孔子思想在中国古代自我观中的核心地位,并做了一定程度的概要阐释,但限于篇幅,阐释难以全面,而且此文采取阶级分析法,将孔子的自我观本质定义为"维护封建统治阶级的国家利益、社会整体利益",此结论尚值得商榷。[①]

王新民在《儒道自我观的比较》一文中通过比较儒、道两家自我观的异同之处,得出以下结论:"儒家自我观认为自我的本质是仁,理想自我的特征是'内圣外王',通过自我修养、自强不息去追求理想人格的实现;道家自我观认为自我的本质是'真',理想自我人格是'无知''无为''无欲',通过'虚''静''齐物'等方式来实现理想人格。"[②]此文抓住了儒、道两家自我观的一些显著特点,但分析过于简略而且缺乏历史变动的视角。

马小虎的《魏晋以前个体"自我"的演变》一书从每一时代的生产方式和交往方式出发,综合运用历史学、经济学、人类学、社会学和心理学等学科方法,对先秦两汉魏晋时期不同历史阶段背景下

[①] 张琼:《中国传统自我观溯源》,《郑州大学学报(哲学社会科学版)》,1992年第2期。
[②] 王新民:《儒道自我观的比较》,《南都学坛(人文社会科学学报)》,2006年第5期。

个体"自我"的演变过程、表现形式、内在规律以及历史影响,进行了较为全面的研究。该书敏锐注意到,在中国古代,儒家伦理对自我具有很强的塑造性作用,"中国传统伦理道德与中国古代社会的个体形象之间的关系具有独特的历史内涵"。①"中国传统伦理道德在本质上是一种以血缘纽带为基础、以人我关系的他制他律和对等交换为结构、以'成人—成圣'为终极目标的社会观念体系。在这种人我道德关系中,家庭、宗族和国家不过是血缘伦常的扩大和延续,'人'的价值和意义来自于家庭、宗族和国家的社会定义,只顾一己之欲、脱离血缘伦常关系的个体都是令人怀疑的不道德的个体。"②此书对于魏晋以前中国个体"自我"的考察,给本研究中中国古代自我观的部分以较大启发。

汪晖的《个人观念的起源与中国的现代认同》一文探讨了章太炎和鲁迅二人的自我观,认为"章太炎、鲁迅等人把以普遍性的名义出现的政府、聚落、人类、众生、世界、公理、进化、惟物、自然、义务、责任等等视为没有'自性'的事物,并通过这种否定性的方式提出个人自主性的问题。换句话说,个人观念是作为'公'的替代物出现的,它以反对普遍性概念的方式来重建道德的基础"。③ 简单说来,汪晖认为二人通过解构附着于个体自我之上的一切普遍性价值,赋予了个人以自主性,并将个人自主性作为新道德的基础。章太炎与早期鲁迅思想中这一将个人视为最高价值的思路,可视为新文化运动高扬个人价值潮流之先声。

---

① 马小虎:《魏晋以前个体"自我"的演变》,中国人民大学出版社,2004年,第517页。
② 马小虎:《魏晋以前个体"自我"的演变》,第519—520页。
③ 汪晖:《汪晖自选集》,广西师范大学出版社,1997年,第41页。

王汎森的《从新民到新人——近代思想中的"自我"与"政治"》①从两方面探讨了自我问题:一方面考察了"'自我塑造'或'自我完善'的文化及它所形成的心理特质",另一方面探讨了"良善'自我'的定义如何随着不同的意识形态而不断改变其定义"。文中具体探讨了三对与"自我"相关的概念:自然的和人为的、无意识的和有意识的、"自然的"生活和"向上的"生活。王汎森认为,1900—1920年关于"自我"问题的探讨主要围绕着以上三对相互对立的概念展开。对立的概念中,后者往往意味着是"良善"的,而实现良善的自我则是从前者向后者转变的过程。这篇文章给了我很大启发,但也带来了新的疑问:这20年间围绕"自我"问题的探讨难道都是围绕着这些概念展开的吗?如果是,那么为何这三组概念会占据如此中心的地位,为何时人会认为概念组中的后者比前者更优越呢?王汎森并没有在文中给出答案。

李颖的《五四时期青年毛泽东自我观探究》一文依据毛泽东早期文稿,阐释了其早期自我观,认为其自我观介于传统与近代之间,既有"五四"时期推崇个人的时代精神,又有"铁肩担道义"的传统知识分子情怀。②

杨贞德所著《转向自我:近代中国政治思想上的个人》一书从另一角度对"自我"问题展开了讨论。她具体分析了胡适、梁启超、陈独秀、梁漱溟等人在政治论述中所表现出的"转向自我"倾向。

---

① 王汎森:《从新民到新人——近代思想中的"自我"与"政治"》,见许纪霖、宋宏编:《现代中国思想的核心观念》,上海人民出版社,2011年。
② 李颖:《五四时期青年毛泽东自我观探究》,《河南理工大学学报(社会科学版)》,2011年第4期。

杨贞德揭示出了"自我"话语在近代知识人政治论述中的重要地位,并对"转向自我"倾向进行了较为深刻的批判与反思。但由于将研究重点放在了"转向自我"倾向之上,在具体论述中有削弱了不同政治人物自我观的差异之嫌。胡适、梁启超、陈独秀和梁漱溟都注重"自我"在政治论述中的地位,那他们不同的政治抉择如何解释呢?杨贞德没有做出明确的解释,我认为其原因在于杨氏没有深入探讨这些人物眼中"自我"的差异,没有考察现代中国自我观不同的形成原因、建构模式,而这些恰是笔者研究的重点所在。

许纪霖《个人主义的起源——"五四"时期的自我观研究》将研究重点放在自我观与个人主义起源的关系之上,文章认为"五四"时期"是'个人的崛起'的时代,受到个性主义和功利主义两大思潮影响,其人生观和自我观发生了重大的转型,快乐主义取代德性主义成为人生之善,利己主义也获得了价值上的正当性[……]一种源自中国传统的'大我小我'论,经过梁启超、胡适等人的发掘与提升,成为普遍的自我观"。① 这篇文章有一非常深刻的洞见,即区分了"个人"与"自我"两个概念。许纪霖论及中国传统的自我观时写道:"中国思想传统中的自我观念也是二元的,并有自己的特色。在儒家学说之中,自我分为精神与躯体、公与私不同的范畴。小我与个人的私欲有关,它是一个原初的、本能的自我,大我则是在精神上被提升了的自我,代表着公共价值、公共利益,乃至于超越的世界[……]小我作为一个封闭系统的个人之私,具有相对固定之内涵,但大我作为一个开放系统的自我,其具有无限的自我扩展潜

---

① 许纪霖:《个人主义的起源——"五四"时期的自我观研究》,《天津社会科学》,2008年第6期,第113页。

能,可以从家、国扩展到天下,从现实社会的群体扩展到超越世界的人类、自然和宇宙。"①而"个人"并没有"自我"这么丰富的内涵,其含义往往与传统自我观中的"小我"相近。近代个人主义的起源就是将"自我"中的"小我"抽离出来,并赋予其独立的价值与权利,厘清个人与社会、"群"和"己"间界限的过程。许氏之文区分了"自我"与"个人"二者的差异,遗憾的是并没有展开进一步的深入探讨,而且在某些地方又模糊了二者的关系——"从晚清到'五四',对以家族为核心的传统社群摧枯拉朽式的批判,使得各种各样的传统大我迅速解体,个人从家族、地缘和信仰共同体中出走,成为独立的自我。"②在这里作者实际上已将"自我"等同于"个人",因为若以"大小我"解"自我",大我解体后产生的将不是"独立的自我",而是"残缺的自我"。《个人主义的起源》一文重点探讨的是"五四"时期的个人主义思潮,某些地方模糊了"自我"与"个人"的差异实属情有可原,然而若以"'五四'时期的自我观"来检视此文,则会发现文章对这一时期"自我"问题的探讨是远远不够的,作者并没有涉及个人主义之外的"自我观",显然马克思主义者和新儒家的"自我观"绝不是"大我"消退、"小我"独立所能涵盖的。

笔者重点考察1920—1944年新儒家的自我观,目的之一在于弥补前人对此领域关注之相对不足,为现代中国的自我观提供一幅更完整的图景。

不同于"个人"乃纯粹现代性事件,"自我"内含着传统维度,因

---

① 许纪霖:《个人主义的起源——"五四"时期的自我观研究》,第121页。
② 许纪霖:《个人主义的起源——"五四"时期的自我观研究》,第124页。

此自我观研究没有个人观研究那么强烈的现代化叙事色彩。而中国近代自我观研究目前主要集中于清末和"五四"时期，偏重新文化派，对保守主义和左派思想家的自我观很少有涉及。

（三）现代新儒家研究综述

现代新儒家研究所涉及的领域众多，其派别包含的人物也不少，然而本研究关注焦点在于其"自我观"与兴起的历史过程，探讨的人物限定于梁漱溟、张君劢、熊十力三人，时间范围是 1920 至 1944 年；因此，没有必要对这一学派全部已有研究进行阐述，只将综述集中在四点：（1）关于现代新儒家兴起过程的历史研究；（2）关于梁漱溟东西文化观的研究；（3）关于张君劢"科玄论战"的研究；（4）关于熊十力 1945 年之前的思想的研究。

关于现代新儒家兴起过程的历史研究相对较少，专门著作笔者未见到，代表性论文首推张灏的《新儒家与当代中国的思想危机》一文。此文认为新儒家的兴起源于对十九世纪九十年代末期以来中国思想危机的回应，意义危机包含有道德迷失、存在迷失和形上迷失三个层次，而"位于现代中国之'意义危机'的底部，是此三种迷失的融合。唯有从这个背景才能把握到：新儒家学者在许多方面将自己关联于传统。他们的思想大多可视为'意义追求'，企图去克服精神迷失，而精神迷失正是中国知识分子之中许多敏锐灵魂所感受到的问题"。[①] 新儒家克服精神迷失的手段体现在对

---

① 张灏：《幽暗意识与民主传统》，新星出版社，2006 年，第 100 页。

科学主义的批判之上,希望寻找一种超越科学的方法来抵抗科学主义,解决超越科学范围的人生问题,"新儒家认为,对世界能够产生主观的当下的灵明的了悟之进路,即可补足客观的逻辑因果的思考模式,而不必否定排除精研科学性论著的用处"。① 张灏此文将现代新儒家的兴起置于传统衰落后出现的意义危机框架下予以解释,注意到对科学主义抵抗和"科玄论战"事件与其兴起的密切联系,这一解释有较强的说服力,实际上后来梳理新儒家发展过程的论文基本上延续了这一解释框架。然而,篇幅所限,此文对于新儒家的兴起过程的梳理并不够细致具体,意义危机的解释框架也略显粗疏。张灏也认识到"当然,精神迷失的问题并不单为新儒家所遭遇,而是为全中国各派别的知识分子所共同面临"。② 那么为何新儒家群体采取了向传统儒家思想寻求资源的保守主义进路呢? 又是什么使新儒家群体区别于其他保守主义思想派别呢? 显然原有的解释框架很难回答这些问题,因而我们需要寻求新的解释框架,对现代新儒家的兴起做出更加具体细致的梳理和解释。

几乎每一本从整体上研究梁漱溟人生或思想的著作都会涉及其于二十世纪二十年代发表的"东西文化及其哲学"系列演讲和后来整理出版的书籍,以及此书所引起的东西文化论战。这一系列研究中,以郑大华的《梁漱溟传》最全面和具有代表性。此书专辟一章较全面介绍了《东西文化及其哲学》一书的大概内容,将其内容概括为东西文化比较、东西哲学比较、中国文化出路、谋求儒学的现代转换四个方面,可说是准确把握了梁漱溟东西文化思想的

---

① 张灏:《幽暗意识与民主传统》,第 103 页。
② 张灏:《幽暗意识与民主传统》,第 100 页。

核心内容。不足之处在于对历史语境的分析较为简略，而且秉持一种现代化叙事方式，这样就会简单地将梁漱溟划归为"保守主义"，认为"就其文化取向而言，梁的文化取向是保守主义的，他和新文化派在理论主张上存在着落后与进步的性质区分则不容否认"。① 此结论尚值得商榷，陈来即认为，不能把梁漱溟视为保守主义者，"就其早期文化观来看，梁漱溟根本不是反对西方文化，而是反反东方文化［……］他对东方文化的看法与其说是文化保守主义，不如说是文化多元主义；梁漱溟的思想不是站在'过去'而'反现代化'，乃是站在'未来'来'修正'资本主义"。② 因此我们应更全面地考察梁漱溟在东西文化观论述中所塑造出来的自我观，并跳出简单的现代化叙事视角，予以新的解释与评价。

然而以"科学主义"和对"科学主义"的批判并不能概括"科玄论战"的具体内容，一方面，当时论战参与者对"科学"的理解呈现出非常复杂的状态，需要仔细分疏；另一方面，张君劢在论战中回应科学派人士批判的目的何在，以及他为何要以儒家思想回应科学派人士的批判，这些在以往研究中都有所欠缺。

相较于梁漱溟和张君劢在社会活动、政治实践中的影响力，熊十力的价值更多体现在其哲学思想上。因此，熊十力研究更多被局限于哲学史范围之内，大多集中于其整体哲学、本体论、体用论、哲学体系建构过程等方面。哲学研究往往将思想视为现成的体系，而缺乏将思想置于历史情境中的考察，难免会出现解读上的偏

---

① 郑大华：《梁漱溟传》，人民出版社，2001 年，第 144 页。
② 陈来：《论梁漱溟早期的中西文化观》，《武汉大学学报（人文科学版）》，2001 年第 3 期。

差或不完善之处。例如,现有研究都注意到熊氏建构的哲学体系之深刻思想与重要意义,然却不识他并非简单为了建构哲学体系而建构,其哲学思想实乃对具体问题的回答、反应,"我所以独喜用者,你们都不了解我的深心。[……]我的作书,确是要以哲学的方式建立一套宇宙论。这个建立起来,然后好谈身心性命切实工夫"①。因此,对于熊十力思想的研究,便不能停留于单纯哲学思想阐释之上,而应将其置于具体的历史语境中,置于同其他学者的对话关系中来考察。具体研究思路也不能简单将其思想截成本体论、体用论或政治哲学等片段,而应综合考察以理出思想的内在脉络。同时,在材料取舍方面,除了公开出版的著作之外,语录和书信也应纳入考察范围。

四、研究框架

本项研究围绕两大主轴展开:其一是中国近代自我观的转型过程,其二则是现代新儒家的兴起过程。一方面,考察近代自我观的转型过程时,不再采取简单的现代化叙事,将脱离超越性价值与共同体的自我视为进步的终点,以此评判自我的"现代化"程度;相反,更加注重考察自我同超越性价值和共同体的关系,并深入探讨这种关系以及价值本身的演变如何塑造了不同类型的自我观。另一方面,近代自我观的转化过程也是观察现代新儒家兴起的主要切入点,传统自我观转型的过程正是新儒家兴起之历史背景,笔者

---

① 熊十力著,萧萐父主编:《熊十力全集》(第八卷),第758—759页。

将这一过程称为"世俗化"或曰"祛魅",新儒家在这样一个历史语境中,尝试通过重构"自我"的方式,寻求与超越性价值的联系,回应时代危机。由于学界公认的第一代新儒家只有梁漱溟、张君劢和熊十力三人,因此分别通过三章考察他们对于自我的论述,最后用一章总结他们三人的自我观如何共同塑造了现代新儒学的整体性特征。当然,不同于纯粹的哲学史研究,笔者将三人分别置于不同的历史语境与问题意识之下来进行考察,注重他们与同时期学者的对话关系。新儒家更多从自我的生命体验来感知"大我"即中国文化所出现的问题,这就会非常直接地体会到传统以"仁"为核心的道德世界图景崩溃后,造成的自我感官主义、功利主义与虚无主义化,因为涉及人生意义、存在价值这些深层次的自我观问题,所以更容易从熟悉的传统儒家思想中汲取抵御虚无主义以安身立命的思想资源。一方面,在新儒家群体的运思过程中,自我观问题始终占据着核心地位,在某种程度上新儒家的兴起过程就是其道德自我的建立过程:这一道德自我尝试在祛魅的世俗化世界中重新寻求超越性价值之可能,尝试给予功利主义的个人以更多精神上的追求,尝试在一个价值崩解的世界中重建道德的基底。另一方面,从新儒家留下的思想资源中,可以总结出两个对治虚无主义的方法:其一,重建一个道德化的宇宙图景,赋予自我以超越性内涵,使得人能在发掘自我的本真性过程中重获生存意义;其二,以自己在人生经历中产生的感受、困惑为出发点向经典发问,汲取经典中的词汇重组自我的人生叙事,在叙事中重新赋予自我存在以意义。

第一章　中国传统自我观的现代转型

一、传统中国的自我观

(一)"超越的原人意识"与传统自我观的形成

公元前 800—前 200 年,古代旧大陆的几个主要文明区域,几乎同时产生了思想与文化上的突破,雅斯贝斯(Karl Jaspers)将这一时期称为"轴心时代"。对"轴心时代"的起源,研究者有不同的解释。关于此时期的思想特征皆会强调超越意识的产生这一重要特点,艾森斯塔德(Shmuel N. Eisenstadt)与史华慈(Benjamin I. Schwartz)认为,超越意识的产生使人感受到现实世界的有限性与不完美,造成了理想和现实间的差距与紧张,由此出现了深度批判意识与反思性。然而,超越意识的出现早于轴心时代,在中国若以"天"的信仰为标志,则远在殷周之际;在古希伯来若以耶和华一神信仰为代表,可追溯至公元前十三世纪的摩西先知时代。因此,张灏认为,超越意识衍生的原人意识才是轴心时代真正的思想创新。

"'超越'是指在现实世界之外有一个终极的真实,后者不一定意味着否定现实世界的真实,但至少代表在价值上有一凌驾其上的领域。在'轴心时代'这超越意识有一内化于个人生命的趋势,以此内化为根据去认识与反思生命的意义,这就是我所谓的'超越的原人意识'。"①"超越的原人意识"以人的生命本身作为反思对象,并将自我视为有着内在深度的精神性存在,而原本外在的超越性价值内化,使得内在的精神性具有了超越的维度,"内在的精神层面是超越意识进入个人生命的结果,它凝聚为生命的核心,是与超越衔接的枢纽"。② 这种内含于自我的超越价值,赋予了自我存在以意义。在其主导下,生命变成一个有定向、有目标的道路,变成一个不断接近超越价值的发展过程。③ 可以说,在轴心时代,超越的原人意识之产生即意味着一种具有内在精神深度并与特定超越性价值相联系的"自我"之诞生。轴心时代的思想家对于"自我"的理解与阐发形成了主导性的自我观念,这些观念也形塑了各大文明中大多数生活在"前现代"时期的人们对于自我的理解。

(二)儒释道自我观之概要

在中国,形塑了人们对于自我理解的主要是儒家思想。春秋战国时期儒家对"天"的崇拜转移到对"人"内在精神的阐发即原人

---

① 张灏:《幽暗意识与民主传统》,第9页。
② 张灏:《幽暗意识与民主传统》,第13页。
③ 张灏:《幽暗意识与民主传统》,第10—12页。

意识的产生过程。《论语》中,孔子敬畏天命,"君子有三畏:畏天命,畏大人,畏圣人之言",少言天命,"子罕言利与命与仁";但却把自我视为天命的承载者,"二三子何患于丧乎?天下之无道也久矣,天将以夫子为木铎"。在《论语》以后的儒家思想里,特别是子思与孟子一系,天道与心性这两路的观念逐渐联系在一起。"也可以说,超越的天道已经内化于个人的内在心灵。"①"对不断地追求'道'的人而言,'道'是不能分开的。然而,'道'也从未被设想为一外在途径,相反,它被认为是存在于人性之中的。正如《中庸》所明确指出的那样,'道'是不能须臾离开人性的。"正如杜维明形象地指出,我们同"道"的关系是一种"听"——聆听内在声音的关系,而不是朝外在"看"的关系,"我们能够聆听(或许道是一个内在的声音)、获得和体现'道',然而我们在注目外在世界时却不能找到它"。② 儒者将聆听到的内在之"道"诉诸文字,得到了对于理解自我、塑造自我观具有重要意义的规范性概念,例如:仁、义、礼、智、孝、忠、勇等,在这一系列概念中"仁"具有突出重要的地位,"'仁'也是一个起着统一作用的概念,它不仅赋予其他重要的儒学概念以意义,而且也决定着它们的性质并把它们综合成为一个整体。正是由于这点,孔子不承认自己只是多学而识之,而认为'吾道一以贯之'"。③

如果说"义""礼""智""孝"等概念揭示了儒家自我观中多种

---

① 张灏:《幽暗意识与民主传统》,第13页。
② 杜维明著,孔祥来、陈佩钰编:《杜维明思想学术文选》,上海古籍出版社,2014年,第36页。
③ 杜维明著,孔祥来、陈佩钰编:《杜维明思想学术文选》,第6—7页。

可欲之"善"(good),这些"善"阐明了自我存在的本质和意义,规范了自我欲求的方向、生存之目标,那么"仁"这个概念可以说是"至善"(supergood),它是诸善中最可欲求之善,统合诸善,并从根本上赋予了诸善及自我存在以意义。"仁"的"至善"地位在于其不仅如其他诸善一般具有道德意涵,而且还具有某种超越的宗教性质,"这里如从实体的观点来看,'仁'就不仅是一个人的道德,而且也是一种形而上学的实在"。① "换句话说,不仅从心理学的意义上,每个人都有体现'仁'的可能性;而且从形而上学的意义来看,这个道德的精神或'仁'的精神按其本质而言是等同于宇宙精神的。……实际上,'仁'是道德,但在儒学,尤其在孟子的思想中,道德并不局限于伦理的阶段,它也表达了宗教的意义。"② 践行了"仁"之精神的"仁人"甚或"圣人"便成为自我价值实现后达至的最高目标,"作为一个个人道德的概念,'仁'被用来描述人们借着道德上的自我修养而达到的最高的人生境界"。③ 自我在朝向"仁人"努力的过程中实现其价值,获得内在方向感与生存意义。早在

---

① 陈荣捷:《儒家仁的观念的演进》,《东西哲学》卷四第4期,第306页。转引自杜维明著,孔祥来、陈佩钰编:《杜维明思想学术文选》,第6页。
② 杜维明著,孔祥来、陈佩钰编:《杜维明思想学术文选》,第6页。陈来也注意到"仁"在战国时期的形而上内涵,"西周时期的'仁'以爱亲为本义,但到孔子已经把爱亲发展为爱人,并把爱人之'仁'化为普遍的伦理金律……战国后期的《易传》则把仁的意义加以扩大,使仁与天地之生生开始联结起来,并把'仁'与'元'对应起来,于是仁不仅是'善'的根源,也可以是宇宙的元初根源,是生命的动力因,开始具有形而上学的意义。《礼记》把仁定位为己之性德,引向内在的性之本体,而且把宗教性仪式的表现看作仁的最高表现方式,将人与天贯通,体现了把仁通向超越面的一种努力"。见陈来:《仁学本体论》,生活·读书·新知三联书店,2014年,第16页。
③ 杜维明著,孔祥来、陈佩钰编:《杜维明思想学术文选》,第5页。

《论语》中,孔子已对何谓仁人有所规定:"夫仁者,己欲立而立人,己欲达而达人。能近取譬,可谓仁之方也已。"而孔子对自己人生的叙述也为我们树立了一种朝向"仁人"努力的典范,"吾十有五而志于学,三十而立,四十而不惑,五十而知天命,六十而耳顺,七十而从心所欲,不逾矩"。《大学》中格物、致知、诚意、正心、修身、齐家、治国、平天下这"八目"给人达至"仁人"境界提供了可操作的规划,"八目可说是讲求如何使仁发挥具体日用,且如何在个体与社会间维持均匀和谐之蓝图"。①

在传统中国,儒家所提倡的诸善日益同现实的政治和社会结构融为一体。例如儒家提倡"孝",而汉代为了维持帝国的长治久安,便需将家族吸收进帝国系统,因此也把个人吸收进大群体中。"这是汉朝用'孝'为取士标准的一大要因('孝廉')。从前'孝'是私德,是个人的德行,现在却变成公德,与帝国秩序有关了。"②两宋时期,科举制的日益完善和地方宗族的发展,给有志于通过《大学》的"八目"来践行"仁"之士提供了更加广阔的实践空间,因此传统的"自我观"同政治社会结构逐渐处于一种更加紧密的同构关系之中。这在某种程度上保证了传统社会的稳定性和文化的相对连续性,但并不意味着以儒家思想为主体的传统自我观乃一超稳定性的僵死结构,儒家之外的思想资源及周期性的王朝兴衰给其带来了内在张力。

在轴心时代,道家思想同样出现了超越的原人意识,"一方面

---

① 陈荣捷编著:《中国哲学文献选编》,杨儒宾等译,江苏教育出版社,2006年,第96页。
② 余英时:《余英时文集 第二卷,中国思想传统及其现代变迁》,第28页。

是超越的道,但老庄都认为道在人世已经受到隐蔽而湮没不彰,由此生命变得汩没而失去本源的宁静与和谐。另一方面是内在的心灵,道家这方面的思想至庄子始彰显出来。庄子认为心是生命的关键,当心被欲望缠绕与窒锢时,生命就变得汩没而迷失,但心可以是汩没之源,也可以是承受超越的道的内在机制,由心的转化,可以与道在精神上相契合,而使生命回归到本源的和谐与宁静"。① 儒、道二家都将自我视为某种超越价值的承载者和践行者,但对这种价值的不同理解使得二者的自我观呈现出较大差异。不同于儒家对自我达至"治国、平天下"这样带有较强事功色彩的"仁人"之期许,道家更希望自我回归一种脱离人世污垢、重归宁静和谐的自然境界,《老子》中有"致虚极,守静笃","含德之厚,比于赤子",《庄子》更强调"堕肢体,黜聪明,离形去知,同于大通"。毫无疑问,在传统中国,大多数时候,人们更愿意以儒家思想作为塑造自我的资源;然而在政治黑暗、社会动荡时期,道家的"无为"与"逍遥"思想则占据了上风。魏晋时期便是后者之典型。阮籍闻母亡而继续下棋,局后吐血数升,不顾叔嫂不通问的礼数,直接向其嫂话别,以其行为直接挑战礼教;嵇康公开鄙薄周、孔的名教,认同于老、庄的自然;郭象注《庄子》,充分发挥了其逍遥思想。

佛教于两汉时期传入中国,隋唐时期臻于全盛。"从前中国人不太讲个人灵魂的不灭。照儒家理论,魂魄在人死后迟早都是要消灭的。庄子以气的聚散说生死,则人死后'气'又散在太虚之中。"佛教虽然在其最高教义上不承认灵魂,讲究"无我",然而中国

---

① 张灏:《幽暗意识与民主传统》,第13页。

人所接受的通俗观念则是灵魂轮回,因此对中国人的自我意识有加强功用。① 另一方面,佛教思想又刺激了传统儒家思想,使其对自我的思考更加深刻。"《大学》《中庸》在汉代并不受重视,并没有人专门讲《大学》《中庸》的,专门讲《中庸》的,要到佛法传来后,佛经中讲喜怒哀乐、心性修养,讲人的精神境界,《中庸》才因此引人注意。六朝梁武帝著《中庸注疏》,即是受到佛教的影响。我们可以说,儒家的个人观因《四书》的出现而深化。"②佛教对儒学的刺激和融合,最终促使理学在宋代产生,理学家通过注释阐发《四书》思想,从而深化了传统自我观。例如,佛教在本体论、心性论方面的建构与影响促使理学家必须做出回应,以儒家思想为根基来阐明世界的本体与人性的本源,以守护儒家的价值,抵御佛教的影响,"在这个意义上说,是佛道二氏使得儒家的仁体论被逼显出来,也是仁体本身在理学时代的自我显现的一个缘由"。③ 仁体一方面乃宇宙本源,天地生化流行之源头,另一方面,它也为自我所有,是自我道德之根源,生存价值之根本,"作为实体的仁体既是人识得的实在对象,也可以成为个人拥有的东西,实体是可贯通到人的身心的实在",④"仁"成为贯通天人之中介性实体,更深化了"自我"之超越性基础。

---

① 余英时:《余英时文集 第二卷,中国思想传统及其现代变迁》,第28页。
② 余英时:《余英时文集 第二卷,中国思想传统及其现代变迁》,第30页。
③ 陈来:《仁学本体论》,第169页。
④ 陈来:《仁学本体论》,第19页。

(三)具有内在深度与外在广度的传统自我

综括言之,传统中国的自我观,以与现实社会政治结构具有同构关系的儒家自我观为主导,佛道两家的思想资源为辅助,形塑了中国人具有丰富意涵与内在张力的自我理解,具体而言有以下几个特点:

(1)自我与超越性价值"仁"紧密相连,处于一种同构性关系中。对于自我的理解同对世界的本源及自我在世界中的位置之认识紧密相关联,而"仁"这一超越性价值回应了对于世界本源和自我位置的关切。汉儒即将"仁"视为天地之心,甚至等同于天。"天地之心即是宇宙之心,指宇宙所具有的主导的性质、内在的倾向、指向,是它决定了宇宙万象的发展,又是宇宙万象及其运动的根源和依据,它也是宇宙动能和生命力的中心,所以称为宇宙的心灵、天地之心。"①于是世界本身便具有某种目的性与道德内涵,而另一方面《中庸》所谓"天命之谓性","认为人受命于天,取仁于天,因此人的本性来自于天,性也是仁"。②"仁"成为自我的本性,这样一来,对于"仁"的践行不仅符合世界(宇宙、天)之运行规律,而且也是自我本性的实现。"仁"回答了世界的本质与自我的本性之问题,以其为中介沟通了自我与超越性价值之间的联系,从而赋予自我存在以意义与内在深度。

(2)自我对"仁"的实践方式与政治、社会结构有相当的契合

---

① 陈来:《仁学本体论》,第17页。
② 陈来:《仁学本体论》,第143页。

性,处于一种同构关系中。强调"仁"的超越性并不意味着可以忽视其在现实世界中的伦理性内涵,早期儒家皆认为"仁"体现在具体的人伦关系中。"君子务本,本立而道生,孝弟也者,其为仁之本与。"(《论语·学而》)"君子笃于亲,则民兴于仁。"(《论语·泰伯》)"亲亲,仁也。"(《孟子·尽心上》)"仁之实,事亲是也。"(《孟子·离娄上》)实际上注重阐发"仁"之形而上内涵的宋儒仍然认为,自我实现超越性的"仁"之方式乃在于日常行为实践中。具体说来是在格物、致知、诚意、正心、修身、齐家、治国、平天下这一过程中达至"仁人"境界,因此自我实现的过程就必然不能停留在一己之身,而是要扩展到一种与他人的关系中。完整意义上的"自我"便溢出个人范围,而扩展到与自我实现具有密切关联的他人——例如家庭、宗族成员等。① 两宋时期,随着科举制度的完善,更多平民能通过这一渠道在修身、齐家的基础上达至"治国""平天下";地方宗族社会的发展使得科举之途不顺的士人也能在宗族内部获得较为体面的地位,至少做到"齐家"。这些新情况给实践"仁"以达至自我实现提供了具体的方式,以其为中介沟通了自我与更广阔的社会、共同体的联系,从而赋予自我以外在广度。

---

① 有研究者站在现代个人主义的立场上批判传统的自我观,写道:"虽然'人'和'仁'是儒家形而上思考中与'天'和'礼'相对应的,并与主体性相关联的两个基本范畴,但这两个范畴所涉及的并非真正的'个体性的自主性',而是'群体性的主体性'。至于'个人',从来也没有成为儒家文化的根本和目的,充其量只是个虚拟或短暂的起点——它要么被纳入某个更高的秩序和价值体系中以获得合法性,要么被引渡到一个彼岸的世界获得存在性。因为,儒家的自我概念主要是和自我修养联系在一起的。儒家的自我修养从本质和内容上看,并不鼓励个性。"摒除个人主义的立场来看,这段话对于传统"自我"与现代"个人"的理解还是比较准确的。见罗晓静:《寻找"个人":论晚清至五四现代个人观念的发生》,第27页。

(3)传统自我一方面与超越性价值相联系,并在对这种价值的体悟与践行中获得自我的完满性,具有内在深度。对超越价值的践行必须处于一种伦理关系中,因此完美的"自我"必然溢出一己之身,对于自我的理解便不会局限于"个人",而应包含家族、家庭或更大的共同体。万俊人在论及"儒家美德伦理"时,得出了相近的结论:"具体地说,传统儒家伦理中的'个人'概念具有'虚''实'相掺的两面性。所谓'虚'者,在于它没有也从不刻意地明确界定一个具有独立实存意义的'个人'概念。因此,儒家在谈论诸如'我'、'自我'、'本人'(myself)一类的概念时,其语境总是相对的、非实体性的。……但另一个方面,儒家伦理中'个人'概念又有其实在性和真实性,其'实'者存在于人自身近乎天然的'内''外'关系中:于'内',个人的道德性只能在其内化了的道德意识品质和心灵境界追求之精神'修养'或心灵造化中方可呈现出来;于'外',个人的道德性则必须展现为多层次、多维度的人伦关系或伦理性,失去人伦或关系的中介,个人的德性无从谈起。"①万俊人谈到儒家伦理中"个人"实在性"内"的一方面实质上就是自我在体悟、践行"仁"的过程中将内在于己的超越性价值逐渐显发,实现修身的过程;而"外"的一方面则是自我在家庭、家族等更大的共同体中实现自身的过程。而他谈到的儒家个人所具有的"虚"的一方面尚存有争议,如麦金太尔(Alasdair MacIntyre)就坚持认为,儒家的个体至少"有一定程度的实体性和实在",他争辩道:"一个人不是作为一

---

① 万俊人:《儒家美德伦理学及其与麦金太尔之亚里士多德主义的视差》,见刘东主编:《〈中国学术〉十年精选:德性与价值》,商务印书馆,2014年,第207—208页。

个独立的、独特的个人,又如何能达成个人的完善呢?"①麦金太尔的质疑有其道理,传统意义上的"个体"具有实在性和实体性,他们明确意识到自己的存在,并在对超越价值的践行中实现存在的意义;但是,万俊人所强调的所谓"虚"的一面也敏锐地指出了传统意义上的"个体"与现代意义上"个人"的区别,传统的个体没有明确的"群己之辨",因为需要在人伦关系中理解自我的存在,需要在共同体中实现存在的意义,自我的边界就没有现代意义上的个人那么清晰,所以"从不刻意地明确界定一个具有独立实存意义的'个人'概念",万俊人所说的传统"个人"所具有的"虚"的一面,实质上乃针对现代意义上"个人"独立于共同体并有明确的权利主体性之"实"而言的。那么传统自我之"虚"是如何转化为现代个人之"实"的呢?传统自我"实"的一方面在现代又有何变化呢?

二、二十世纪初传统自我观的裂变

(一)"转型时代"与自我观的转型

研究中国个人观现代转型的学者中,有将转型源头追溯至明末者,认为明朝末年出现的资本主义生产方式萌芽促成了思想界出现新的动向,现代个人观也于此时萌发:"在心学对理学的批判以及心学所体现的凸显自我、破除权威的思想影响下,晚明儒学呈

---

① [美]麦金太尔:《孔子与亚里士多德的美德概念的再讨论——对万俊人教授的回应》,见刘东主编:《〈中国学术〉十年精选:德性与价值》,第237页。

现出发展向'异端'的可能性"①,(明末清初的)"早期启蒙学者在对专制君主奴役民众现象的批判中闪现着近代民主思想的萌芽,就群己关系的维度来看,不仅包含着对个人价值的肯定和对个体自由的追求,而且蕴含着要求在新的群体生活秩序下重新定位个人,保障个人权利的现代个人观的思想成分"②;有将生活于鸦片战争前后的龚自珍视为阐发现代个人观念先驱的研究者:"龚自珍是现代中国思想界的先行者,其思想中最具现代意义和启蒙性质的,就是'人'的意识的觉醒。他提出'众人之宰、自名曰我'的命题,是人的主体意识的强烈表达。……在追寻中国现代个人观念的发生之途上,龚自珍成为笔者所关注的第一人。"③这两种观点固然有其合理之处,但将明末清初的思想家或鸦片战争前后的龚自珍之观点视为近代自我观转型之源头,有着明显的缺陷。首先,这两种观点都是思想史研究中简单的"外缘决定论"产物,即认为明末产生了资本主义经济萌芽,就决定了同时期思想上一定有"近代民主、个人观念的萌芽",认为鸦片战争是中国社会进入半殖民地半封建社会的开端,因此生活在同时期的龚自珍就一定是阐发近代个人观念的第一人。笔者并不反对经济与社会的剧烈变动会对思想界产生重大影响这一观点,但认为这种影响不可能是立竿见影的,而应该有一定的滞后性。这种简单的立竿见影式的外缘决定论还有第二处缺陷,即此研究下所谓的先驱者或第一人并没有那么明显

---

① 顾红亮、刘晓虹:《想象个人:中国个人观的现代转型》,上海古籍出版社,2006年,第29页。
② 顾红亮、刘晓虹:《想象个人:中国个人观的现代转型》,第41—42页。
③ 罗晓静:《寻找"个人":论晚清至五四现代个人观念的发生》,第49页。

的革命性,他们对自身所处的时代并没有明确的"剧变"意识,因此谈论的问题内容,或解决问题的方法仍然局限在旧有思想框架之内。晚明儒学凸显自我、破除权威的思想仍在传统"心学对理学的批判"框架之内;龚自珍张扬自我、追求个性解放的思想早在魏晋时期就已有其先驱,其提出这一系列思想也不在于改变现有的自我观念。因此,若从自我观念的具体内容观之,无论是明末清初的思想家还是龚自珍都没有提出具有革命性的修正。

中国近代思想界真正出现显著变化是在戊戌变法以后,这一时期新的报纸杂志、新式学校和学会大量涌现,随着科举制的终结和大量毕业于国内新式学校或从海外留洋归来的知识分子的产生,现代知识阶层逐渐形成。在思想内容方面,文化取向危机逐渐深化,新的思想论域也愈来愈多。思想史家张灏将1895—1925年这段时期称为"中国近代思想史的转型时代"。① 从思想内容观之,十九世纪末二十世纪初期,新名词、新概念大量出现,这些新名词与概念有的直接反映了现代文明的物质成果与制度设施,如"手表""火车""银行""公司"等;有的凝聚了现代性的核心价值观念与学术成就,如"科学""民主""自由""物理学""哲学"等。最终这些新的名词、概念搭建了一个"现代思想平台",培育出一种"现代思维理性",形成了黄兴涛所谓的"思想现代性","在这一过程中,真正带有现代化运动整体启动性质的具有开端意义的标志性事件,乃是戊戌维新。这一时期,西方现代化过程中那种重视逻辑实证的思维方式,那种科学、民主、人权、文明、社会和民族国家的

---

① 张灏:《幽暗意识与民主传统》,第134—152页。

现代性观念价值,那种进化论的思想主张和现代社会科学知识的重要性,才开始得到一种带有整体性和连动性的认知,获得了某种程度的社会性传播和综合性实践"。① 生活在这一时期的有识之士已敏锐意识到自己所处时代的转折性与剧变特点。严复在1895年即感叹:"呜呼! 观今日之事变,盖自秦以来未有若斯之亟也。"而此事变之产生与发展,圣人也无法阻止,"夫世之变也,莫知其所由然,强而名之曰运会。运会既成,虽圣人无所为力,盖圣人亦运会中之一物"。② 梁启超1901年在《过渡时代论》的开头便写道:"今日之中国,过渡时代之中国也。"在他看来中国的历史长时期陷入停滞状态,直到今日方才进入过渡时代,"中国自数千年以来,皆停顿时代也,而今则过渡时代也"。③ 在感慨自身所处时代的转折性同时,这些有识之士开始引入西方的思想资源,希望能够借此推动国家、民族转向自己理想中的目标。在这一过程中,他们也逐渐改变了对于"自我"的理解,传统的自我观开始转型。

(二) 自我外在广度的缩减

戊戌变法失败后,流亡日本的梁启超希望通过引进西方的思想资源来改造国民,进而推动国家走出危机,走向富强。梁启超很早即认为中国衰败的一大原因在于国民缺乏独立的意识与个人之

---

① 黄兴涛:《清末民初新名词新概念的"现代性"问题——兼论"思想现代性"与现代性"社会"概念的中国认同》,《天津社会科学》,2005年第4期。
② 严复:《论世变之亟:严复集》,辽宁人民出版社,1994年,第1页。
③ 梁启超:《过渡时代论》,《清议报》,1901年第83期。

权利,他在1896年《论中国积弱由于防弊》一文中写道:"防弊之心乌乎起? 曰,起于自私。请言公私之义。西方之言曰,人人有自主之权。何谓自主之权? 各尽其所当为之事,各得其所应有之利,公莫大焉,如此则天下平矣。防弊者欲使治人者有权,而受治者无权,收人人自主之权而归诸一人,故曰私。"①统治者的私心使得受治的大多数人缺乏自主的权利,因此国家才一步步走向衰败。四年后,梁启超进一步认为,中国受压迫,国人不独立,原因不仅是政治上缺乏个人权利,而且在道德上就缺乏一种自主的精神,"吾中国所以不成为独立国者,以国民乏独立之德而已",这造成了人与人之间相互依赖的窘境,而"一国腐败,皆根于是"。救治之方在于提倡个人之独立,"人人各断绝倚赖,如孤军陷重围,以人自为战之心,作背城借一之举,庶可以扫拔已往数千年奴性之壁垒,可以脱离此后四百兆奴种之沉沦[……]吾以为不患中国不为独立之国,特患中国今无独立之民。故今日欲言独立,当先言个人之独立,乃能言全体之独立;先言道德上之独立,乃能言形式上之独立"。自我若想在道德上获取独立地位,必然得重视一己之利益,梁启超一反传统上以谋私利为耻的道德观念,提倡"为我"和"利己",将"利己"视为独立的前提,"天下之道德法律,未有不自利己而立者也。对于禽兽而倡自贵知类之义,则利己而已,而人类之所以能主宰世界赖是焉;对于他族而倡爱国保种之义,则利己而已,而国民之所以能进步繁荣者赖是焉。故人而无利己之思想者,则必放弃其权利,弛掷其责任,而终至于无以自立"。梁启超倡导个人争取政治

---

① 梁启超:《论中国积弱由于防弊》,《时务报》,1896年第9期。

上的权利,道德上的利己与独立之精神,其目的并不在于达至一种完满的自我境界,而在于以自我为中介最终促进国家与民族的富强。因而在提倡独立之同时,也强调"合群","合群云者,合多数之独而成群也。以物竞天择之公理衡之,则其合群之力愈坚而大者,愈能占优胜权于世界上,此稍学哲理者所能知也"。然而,在当时的中国,各种宗族组织、同业联盟数量颇多,怎能说中国人不"合群"呢?但梁启超说的"合群"之"群"非一般之"群","合群之德者,以一身对于一群,常肯绌身而就群;以小群对于大群,常肯绌小群而就大群;夫然后能合内部固有之群,以敌外部来侵之群。乃我中国之现状,则有异于是矣"。① 在他看来,合群之最终目的乃"合内部固有之群,以敌外部来侵之群","群"指的正是民族国家,"合群"则是在民族国家中做一个为国家奉献自我的公民,这一点在其不久之后发表的《新民说》系列文章中得到了更加详尽的阐释。

在《新民说》系列文章中,梁启超认识到"民族主义"正是当时世界一股不可阻遏的潮流,四百年来欧洲国家的发展正是民族主义推动而成,"自十六世纪以来(约四百年前),欧洲所以发达,世界所以进步,皆由民族主义(Nationalism)所磅礴冲激而成",中国若想改变被列强侵略欺凌的命运,舍发展民族主义外别无他途,"故今日欲抵挡列强之民族帝国主义,以挽浩劫而拯生灵,惟有我行民族主义之一策。而欲实行民族主义于中国,舍新民末由"。② 这样一来,《新民说》的问题意识很大程度上乃针对激发、弘扬民族主

---

① 梁启超:《十种德性相反相成义》,《清议报》,1901年第82期。
② 梁启超:《新民说·论新民为今日中国第一急务》,《新民丛报》,1902年,选编—论说汇编。

义,促进民族国家建设而来,梁启超解决问题的总方针乃"淬厉"和"采补"相结合的方法,"新之义有二,一曰淬厉其所本有而新之;二曰采补其所本无而新之"。①

在梁启超看来,道德分为公德和私德两部分,"人人独善其身者谓之私德,人人相善其群者谓之公德",公德是建立一个良好国家的必要条件,"无公德则不能团,虽有无量数束身自好、廉谨良愿之人,仍无以为国也"。遗憾的是中国之道德思想虽然发达,但在梁看来大多属于"私德"范畴,而公德十分缺乏,"试观《论语》《孟子》诸书,吾国民之木铎,而道德所从出者也。其中所教,私德居十之九,而公德不及其一焉"。接着,他以泰西的"新"伦理与中国的"旧"伦理相对比,"今试以中国旧伦理,与泰西新伦理相比较,旧伦理之分类,曰君臣,曰父子,曰兄弟,曰夫妇,曰朋友;新伦理之分类,曰家族伦理,曰社会(即人群)伦理,曰国家伦理。旧伦理所重者,则一私人对于一私人之事也;新伦理所重者,则一私人对一团体之事也"。② 传统伦理无明显的"公""私"界限,自我可以从修身起步逐步扩展到治国、平天下的层次,这之间并没有本质性的区别;然而若以新引入的泰西伦理为标准观之,个人之私德良好,并不必然会导致国家的公德完善,所谓"无公德则不能团,虽有无量数束身自好、廉谨良愿之人,仍无以为国也",现代意义上"公"与"私"之间的界限开始出现。

传统的"自我"在新的泰西伦理标准下被分为两个层次,一方面是私德范畴之下的"一私人",局限在自我修养阶段或私人交涉

---

① 梁启超:《新民说·释新民之义》,《新民丛报》,1902年,选编—论说汇编。
② 梁启超:《新民说·论公德》,《新民丛报》,1902年,选编—论说汇编。

领域；另一方面则是与大的团体相对的"一私人"，跨入了"公"的领域，并在公德的要求下为大的团体谋利益。至此，传统意义上可以从自身层层外推至家庭、宗族、国家、天下乃至整个宇宙的"自我"出现了断裂，自身和家庭被置于"私"的领域，而涉及社会、国家或世界的领域则被置于"公"的领域，"公"与"私"之间有着明确的界限，自我再也无法通过单纯的修身——所谓私德的完满而推进到治国、平天下的"公德"之圆善。断裂后的"自我"逐渐将自身范围缩小到"私"的领域中，而将社会、国家乃至天下置于"公"的领域中，它们不再为自我所能推及、涵括，而成为与个体自我相对的"群"，自我与群的界限也就是私与公的界限。

  自我边界产生变化的同时，其价值也随之改变；传统上不论修身、齐家还是治国、平天下，其最终目的都是达至一种完满的自我境界，所谓"仁人"甚或"圣人"；一系列事功行为都被视作对于"仁"的体认、践行，同时也只有在"仁"的视界之中才能被理解、被赋予存在之价值。然而，一旦"自我"被视为"群"之中的一个单独个体，其自身获得完满，达至"仁人"境界也只是一种"私德"意义上的成功，若只以自身完满为最高价值，那将是要给予批判的"束身寡过主义"——"要之吾中国数千年来，束身寡过主义，实为德育之中心点。范围既日益缩小，其间有言论行事，出此范围外，欲为本国之公利公益有所尽力者，彼曲士贱儒，动辄援'不在其位，不谋其政'等偏义，以非笑之挤排之。"在"私德"之上，有更高价值的"公德"，处于"群"中的自我，只有为群谋利益，为国家、民族富强做出贡献才能实现自身价值，"且论者亦知道德所由起乎？道德之立，所以利群也","公德之大目的,既在利群,而万千条理即由是生焉"。① 简单说来,古时,为国家建功立业是达至完满自我的手段,是践行"仁"之路径——固然,我可以为了国家牺牲自己的肉体生命,但这只是"舍生取义",我用生命所捍卫的是"仁""义"这一套抽象的价值理念,而不是某个具体的政权,最终目的也是通过舍弃生命的方式达至一种更高层次的自我完满,"人生自古谁无死,留取丹心照汗青",②但是,如果我认为自己的国家没有承载着仁义精神,"邦无道则隐";如今,手段成了目的,相较于个体自我,民族国家具有了更高的价值,个体的价值只有通过团体才能实现。后一种观点在梁启超讨论"个人自由"与"团体自由"时体现得最为明显,"团体自由者,个人自由之积也。[……]故夫一饮一食一举一动,而皆若节制之师者,正百体所以各永保其自由之道也,此犹其与他人他体相交涉者"。③ 在梁看来,个人与团体之关系,就像人的个别器官同整个身体的关系一样,因而个人之存在价值需在团体中才能实现,个人无法离团体而独在。通过这一身体化的形象比喻,梁启超赋予了团体("群")相对于个人更高的价值,但是,这一比喻也带来了一个无法解决的问题:"如果团体侵害了个人之自由该怎么办呢?"在梁的比喻中,此问题不会出现——人的某一器官并不会与整个身体的利益相冲突,理智的人也不会去侵害自己某一器官的"自由"——因而也没有解答的方法。由此看来,个人与

---

① 梁启超:《新民说·论公德》,《新民丛报》,1902 年,选编—论说汇编。
② 王国维所谓的"殉清"也是很好的例子,作为一个对中国文化充满感情的文人,他殉的并不是某一个具体政权,而是"舍生取义",以自己一死去实践中国文化中更高的价值"仁""义"。
③ 梁启超:《新民说·论自由》,《新民丛报》,1902 年,选编—论说汇编。

团体的关系,并不完全像梁启超比喻的那般和谐共融。实际上他的这一比喻在某种程度上体现了传统"自我观"对其的影响——"自我"虽然断成了"公""私"两个领域,但仍然处于一种和谐相融的状态中,甚至在一些条件下"私"与"公","己"与"群"的界限也会产生变化,"虽然,一人与一人交涉,则内吾身而外他人,是谓一身之我。此群与彼群交涉,则内吾群而外他群,是之谓一群之我。同是我也,而有'大我''小我'之别焉。有我必有我之友与我之敌。既曰群矣,则群中皆吾友也。故善为群者,既认有一群外之公敌,则必不认有一群内之私敌"。在梁看来,"小我"虽同群有界限,但面对他群时,又会融为一体,形成"大我","群中皆吾友也",他显然没有意识到一群之内部会出现矛盾,更无法解决"小我"与"大我"相冲突之问题;而对此问题有深入思索者,就是《群己权界论》的作者严复。

早在中日甲午战争末期,严复已经意识到"自由"对于国家富强的重要价值。他认为西方各国富强的根本原因不在船坚炮利,不在"天算格致",而在"于学术则黜伪而存崇真,于刑政则屈私以为公而已"。这两点并非多深奥的道理,中国人也懂,但问题在于二者在西方实行得非常顺畅,而在中国却无法很好落实,"斯二者,与中国理道初无异也。顾彼行之而常通,吾行之而常病",造成这一局面的原因,"则自由不自由异耳",西方自由,中国不自由。① 同一时期,严复注意到民众自治能力与民才、民德、民力的密切联系,"民之弗能自治者,才未逮,力未长,德未和也。乃今将早

---

① 严复:《论世变之亟:严复集》,第3页。

夜以孳孳求所以进吾民之才、德、力者,去其所以困吾民之才、德、力者,使其无相欺、相夺而相患害也,吾将悉听其自由"。只有让民众获得自由,充分实现自治,才能促进他们才能、品德与力量的发展,而且自由乃上天赋予人类的权利,谁也没理由剥夺它。"民之自由,天之所畀也,吾又乌得而靳之!"①此时,严复虽意识到自由之重要价值,且开始鼓吹应给予民众自由,但对于"自由"的复杂内涵并没有准确地阐明,他在论及这一问题时,还是采用同中国传统思想相比附的方式:"中国理道与西法自由最相似者,曰恕,曰絜矩。然谓之相似则可,谓之真同则大不可也。何则?中国恕与絜矩,专以待人及物而言。而西人自由,则于及物之中,而实寓所以存我者也。"②他真正对西方现代自由思想产生比较深刻的认识,得益于翻译和注释了约翰·穆勒(John Stuart Mill)的《论自由》一书。

严复1899年翻译了穆勒的《论自由》一书,初将书名译为《自繇释义》,后因译稿意外丢失一直未出版,直至1903年失而复得,才于此年将译稿出版,并改名为《群己权界论》。从该书的《译凡例》可以看出,严复译此书的一大目的在于厘清"自繇"的含义,修正国人对于它的误解。"中文自繇,常含放诞、恣睢、无忌惮诸劣义,然此自是后起附属之诂,与初义无涉。初义但云不为外物拘牵而已,无胜义亦无劣义也。"③可见,在严看来,传统上国人对"自繇"含义理解有偏差,偏向于负面色彩,而通过译介自由主义大思想家穆勒的著作,可起到正本清源之效。当然,翻译在某种程度上

---

① 严复:《论世变之亟:严复集》,第47页。
② 严复:《论世变之亟:严复集》,第3页。
③ 严复:《论世变之亟:严复集》,第128页。

即一种再创造的过程,对于严复在多大程度上准确译介了穆勒的自由主义思想,研究者们尚存争议。① 其中最典型的质疑性观点是史华慈在《寻求富强:严复与西方》中提出的,他认为严复受到国家主义的影响,并景仰西方文化中浮士德—普罗米修斯精神所代表的动力,相信个人的价值来源于其对国家富强所做出的贡献,因此将国家富强置于个人价值之上,从而在某种程度上曲解了穆勒的自由主义思想。② 黄克武通过将穆勒的原文同《群己权界论》进行详细对照研究,反驳了史华慈的观点,他认为"严复在译介西方文化之时,充分地认识到个人价值在本质上的意义,他并不将个人视为是达成到其他目的的手段"。③ 相较而言,我更赞同黄克武的观点,尽管严复在翻译上存在曲解、不完善之处,但从译文上观之,他还是准确区分了群与己的界限,以及个人独立于群的价值。

"曰使小己与国群,各事其所有事,则二者权力之分界,亦易明也。总之,凡事吉凶祸福,不出其人之一身,抑关于一己为最切者,宜听其人之自谋,而利害或涉于他人,则其人宜受国家之节制。是亦文明通义也已。"④这里明确划分了"群"与"己"之界限,不涉及他人利害之事属于"己"之范围,可由个人自便;而涉及了他人利害之事则跨入了"群"的领域,宜受国家节制。

"是故一人之言行,其不可不屈于社会者,必一己之外,有涉于

---

① 关于学者们对严复译介西书的讨论,具体可参见黄克武的《自由的所以然》第二章"清末民初以来学者对严译的讨论",黄克武:《自由的所以然:严复对约翰弥尔自由主义思想的认识与批判》,上海书店出版社,2000年,第69—117页。
② [美]史华慈:《寻求富强:严复与西方》,叶凤美译,江苏人民出版社,1990年。
③ 黄克武:《自由的所以然:严复对约翰弥尔自由主义思想的认识与批判》,第3页。
④ [英]约翰·穆勒:《群己权界论》,严复译,上海三联书店,2009年,第72页。

余人者也。使其所为于人无与,于是其自主之权最完,人之于其身心,主权之尊而无上,无异自主之一国也。"①这段话同样强调只有涉及他人之言行,才需受社会节制,而与他人无关者,个人自身享有最高自主权利。有趣之处还在于,梁启超论及"自由"之时,也采用了人同群体相类比的方式:"人不能离团体而自生存,团体不保其自由,则将有他团焉自外而侵之、压之、夺之,则个人之自由更何有也?譬之一身,任口之自由也,不择物而食焉,大病浸起,而口所固有之自由亦失矣;任手之自由也,持梃而杀人焉,大罚浸至,而手所固有之自由亦失矣。"②只不过梁是以人喻群,强调人不能离团体自存,而严是以群(国)喻人,突出在不涉及他人的情况下,人对自身的自主权就像国之主权般不容侵犯,严对个人自主权利和价值之强调,可见一斑。

如前文所述,梁启超虽划分了自我(己)与群的界限,但是他将二者看成一个和谐的统一体,以人喻群,以人之器官喻己,因而没有讨论"群"与"己"相冲突时该如何解决的问题。而严复通过译介《群己权界论》回答了此问题:"此压力之出于本群者,所以大可惧也。是故以小己听命于国群,而群之所以干涉吾私者,其权力不可以无限也。必立权限,而谨守之,无任侵越,此其事关于民生之休戚,与世风之升降,实较所以折专制之淫威者,为尤重也。"③这段译文明确指出"群"与"己"之间会出现冲突,会出现群的权力过大而干涉己之私的情况,解决之道在于严格划分群己之权限,并严守界

---

① [英]约翰·穆勒:《群己权界论》,第7页。
② 梁启超:《新民说·论自由》,《新民丛报》,1902年,选编—论说汇编。
③ [英]约翰·穆勒:《群己权界论》,第4页。

限,限制群的权力,使其不得侵犯一己之私。这造成了一种悖论性的后果,对个人权利的发现与界定过程,同样也是自我的边界不断缩减的过程,在扎下了保护自我不受共同体权力侵扰的围墙之同时,也隔断了传统自我观对于自我可以一步步将修身之范围外化的想象,消除了最终达到民胞物与、与天地合德的境界追求。

另一方面,传统自我观的影响仍然存在,梁启超和严复都将推动共同体的发展、富强视为自我实现的重要方式,这与传统上自我通过齐家、治国、平天下最终达至自我完满极为相似,但二者之间具有微妙却深刻的区别。传统只将共同体中的事功过程视为达至完满自我的手段,其价值来源于对"仁"之体会与践行,而梁、严二人赋予了共同体独立于"仁"等超越性价值的价值存在,在某种程度上,共同体的价值甚至高于自我的价值。梁、严二人都阐发公德、群学对于国家富强的重要价值,在某种程度上可视为民族主义思潮之影响。社会进化论思潮,使得"仁"所扎根的传统世界图景丧失了说服力,而民族国家竞争的现实,使得传统的修身之路、自我完满之途丧失了吸引力。梁、严二人仍属于努力调和传统与现实的"调适"派,而另一些更加激进的思想家则开始思索一条彻底的转化之路。

(三)自我内在深度的消逝

考察梁启超和严复关于个人(己)的论述可以看出,二人都是在一种个人与共同体、己与群的话语模式中阐发自己的思想,并在此过程中,逐渐明确了群与己的界限,将"自我"的边界缩减到"己"

的私域之中。他们虽然并不否认"己"的权利与价值,但更倾向于将"群"的价值置于"己"之上;他们鼓吹给予个人以自治与自由,最终目的在于更好地激发个人为共同体(社会、国家)贡献自己的力量。不同于梁、严二者,章太炎对于个人观念的阐发建立于对共同体的批判之上,章的思想在另一层面上改变了近代中国人对于自我的理解。

在《国家论》一文中,章太炎给予梁启超所极端推崇的"大群"、国家以非常低的评价:"一、国家之自性,是假有者,非实有者;二、国家之作用,是势不得已而设之者,非理所当然而设之者;三、国家之事业,是最鄙贱者,非最神圣者。"①他认为国家自身没有其价值,它的存在是迫不得已,而其事业乃最低贱者。相较于国家,个体则居于更重要的地位,"凡诸个体,亦皆众物集成,非是实有。然对于个体所集成者,则个体且得说为实有,其集成者说为假有。国家既为人民所组合,故各各人民,暂得说为实有,而国家则无实有之可言[……]要之,个体为真,团体为幻,一切皆然"②,即国家在本质上都是虚幻的,因而更无价值可言,只有个体是真实的存在。章太炎不仅否定国家的价值自足性,更进一步否定了其他共同体:"非直国家,凡彼一村一落,一集一会,亦惟各人为实有自性,而村落集会,则非实有自性。"③章氏否定国家和其他共同体的价值实存性,与其所持的政治立场有一定关系,"在现实政治的层面,个体对国家和任何社会群体的激烈否定都与排满的民族主义有深刻联系,

---

① 章太炎:《国家论》,《章太炎全集》(卷四),上海人民出版社,1986年,第457页。
② 章太炎:《国家论》,第457—458页。
③ 章太炎:《国家论》,第458页。

因为这里所谓国家和社会群体是以清朝政府为合法权威的"。① 另一方面,也与他当时深受佛学,特别是唯识学的影响有关,在《人无我论》中他写道:"遍计所执之我,业已瓦解。虽然,人莫不有我见,此不待邪执而后得之。则所谓依他起之我者,虽是幻有,要必依于真相。譬如长虹,虽非实物,亦必依于日光水气而后见形。此日光水气是真,此虹是幻。所谓我者,亦复如是。昔人惟以五蕴为真,仍堕法执,又况五蕴各分,别自成聚,岂无一物以统辖之者?故自阿赖耶识建立以后,乃知我相所依,即此根本藏识。此识含藏万有,一切见相,皆属此识枝条,而未尝自指为我。"②可见,在章太炎看来"自我"如彩虹一般只是"阿赖耶识"这一"水气"所幻化出来的,根本就非实有,那么建立于个体自我之上的社会、国家就更是虚幻之中的虚幻了。

　　章太炎通过强调个体自我,否定了团体、国家的价值实存性;又进一步通过唯识学思想否定了个体自我的实在性,正如汪晖所言:"章太炎所谓个体与真正的(永恒的、实在的和普遍的)'我'是分离的,这种个体是没有本体的个体。因此,个体本身不是具有自性的事物,不能成为道德认同的最终源泉。个体概念由此成为一个自我超越的概念:它必须在它之外寻找本体或自性。个体与自性('我')的分离是章氏临时性的个体概念的最深刻的特征。这种分离决定了个体没有自己的深度或内在性,不能成为价值认同的基础,也决定了章氏思想的内在逻辑:对个体的强调最后却导致对

---

① 汪晖:《汪晖自选集》,第93页。
② 章太炎:《人无我论》,《章太炎全集》(卷四),第424页。

个体本身的否定。"①梁启超将自我的价值来源从传统儒家的"仁"转移到民族国家自身;而章太炎否定了民族国家等一切共同体的实在性,又否定了个体自我的实在性,这样一来就使自我彻底丧失了价值来源,虽然他承认虚幻的个体之后有一个真实的"阿赖耶识",但"阿赖耶识"本身就是一个否定性的概念——否定现实世界、现实个体自我的实存性,而其本身却没有任何规范性的价值内涵。

作为章太炎的学生,鲁迅在某种程度上继承了其师对于自我的思考模式。鲁迅早年即反对以群体的名义压制个人,他写道:"聚今人之所张主,理而察之,假名之曰类,则其为类之大较二:一曰汝其为国民,一曰汝其为世界人。前者慑以不如是则亡中国,后者慑以不如是则畔文明。寻其立意,虽都无条贯主的,而皆灭人之自我,使之混然不敢自别异,泯于大群,如掩诸色以晦黑[……]二类所言,虽或若反,特其灭裂个性也大同。"②在他看来,不管是将自我置于"国家"还是"世界"的范围之下,都是对自我本性的一种戕害,使本来充满个性的个体泯然众人矣,他对个体自我价值的强调,与章太炎"个体为真,团体为幻"的观点有异曲同工之妙。然而,不同于章太炎所受佛教唯识学的影响,鲁迅的自我观更多受到以尼采(Friedrich Nietzsche)为主的西方哲学家的影响。他提到尼采抨击基督教,强调重估一切价值,"至尼佉[尼采]氏,则刺取达尔文进化之说,掊击景教,别说超人。虽云据科学为根,而宗教与幻

---

① 汪晖:《汪晖自选集》,第93—94页。
② 鲁迅:《鲁迅全集》(第八卷),人民文学出版社,1981年,第28页。

想之臭味不脱,则其张主,特为易信仰,而非灭信仰昭然矣"。① 他还介绍了尼采、易卜生(Henrik Ibsen)与克尔凯郭尔(Søoren Kierkegaard)等人以自我之意志为价值评判标准的思想:"如尼佉伊勃生[易卜生]诸人,皆据其所信,力抗时俗,示主观倾向之极致;而契开迦尔[克尔凯郭尔]则谓真理准则,独在主观,惟主观性,即为真理,至凡有道德行为,亦可弗问客观之结果若何,而一任主观之善恶为判断焉。"②

鲁迅通过引介尼采等人张扬自我、抨击庸众、贬低群体的思想,表面上极大提高了个体自我的地位与价值。相较于传统"自我"需要从"仁"等超越性价值中获取存在意义,相较于梁启超将"群"、民族国家的价值置于个体之上,尼采等人将自我的意志作为一切真理准则、价值标准的思想似乎将"自我"置于一个极高地位。但是,通过"主观性"产生的真理丧失了真理的最重要特点"客观性";同样,一切由自我意志评价的"善恶标准"与"价值",实质上也就泯灭了价值的客观尺度,从而陷入一种彻底的虚无主义之中。"鲁迅把人的独自性、差异性作为人的价值准则,不屑于为人类提供某种统一的生活意义和价值标准,从而把赋予何种意义和选择何种价值的任务交给每个人自己去解决,把启发个人承担这一任务的自觉性,唤起个人的主观性和自觉作为自己的根本任务。"③这样,鲁迅就与其师章太炎陷入了同一个悖论之中,对个体的强调却导致了对个体本身的否定,章太炎以"阿赖耶识"解构了自我的实

---

① 鲁迅:《鲁迅全集》(第八卷),第31页。
② 鲁迅:《鲁迅全集》(第一卷),第55页。
③ 汪晖:《汪晖自选集》,第149页。

存性,鲁迅以赋予自我价值生成者的方式消解了自我的一切实质性价值。可以说,章太炎、鲁迅师徒二人联手掏空了传统自我的价值内涵。如果说严复和梁启超通过别"公""私"、辨"群""己"窄化了传统自我的宽度,那么章太炎和鲁迅则通过解构附着于个体自我之上的一切价值,填平了传统自我的深度。

十九世纪末二十世纪初,梁启超、严复、章太炎和鲁迅等人共同推动了传统自我观向近代的转型,当然,这一转型过程并非只是少数伟大思想家之功劳,大的时代思潮同样推动了这一转型过程。

(四)民族危机、天演论与传统世界图景的转变

毫无疑问,对于生活在十九世纪末二十世纪初的中国士人来说,最深刻的感受之一乃是日益严峻的外患威胁和国力衰弱所带来的民族危机感。寿富所写的《与八旗诸君子陈说时局大势启》沉痛回顾了外患日益严重、国家日益衰弱的过程:"中国戎祸,始道光,一败于英,再败于英法,三败于法,四败于日本,失缅甸越南琉球高丽属国凡四,割香港台湾澎湖北徼属地凡四,无役不败,无败不失地,愿我兄弟知中国为至弱之国,兵力不足恃也。自和约以来,入口洋税,岁有增加,无穷漏卮,届六十年,赔兵费者凡四,货财之输于外者,何可胜计,愿我兄弟知中国为至贫之国,生机将日促也。"曾经的"天朝上国",六十余年后竟沦落为"至弱""至贫"之国,认清了这一事实者的痛苦可想而知。在帝国主义时代,"至贫至弱国"随时面临着被瓜分的危机,寿富清醒地认识到:"同治时,德宰相毕士麻克,尝建分中国之议,诸国因中国地大民众,莫敢先

61

发。自我败于日本,此说复起,近日诸国议论,半是此事,愿我兄弟知外人日日谋我,我中国将有瓜分之机也。"①有此认识的非寿富一人,毕永年在《存华篇》中同样力言瓜分之祸:"瓜分之图,《字林西报》昌言无忌,法外部并行文各国,示以天与不取之意。果尔,则太平洋为血战场,支那人为几上肉,欲求眉睫安,将不可得。"②"太平洋为血战场,支那人为几上肉",很难想象,面对如此残酷的前景,时人如何说服自己去相信"天"之本性乃"仁",说服自己相信,继续沿着传统的修身之道达至"仁人"境界,有助于挽救国家民族危亡。国家面临列强瓜分的现实使得传统以"仁"为核心的充满德性的世界图景丧失了说服力,列强恃着自己船坚炮利就可以肆意欺凌、瓜分弱国,毫无"仁义"可言,有的只是赤裸裸的强力,自然"强力"取代"仁义"成为有识之士对世界图景新的认知。张鹤龄在《彼我论》中写道:"吾儒者之言,谓论理不论力。庸讵知所据之力,即所据之理,更无力外之理乎?"③"无力外之理",强权即是公理也。主张"金铁主义"的杨度更认为:"西哲之常言曰:'两平等相遇,无所谓权力,道理即权力也;两不平等相遇,无所谓道理,权力即道理也。'今日欧洲各国之自为交,与其交于他州之国,则二者之区别也。"④在他看来,欧洲列强与中国打交道毫无道理可言,有的只是强力。

这样一来,时人对世界图景之认知逐渐由"仁义"转变为"强

---

① 寿富:《与八旗诸君子陈说时局大势启》,《富强报》,1897年第7期。
② 毕永年:《存华篇》,《湘报》,1898年第34期。
③ 张鹤龄:《彼我篇》,见郑振铎编《晚清文选》(下册),中国社会科学出版社,2002年,第112页。
④ 杨度:《〈游学译编〉叙》,《游学译编》,1902年第1期。

力",认知的改变自然导向了行动对策的相应调整,个人的修身、体仁已无法适应这个推崇强力的世界,只有自立自强才是出路。"夫争自存者,争自立也。不能自立,即不能自存,即为他人所灭,即为天所弃。诸君,诸君,即不欲自立,独欲自存否乎?"①当然,"自立""自存"只是防止"为他人所灭",之后,就要勇敢投入激烈竞争之中,"善争者存,不善争者亡,善争者生,不善争者死。争之为道有三:兵战也,商战也,学战也"。② 在一个强力占主导地位的世界中,竞争成了生存的必需手段,而经商与学术也因激烈竞争异化成了具有强烈对抗色彩的"商战"与"学战"。

在一个仁义被强力压倒的时代,在一个不投身激烈竞争便无法自存的时代,人们发现传统的知识储备已无力对这种变化做出解释,更无法为未来描绘出一幅较为清晰的愿景,给现实提供指导理论。人们急需一套能够解释现状、明确未来、指导实践的话语,严复所译的《天演论》正好满足了这一需求。研究者早已注意到,严复在翻译《天演论》时,一直试图平衡原书作者赫胥黎(Thomas Henry Huxley)和另一位思想家斯宾塞(Herbert Spencer)之间的张力。"仔细阅读《天演论》译本不难看到,对于社会进化理论,严复的态度较为复杂:一方面,他不同意赫胥黎人性本善、社会伦理不同于自然进化的观点,另一方面却又赞成赫胥黎主张人不能被动地接受自然进化,应该与自然斗争、奋力图强的主张。他虽然同意

---

① 太平洋客:《新广东》,见张枬、王忍之编《辛亥革命前十年间时论选集》(第一卷上册),生活·读书·新知三联书店,1960年,第281页。
② 佚名:《与同志书》,见张枬、王忍之编《辛亥革命前十年间时论选集》(第一卷上册),第394页。

斯宾塞认为自然进化是普遍规律,但不满意其'任天为治'的弱肉强食的态度。"①在《天演论》一书中,严复这种调和赫胥黎的挑战自然、奋力图强思想与斯宾塞的社会进化论二者的努力并不难理解:一方面,当时中国所处的弱小民族被列强吞并殖民的国际环境,正是斯宾塞物竞天择、适者生存的社会进化论之鲜活例子;另一方面,若承认中国弱者身份同时又完全接受斯宾塞"任天为治"的弱肉强食态度,那么就等于承认中国被列强欺凌,以至于未来亡国灭种完全符合"进化公理"。因此,严复才需要借助赫胥黎与自然斗争、奋力图强的主张,激励国人为拯救民族危亡而努力奋斗。这样一来,通过《天演论》一书,严复既以社会进化论的思想解释了造成当时中国处境和大的国际环境之缘由,又给国人通过自强、奋斗改变现状提供了理论上之激励,并描绘了一个值得期待的未来图景,此书之流行,在思想界造成巨大影响便是自然之事了。

《天演论》对当时思想界的影响,很容易通过时人之言论察之。"今请泣告天下曰:五洲震爚,种族纠纷,守旧必亡,求新必盛。因渴而争蹄涔之水,因饥而烹肉食之兽,其所得者几何。然非此则饥渴者骷髅矣。此西国天演家所以力主争自存之说也。"②生存还是死亡,取决于求新还是守旧,而此观点之说服力完全源自天演之说,可见此人已将天演之说视为极具说服力的理据。《论中国人天演之深》一文则从天演说的角度解释西方强于中国之原因:"处乎今日之世,以中国人与西人较:其粗者,日用之器物,如宫室舟车衣服饮食之类;其稍精者,学术之程度,如文字图画算数政治之类;其

---

① 李泽厚:《中国近代思想史论》,安徽文艺出版社,1999年,第595页。
② 汪恩至:《时务报书后》,《湘报》,1898年第99期。

最精者,形体之发达,如皮毛骨骼体力脑力之类,是数者无不西人良而中国劣,西人深而中国浅,西人强而中国弱也。其不及之象,已无适而不然,不能曲为之讳。如以天演学论之,则西人之天演实深于中国人,即中国人之天演,实浅于西人,可无疑矣。"①在此文作者看来,中国人从器物、文化以至体质,处处不如西方人,其根本原因在于西人进化程度比国人更深,天演说十分简单明了地解释了中国弱于西方列强的原因。

在十九世纪末二十世纪初,如果说因民族、国家备受列强欺凌这一事实刺激,从现实上使得传统以"仁"为核心的世界图景丧失了说服力,那么天演论这一与现实极为契合的话语,则从理论的高度彻底动摇了传统的世界图景。1898年,孙宝瑄便敏锐地意识到这一点,他在《忘山庐日记》中写道:"《天演论》宗旨,要在以人胜天。世儒多以欲属人,而理属天,彼独以欲属天,以理属人。以为治化日进,格致日明,于是人力可以阻天行之虐,而群学乃益昌大矣。否则,任天而动,不加人力,则世界终。古争强弱,不争是非,为野蛮之天下。"②传统认为儒家以"理"配"天",赋予了"天"非常强的德性内涵,而它又是"自我"超越性价值"仁"的来源。天演论则"以欲属天",抽空了"天"的德性内涵,丧失了规范性伦理价值的"天"逐渐转化为一个与意义、价值脱离了关系的机械性宇宙,在这个宇宙中,强力是唯一的法则,因此若没有人力之干预,"则世界终。古争强弱,不争是非,为野蛮之天下"。可以说,天演论将一个天理流行、仁义充沛的世界图景转化为一个只遵守"物竞天择,适

---

① 《论中国人天演之深》,《东方杂志》,1905年第2卷第1期,第24—25页。
② 孙宝瑄:《忘山庐日记》(上),上海古籍出版社,1983年,第155页。

者生存"之公理,强力互相竞争,毫无道德可言的世界图景。在这个新的图景中,哪里会有"仁"的位置呢?世界图景的改变,必然导致生活于这一世界中之人对于自我认知的改变,显然传统通过修齐治平,践行"仁"这一超越性价值的生存方式已不适应这个毫无道德而只讲强力的世界,只有努力增强自身实力、在竞争中淘汰他人者才是更加理想的"自我":"竞争者,富强之兆也。人之生也,莫不欲充其欲望;夫欲望无限,则其所欲望之物亦无涯矣。土壤有限,生物无穷,则其所欲望之物,亦不能无尽。因之相互欺侮,互相侵夺,而竞争之理,于是乎大开。惟其竞争也烈,则人思想智识益发达而不遏,譬如镜磨之正所以助其明也。"[1]这里已经看不到规范性的价值对于自我之约束,而是从"欲望"角度来理解自我,在作者看来,受欲望驱使,相互"欺侮""侵夺"乃自然之事,甚至最终有助于促进人思想智识的发展,通过个人欲望来理解自身的功利性自我观展露苗头,而这种功利主义的自我观最终随着对世界的进一步祛魅化,在新文化运动时期占据主导地位。

三、新文化运动时期感官功利主义个体自我观的形成

(一)世界图景的祛魅与自我观的转型

通过前文对以"仁"为核心的传统自我观的探讨,以及对近代以来随着现实政治形势刺激、西方自由主义思想和社会进化论思

---

[1] 佚名:《权利篇》,见张枬、王忍之编:《辛亥革命前十年间时论选集》(第一卷上册),第483页。

想传播而发生的近代自我观转变的梳理,可以看出,一方面,现实的政治形势、社会秩序会直接影响人们对于"自我"的想象,传统的科举制和地方宗族社会给以修身为途径,层层外推的"民胞物与"式自我提供了现实基础,近代列强纷争、强力横行的政治现实则直接促使了功利主义自我观的产生;另一方面,从更深层次观之,对于自我的认知与想象,始终与对世界的本源、人在世界中的位置这类终极问题的回应有着密切联系,传统天理流行、仁义充沛的世界图景与以"仁"为核心的自我观具有内在同构性,自我对于"仁"的践行建立在对这个世界"仁"的本质之认知上,明确了世界本质,以及自我与这个本质的内在联系,确信自己日常生活都是与更高的价值联系在一起,生活便具有了很强的目的感与充实感。而社会进化论逐渐改变了这一世界图景,伴随着强力横行的机械化世界图景诞生的,是以个人欲望、利益为核心的功利主义自我观。

《天演论》所代表的社会进化论思想来源于达尔文的生物进化论,因而,从更深层次观之,天演论对传统世界图景的改变实质上只是现代科学对传统世界观"祛魅"过程中的一个组成部分。早在甲午期间,一些敏感的士人已经意识到科学的"祛魅"对传统世界观及与其紧密联系的价值观、自我观的冲击:

> 其[西学]用心尤在破中国祖先之言,为以彼教易名教之助,天为无物,地与五星同为地球,俱由吸力相引,则天尊地卑之说为诬,肇造天地之主可信,乾坤不成,两大阴阳,无分贵贱,日月星不为三光,五星不配五行,七曜拟于不伦,上祀诬而无理,六经皆虚言,圣人为妄作。据此为本,则人身无上下,推

之则家无上下，国无上下，从发源处决去天尊地卑，则一切平等，男女均有自由主权，妇不统于夫，子不制于父，族性无别，人伦无处立根，举宪天法地，[……]秉秀五行，其降曰命，人与天息息相通。天垂象见，吉凶儆人，改过迁善，故谈天之学以推天象，知人事为考验，以畏天命，修人事为根本，以阴阳消长，五行生胜建皇极，敬五事为作用，如彼学所云，则一部周易全无是处，洪范五行，春秋灾异，皆成瞽说，中国所谓圣人者，亦无知妄人耳，学术日微，为异域所劫，学者以耳为心，视为无关要义，从而雷同附和，人欲塞其源，而我为操备，可不重思之乎？①

由"肇造天地之主可信"可推测，宋育仁这段话是就西方传教士的传教行为改变了中国传统的政教信仰而言的，然而在宋氏看来，真正对传统世界图景产生冲击力的并非传教士的宗教话语，而是他们带来的近代天文学知识："天为无物，地与五星同为地球，俱由吸力相引"，地球和其他金木水火土五星都是行星，且遵守万有引力定律。这样一来，传统具有丰富意涵的"天"成为虚无之物，具有道德内涵和目的性的世界图景被转化为遵守万有引力法则运行的行星这一机械图景。这一新的世界图景自然无法支撑传统"乾坤""阴阳""五行""天尊地卑"等一套对于世界的想象，而随着这一套想象崩溃的则是原有的伦理价值观念，"据此为本，则人身无上下，推之则家无上下，国无上下"。最后，对于自我的理解也发生

---

① 宋育仁编：《采风记》（清光绪刊本），卷三，《礼俗》，第9—10页。转引自张灏：《幽暗意识与民主传统》，第141页。

了转化,传统上自我的理想模式"圣人"成了"无知妄人",丧失了超越性价值与规范伦理,自我只能被欲望主宰,"人欲塞其源"。宋育仁这段话非常典型地诠释了"祛魅"这个概念,以及祛魅后所带来的一系列价值转变。从这段话中,可以明显看出,宋育仁本人对这种转变是带有很强的怀疑心理与批判态度的,他不甘心接受"人欲塞其源,而我为操斧",希望其他有识之士能重视这一改变所带来的严重后果,努力寻求对策,可以说他是站在中国传统文化本位的立场上对祛魅这一现实做出反应的。然而仅仅十年后,另一位清末士人对同一问题的看法就发生了显著变化:

> 严先生曰:余治天学,至于有明之世,波兰人歌白尼[即哥白尼],尽破地静天动旧说,证地为日局行星之一,岁岁绕日,与诸纬慧孛同以定时循轨,即日亦非常静不徙者。群从围绕,太阳居中,以空游悬行,趋于御女。盖一出入息间,不知几千万里也。喟然叹曰:伟哉科学!五洲政治之变,基于此矣。盖自古人群之为制,其始莫不法于自然。故《易》曰:"天尊地卑,乾坤定矣。"有其至高者在上以为吾覆,有其至卑者居下以为吾践。此贵贱之所由分,而天泽之所以位也。乃自歌白尼之说确然不诬,民知向所对举而严分者,其于物为无所属也。苍苍然高者,绝远而已,积虚而已,无所谓上下也。无所谓上下,故向之名天者亡。名天者亡,故随地皆可以为极高,高下存乎人心,而彼自然,断断乎无此别也。此贵贱之所以不分,而天泽之所以无取也。三百数十年之间,欧之事变,平等自由之

说,所以日张而不可遏者,溯其发端,非由此乎?①

同宋育仁非常相似,严复注意到近代天文学知识从根本上改变了传统"天尊地卑,乾坤定矣"的世界图景,从而也改变了建立于此世界图景之上的尊卑有别、上下有序的政治秩序,使得"平等自由之说,所以日张而不可遏"。不同之处在于,宋氏对这一新的世界图景尚持怀疑态度,而严氏已彻底接受;宋氏对随之而来的新的道德伦理状况持有强烈的批判态度,并希望国人能从传统文化本位上予以回应;而严氏对这一改变不但没有批判,反持有一种赞叹、欣赏的态度:"喟然叹曰:伟哉科学!五洲政治之变,基于此矣。"实际上,在这篇短短的《自序》后,严复便开始以传播真知的姿态,向当时学生讲解"五洲政治之变"的具体情况:"盖政治一宗,在西国已成科学,科学之事,欲求高远,必自卑迩。故当开讲之始,不妨先告诸公:欲得真知,先须耐性。"②

又过十年,曾于清末舆论界引领思想潮流的严复已被更为激进的一批"新青年"们取代。1915年第一期的《新青年》杂志上,高一涵所撰《共和国家与青年之自觉》一文同样谈到传统世界图景祛魅与道德标准变化,但此时其观点已同宋育仁、严复二人有相当大的差异:

> 顾王由天宣,故道德渊源亦由天出,于是有天命、天罚、天幸之词见焉。夫维皇降衷,各有所秉,特操异撰,人各不同。

---

① 严复:《论世变之亟:严复集》,第178页。
② 严复:《论世变之亟:严复集》,第180页。

欲同其最不同者,以企道一风同之化,故不得不于赋畀而外,别求一视之不见、听之不闻之物,托为道德之基。此基一奠,则人人依违瞻顾,虚与委蛇,而沦灵启知缮心养性之机失矣。专制之朝,多取消极道德,以弃智黜聪,为臣民之本。

[……]

虽然,道德者本诸学理,应诸时势,根诸人心,乃因时转移之物,而非一成不变者也。道德而不适时势之用,则须从根本改造之,无所惜也。古者象天尊地卑,以定天泽之分,故君臣大义,无所逃于天地之间;今者地象圆球,飞悬太空,而无上天下泽之判,随所在以观,皆觉平等,故人民思潮,基之趋于齐平。此道德取象天地之说也。然不佞以为道德为人心之标准,本心之物惟有还证自心,以求直觉,则所谓求之天性是已。所谓天性,乃得诸亶降之自然,不杂于威势,不染夫习惯。顾所谓自然,特不杂第二势力于其中而已,亦非最初最稚之谓也。必也随其秉赋之奇,施以修缮之力,苟为吾性所固有,即当焕然充发,俾无所遗。循特奇之禀,而之于其极。不可奔向轨外,以求苟同。忿也、欲也、己也、私也,既为吾性之所涵。即当因势利导,致之于相当之域,俾各得其发泄致用之机,不当惩之、窒之、克之、制之,使无可排泄之余地,而溢而横流也。①

高一涵指出,传统道德伦理秩序出于对"天"之信仰,随着世界

---

① 高一涵:《共和国家与青年之自觉》,《青年杂志》,第一卷第一号。

图景的改变,传统的伦理道德观也发生了变化,"今者地象圆球,飞悬太空,而无上天下泽之判,随所在以观,皆觉平等,故人民思潮,基之趋于齐平。此道德取象天地之说也"。以上观点皆与宋育仁、严复相同,不同之处有二。其一,高一涵将传统的世界图景及建于之上的伦理秩序涂上了负面色彩。宋育仁认为传统世界图景是应该继续信仰的,严复则认为它被新的世界观取代只是"科学"发展的客观结果,对其并无明显价值评判,而高一涵则认为,传统世界图景得以确立,完全是统治者别有用心的结果。在原始状态下,人们都有着不同的禀赋与爱好,专制统治者为了自己统治方便,才将一虚无之物设为共同的道德标准,以求统一风俗教化之效,最终这种为了专制统治而设计的"消极道德",使得人民日益陷入愚昧之中,"专制之朝,多取消极道德,以弃智黜聪,为臣民之本"。其二,高一涵从根本上质疑"此道德取象天地之说",认为道德应该以内在的"人心"为标准,不应该从任何外在物中寻求——无论是超越性的"仁",还是作为"公理"的天演之则;然而切断了与任何超越性价值源泉和规范性价值法则相联系的"人心",必然只能是天然的"直觉"之心——"以求直觉,则所谓求之天性是已",以及充满"欲望"的功利之心——"忿也、欲也、己也、私也,既为吾性之所涵"。高一涵并不否认这一点,他认为欲望就应该随其发泄,这样才能防止过度克制而带来的"溢而横流"。

高一涵所倡导的为"直觉"与"欲望"所支配的自我,在当时的"新青年"阵营中颇有支持者。例如,在《人生唯一之目的》一文的作者李亦民看来,自我纯粹是被自然情感支配的存在,"然观人类已往之事实,确有一物焉,驱之驶向于同一之进路,则前述之'感情'是已。修谟拉之说曰:'人类意识之基础,并一切行为之究竟出发点,为快苦之感情。无论何种行为,其动机必出于就快乐避痛苦之企图……'";除了自然需求的满足,人生别无更高的目的,"人生天地间乃自然之事实,非有为而生也。既非有为而生,则除维持此自然身体之生活及适意外,不能发见第二之目的"。既然自我乃纯粹感官主义的存在,人生的一切都是为了满足自我的自然欲望,那么在伦理上就自然持有一种趋利避害、趋乐避苦的功利主义价值取向,"青年乎,汝知汝所受之教育,为为人之教育乎,忠孝节义,全非植根本于汝身,由身外之人,课汝以片面之义务,汝知汝所处之境地,为痛苦之境地乎?自由意志,毫无发展之余地,如知之也,其速决汝大方针曰'为我',以进于独立自主之途,其速定汝大目的曰'快乐',以遂汝欲求意志"。① 在李亦民看来,那些对于理解传统自我具有重要意义的"忠孝节义"现在已成身外之物,且是造成自我痛苦之根源,因此为了实现新的为感情、欲望所驱使的"感官主义"自我之存在意义,就应该丢弃它们,走向独立,拥抱"快乐"。

新文化运动的旗手陈独秀也是功利主义的鼓吹者,他在《新青年》创刊号的发刊词中就表现出对约翰·穆勒"实利主义"的推崇。他认为西方社会比东方社会发展得更好的重要原因就在于前者重视现实效用,重视"厚生利用",在于西方社会"举一切伦理道德政治法律,社会之所向往,国家之祈求,拥护个人之自由权利与幸福而已"。② 颇能体现功利主义对当时青年之影响力与吸引力的一个例子是,"五四"时期,北京高等师范学校学生常乃惪听完陈独秀的

---

① 李亦民:《人生唯一之目的》,《青年杂志》,第一卷第二号。
② 陈独秀:《东西民族根本思想之差异》,《青年杂志》,第一卷第四号。

演讲后,写下了这段文字:"至于道德学说之比较,蒙则最服膺个人自利主义。以为人生之目的无他,惟有自利而已。合乎此者谓之道德,悖乎此者谓之不道德,可一言而决也。"①

(二)感官主义与功利主义自我观的形成

二十世纪初年,章太炎和鲁迅分别借助唯识学与西方哲学批判对自我具有规范性的价值,赋予自我以一切价值评判者的地位。如果说在当时,此种对于"自我"的独特理解还停留在少数思想家的头脑与晦涩文字之中,不为大众所了解,那么随着天演论及现代科学知识的传播,随着赋予传统自我超越性价值的世界图景逐渐祛魅,一种感官主义与功利主义的"自我"在新文化运动时期已为大多数激进知识分子和青年学生所接受。在这一新的自我观看来,现代科学已经证明传统那套天理流行、仁义充沛的世界图景是纯粹虚构之物,虚无的"天"和机械化世界图景使得以"仁"为核心的一套价值规范丧失了说服力,甚至成为"君主愚民"、阻碍个人幸福的"消极道德"。人的本质只能从其天然的感情、欲望角度来理解,因此人生的目的就在于个人意志的张扬、个人欲望的满足,道德、价值本身都必须以是否有利于人的欲望满足、利益实现来制定与评判。然而,如同章太炎和鲁迅二人对自我的设定一样,这一感官主义与功利主义自我观将一切事物都置于自我感情与欲望的天平之上,最终导致的却是除感官、欲望之外一无所有的空洞"自

---

① 常乃悳:《纪陈独秀君演说辞》,《新青年》,第三卷第三号。

我"。一方面,切断了与超越性价值联系的自我也填平了自己的内在深度,生活不再是一个朝向特定超越性价值的进路,方向感和沿路上到达各个阶段目标的意义充实感消失了,取而代之的是欲望不断满足的肤浅快乐与快乐之后空虚的循环;①另一方面,自我获得了价值评判者的地位,却丧失了与超越性的"至善"和其他诸善的内在联系,这使得自我丧失了对事物价值大小、性质善恶的客观评判能力。每个人的欲望不一样,对利害评判标准不一样,使得无法达至客观统一的评判标准,②正如李大钊这篇名为《真理》的短文所言:

> 吾人欲求真理之所在,当先知我之所在,及其我之身份、知识、境遇以求逻辑上真实之本分,即为真理。
> 孔子之道有几分合于此真理者,我则取之;否者,斥之。
> 释迦之说有几分合于此真理者,我则取之;否者,斥之。耶稣

---

① 查尔斯·泰勒认为"我的观点是,规定我们精神方向的善是这样的,我们用它们来衡量我们生活的价值;两个问题不能分解地联系在一起,因为它们与同一个核心有关联。这就是为什么我想把关于我的生活的价值、重要性或实质的第二个问题(人生的意义问题),说成为我如何在与善的关系中'确立'或'定位',或我是否与它'有联系'的问题"。见[加]查尔斯·泰勒:《自我的根源:现代认同的形成》,第63页。
② 查尔斯·泰勒指出"我们与善相关的方向感不仅要求某种(些)规定着性质上较高形态的框架,而且要求一种我们在其中处在何处的感觉"。我们与善的关系定义着自我认同,在道德空间中,框架中的强势评定区分出善的等级,区分出事物对于我们的价值大小,我们获得一张"价值地图";另一方面,我们与这些价值、善的距离,定义了我的努力方向、人生目标,赋予人生以意义,自我以认同。而我们与善的距离,常常需要一种自我叙述,来评定我现在置于我人生的哪个阶段。见[加]查尔斯·泰勒:《自我的根源:现代认同的形成》,第61页。

之教有几分合于此真理者,我则取之;否者,斥之。乃至各宗各派,吾人对之罔不若是。①

在李大钊看来,真理的标准取决于"我之所在,及其我之身份、知识、境遇以求逻辑上真实之本分",然而这些标准并非确定之存在,而是随不同之"我"呈现出不同样貌,失去了内在深度的自我使建立于其上的"真理"也丧失了客观标准,到短文最后,李大钊也没说出"真理"的所以然来。

(三)个体化自我观的形成

如前文所述,十九世纪末二十世纪初年,梁启超和严复在辨"公""私"、别"群""己"的过程中,逐渐明确了公与私、群与己的界限,将"自我"的边界缩减到"己"的私域之中,而这一缩减的过程随着个人主义的传播得到了延续,并在新文化运动时期达到了高潮。个人主义是那一时期占据统治地位的思潮,这是历史亲历者与历史研究者所达成的共识。郁达夫在《中国新文学大系》的导言中写道:"五四运动的最大的成功,第一要算'个人'的发现。"②余英时谈到"五四"时期价值观念的转变时也认为"五四以来新价值尽管名目繁多,但从根源上说,都可以归系到一个中心价值上,即个人

---

① 李大钊(署名守常):《真理》(二),《甲寅》日刊,1917年2月2日。
② 郁达夫:《中国新文学大系·散文二集·导言》,《中国新文学大系·散文二集》,上海良友图书印刷公司,1935年,第5页。

的自作主宰"。①

"五四"时期中国的个人主义与西方个人主义存在一定差异,②而且此时期中国国内思想界对个人主义的阐发也呈现出不同面貌,周昌龙即发现,鲁迅、胡适和周作人分别从意志、理智与情感三个不同方面,阐释了新文化派内部三种相异的个人主义典范。③ 然而这些不同面向能统一在"个人主义"这个概念下,说明它们具有最基本的家族相似④性:强调个人的价值、突出个人的独立地位。强调个人的价值这一点,前文已多有涉及,简单说来即将个人置于一种价值评判者的高度,一切善恶标准皆自"己"出。突出个人的独立地位这一点,鲜明体现在时人呼吁个人脱离对他人或共同体之依附的言论中。陈独秀在《一九一六年》一文中呼吁:"尊重个人独立自主之人格,勿为他人之附属品。"⑤傅斯年认为:"'善'是定要跟着'个性'来的,所以破坏个性的最大势力就是万

---

① 余英时:《余英时文集 第二卷,中国思想传统及其现代变迁》,第68页。
② "五四"时期中国个人主义与西方个人主义的差异问题,可参见许纪霖:《个人主义的起源——"五四"时期的自我观研究》,《天津社会科学》,2008年第6期。
③ 可参见周昌龙:《五四时期知识分子对个人主义的诠释》,载周昌龙《新思潮与传统——五四思想史论集》,时报文化出版公司,1995年,第13—41页。
④ "家族相似"是哲学家维特根斯坦(Ludwig Wittgenstein)提出的概念,英文是"Family Resemblance",他认为某范畴的成员不必具有该范畴的所有属性,而是AB、BC、CD、DE式的家族相似关系,即一个成员与其他成员至少有一个或多个共同属性。范畴成员的特性不完全一样,他们是靠家族相似来归属于同一范畴。"我想不出比'家族相似'更好的词来表达这些相似之处,如身材、相貌、眼睛的颜色、步态、性情,等等等等,也以同样的方式重叠和交叉。——我想说的是:各种'游戏'形成一个家族。"涂纪亮主编,维特根斯坦著:《维特根斯坦全集》(第八卷),涂纪亮译,河北教育出版社,2003年,第47页。
⑤ 陈独秀:《一九一六年》,《青年杂志》,第一卷第五号。

恶之原。"①郑超麟读了新文化人的文字后，原来亲近传统的思想很快发生转变："十二月七日在马赛登陆时，我的外表虽同香港上船时一样，内心则完全改变了。潜伏的个人意识已经觉醒，从此我是自己的主人，我能支配自己的命运，而不再是父师及其他长辈给我安排的家族链条中一个环节了。"②不再是被"安排的家族链条中一个环节"，接触新思想后郑超麟意识到个人的地位独立于家族而存在，实质上新文化运动时期对个人独立地位的强调在很大程度上建立于对传统宗族制度、家庭伦理的批判之上。

陈独秀《东西民族根本思想之差异》一文就将"西洋民族以个人为本位，东洋民族以家族为本位"视为东西文化的一大根本差异，并认为"以家族为本位"会造成四大弊端："一曰损坏个人独立自尊之人格；一曰窒碍个人意思之自由；一曰剥夺个人法律上平等之权力（如尊长卑幼同罪异罚之类）；一曰养成依赖性，戕贼个人之生产力。"③在陈独秀看来，家庭和个人处在极端对立关系中，若想获得个人独立自由，就得打破家族本位，使个人从家族中脱离出来。吴虞则直接将家族制度与专制制度联系起来，将前者视为后者的基础，"儒家以孝弟二字为二千年来专制政治、家族制度联结之根干，贯彻始终而不可动摇，使宗法社会牵制军国社会，不克完全发达，其流毒诚不减于洪水猛兽矣"。④ 傅斯年为了鼓励个人张扬个性，则将家庭斥为"万恶之原"。他不仅将个人与家庭相对立，

---

① 傅斯年：《万恶之原》（一），《新潮》，1919年第1卷第1期。
② 郑超麟：《郑超麟回忆录》，东方出版社，2004年，第164—165页。
③ 陈独秀：《东西民族根本思想之差异》，《青年杂志》，第一卷第四号。
④ 吴虞：《家族制度为专制主义之根据论》，《新青年》，第二卷第六号。

而且切断了"修身"与"齐家"的联系。在他看来,由于家庭对自我个性的压抑,"齐家"的追求必然与个人修身的努力相冲突:"《大学》上说'修身然后齐家',在古时宗法社会,或者这样,若到现在,修身的人必不能齐家,齐家的人必不能修身,修身必要'率性',齐家必要'枉己',两件是根本不相容的。"①

新文化运动时期,以批判宗族社会、家庭伦理为手段来张扬个性,突出个体自我地位的话语还有很多。不少研究者已经注意到这一时代思潮,然而现有研究多就这一现象单独论之,若将这一现象置于更加长久的历史脉络中观察,即可得到一个新的发现——近代以来"自我"的外在广度呈现出一个不断收缩的过程。二十世纪初,梁启超在《新民说》中论"公德"与"私德",分别了"公""私"两大领域,将自我从共同体中分离出来,但仍将自我同共同体视为和谐一体的存在;严复则通过穆勒的自由主义思想划分群与己、自我与共同体的界限。然而,梁、严二人仍在一种"个人与共同体""己与群"的话语模式中阐发自己的思想,在此过程中仍重视"己"与"群"的相互关系;虽并不否认"己"的权利与价值,但他们更倾向于将"群"的价值置于"己"之上;他们鼓吹给予个人以自治与自由,但最终目的在于更好地激发个人为共同体(社会、国家)贡献自己的力量,在某种程度上,仍然保留了一种个体自我与共同体之间相辅相成的关系。到了新文化运动时期,随着激进个人主义的广泛传播,梁启超的"公私"话语中,曾共属于"私"的个体自我与家庭发生分裂,曾为传统自我观所涵括的"齐家"此时与个人成就的"修

---

① 傅斯年:《万恶之原》(一),《新潮》,1919年第1卷第1期。

身"处于完全的对立关系中。在激进的新文化派看来,家庭成了妨碍自我实现的"万恶之原",自我只有从家庭中彻底走出来,才能实现自身价值,至此,彻底的个体自我观诞生了。胡适的《易卜生主义》一文最完美地阐释了这种个体(或曰"个人主义")的自我观,此文将个人与社会完全对立起来,集中批判社会的四大丑恶现象:其一,家庭,"家庭里面,有四种大恶德:一是自私自利;二是倚赖性、奴隶性;三是假道德,装腔做戏;四是怯懦没有胆子";其二,法律,"法律是死板板的条文,不通人情世故",往往只根据结果定罪,冤枉了好人,放过了坏人;其三,宗教,宗教变成了教条,丧失其功能,"易卜生眼里的宗教久已失了那种可以感化人的能力;久已变成毫无生气的仪节、信条,只配口头念得烂熟,却不配使人奋发鼓舞了",同时宗教还成为少数人谋取物质利益的工具;其四,道德,道德"不过是许多陈腐的旧习惯",这种陈腐的道德"在社会上造出一种诈伪不自然的伪君子"。家庭、法律、宗教、道德既然已经腐败到如此程度,社会与人自然便陷于一种"互相损害"的关系之中:"社会最爱专制,往往用强力摧折个人的个性(individuality),压制个人自由独立的精神。等到个人的个性都消灭了,等到自由独立的精神都完了,社会自身也没有生气了,也不会进步了。"因此,自我想要摆脱被压制、摧折的命运,就必须奋力从社会、从共同体这艘破旧的沉船中挣脱出来。胡适引用易卜生的一封信,为个体自我观的诞生呐喊助威:"他有一封信给他的朋友 George Brandes 说道:'我所期望于你的,是一种真正纯粹的为我主义,要使你有时觉得天下只有关于我的事最要紧,其余的都算不得什么……你要想有益于社会,最好的法子莫如把你自己这块材料铸造成器……

有的时候我真觉得全世界都像海上撞沉了船,最要紧的还是救出自己。'"①

四、感官功利主义个体自我观带来的道德困境与时人之对策

祛魅后丧失了内在深度的自我和个人主义思潮冲击下没有了外在广度的自我,二者终于在新文化运动时期合为一体,形成了感官主义、功利主义的个体自我观。这种观点将自我理解为纯粹欲望的载体,一方面由于丧失了与超越性价值的联系,自我被还原为只具备视觉、听觉、嗅觉、味觉等动物性感官的存在,因此是感官主义的;另一方面,天理流行、仁义充沛的世界图景被科学的世界观代替,建立于传统世界图景之上的一系列规范性道德随之解体,自我以趋利避害、追求利益最大化为行为之准则,所以是功利主义的;最后,激进的个人主义思潮将家庭、社会等共同体塑造为妨碍自我发展、摧折个性的"万恶之原",鼓励自我从共同体中分离出来,是为个体(个人主义)的自我。作为转型时期历史发展的产物,这种新的自我观有其诞生的合理性,但是,以功利主义为主导的感官性个体自我观带来了一系列新的问题。这些问题主要可分为两大类。其一,从个人层面观之,如前所述,祛魅后的"自我"切断了与各种超越性价值的联系,同时又被置于价值评判者的重要地位,然而这个"重估一切价值"的自我无法从传统规范性道德中获取评

---

① 胡适:《易卜生主义》,《新青年》,第四卷第六号。

判标准,只能从自我的情感、欲望或利益等主观层面评判,这样便陷入相对主义与虚无主义的泥淖之中,人生的意义、个人存在的价值成了困扰个人的重要难题。其二,从社会层面观之,激进个人主义冲垮了传统家庭、宗族等共同体所凝聚的道德规范,个人主义容易沦为极端的利己主义;而功利主义驱使下的自我,更倾向于去追求一己欲望、私利之满足,从而塑造出一个物欲横行、唯利是图的社会环境。

  时人已经注意到伴随这种新自我观而产生的种种弊端,1919年同在哈佛求学的吴宓与陈寅恪便对当时中国的世风有所批判。"1919年在美国哈佛大学读书时,吴宓就发现,东西方社会转型期间,道德流离失所的状态居然惊人的相似。西洋中古的时候与传统中国一样,宗教与道德礼法足以维系人心。然而,随着崇尚物质享乐和肉体欲望的功利主义的兴盛,当前在中国最风行的就是'快乐'二字。'解放''自由'等美好的言辞,都打着'快乐'的招牌,在中国畅行无阻。'昔日之淡泊修养之功夫,不可复见。众惟求当前之快乐,纵欲而不计道理。'"①陈寅恪对于吴宓的批判深感赞同,他同样厌恶极端的功利主义:"今人误谓中国过重虚理,专谋以功利机械之事输入,而不图精神之救药,势必至人欲横流、道义沦丧,即求其输诚爱国,且不能得。"②当时对于"五四"前后社会风气、道德状况有较为全面和深入反思的当属杜亚泉,杜亚泉在《东方杂

---

① 段炼:《"世俗时代"的意义探询:五四启蒙思想中的新道德观研究》,上海人民出版社,2015年,第121页。
② 吴宓:《吴宓日记》第2册,生活・读书・新知三联书店,1998年,第25—27页。转引自段炼:《"世俗时代"的意义探询:五四启蒙思想中的新道德观研究》,第121页。

志》上先后发表了《精神救国论》《国民今后之道德》《接续主义》《迷乱之现代人心》等一系列文章,探讨了传统价值伦理崩溃后,出现的道德危机问题。① 针对社会上这一系列问题所带来的道德危机,同时代的有识之士也在思考如何建立新的道德观,段炼所著的《"世俗时代"的意义探询:五四启蒙思想中的新道德观研究》一书,详细考察了那一时期知识人针对道德危机所采取的各种方法,概括而言主要有以下两种方案:

其一,改良功利主义价值观,用一种更偏向"精神的"功利主义取代纯粹"物质的"功利主义。② 由于"以幸福与快乐为人生归宿的功利主义,也因此在清末民初兴起,并成为'五四'时期影响最大的思潮之一",③因而当社会道德危机浮现,很容易从占主流的功利主义思想内部寻求解决方案,具体而言就是用精神层面,或更高层次的快乐来取代浅薄、低俗的物质享乐,"在建立新的个人德性方面,五四的知识分子强化了穆勒修正式功利主义的思想精髓,用来平衡边沁式功利主义中非精神的倾向"。④ 对精神层面快乐的强调固然可以纠正追求物质享乐而造成的物欲横流的弊端,然而,一方面"精神"与"物质"的界限并非完全清晰可辨,例如,贪图口腹之欲乃典型的"物质"享受,但若将对美食的爱好描述成对"饮食文化"的追求,对"舌尖世界"的探索,那么"物质的"功利是否就转化成

---

① 具体可参见段炼:《"世俗时代"的意义探询:五四启蒙思想中的新道德观研究》,第123—129页。
② 具体可参见段炼:《"世俗时代"的意义探询:五四启蒙思想中的新道德观研究》,第三章第一节"五四的功利主义:'精神的'超越'物质的'",第131—150页。
③ 段炼:《"世俗时代"的意义探询:五四启蒙思想中的新道德观研究》,第132页。
④ 段炼:《"世俗时代"的意义探询:五四启蒙思想中的新道德观研究》,第149页。

"精神的"功利了呢？而二者又有多大区别，区别的界限何在呢？另一方面，"精神的"功利追求并无法改变功利主义的基本原则，在"自我"被掏空了内在价值、规范性道德解体的语境中，每个个人必然从自身的欲望、利益角度理解何为"利"，何为"弊"，也许可以将个人的利益诉求导向更"高"的"精神"层次，但谁能保证每个个人的"精神"追求不会发生冲突呢？如何度量并裁决这些相互冲突的"精神"追求中，哪些符合"最大多数人的最大利益"呢？功利主义价值观的内在矛盾，决定了无法单纯用"精神的"功利主义取代"物质的"功利主义之方法来解决道德危机问题。其二，改良个人主义价值观，从"小我"走向"大我"。① "五四"时期，一部分知识人已经意识到当时社会出现的人心迷乱、道德解体及意义危机等一系列问题与新出现的感官功利主义的个体自我观有密切联系，便开始从"自我"角度寻找对策。具有内在深度的自我，会从"仁"等超越性价值层面理解自身存在，从而赋予生活以意义充实感，而这些价值和规范性道德之间的联系，使得自我始终处于道德情境中；自我的外在广度保证了他始终能将自身整合进特定的共同体中，并使其与更大范围内的存在者建立起稳固联系。

如何使丧失了深度与广度的个体性自我重新获得生存意义，并整合进更大的存在秩序之中？"五四"时期的知识人创造了一种"小我—大我"话语，希望将"小我"纳入"大我"之中来解决这一问题。在近代中国，最早提出并区分"大我"与"小我"这一对概念的

---

① 具体可参见段炼：《"世俗时代"的意义探询：五四启蒙思想中的新道德观研究》，第三章第二节"五四的个人主义：从'小我'到'大我'"，第150—175页。

是梁启超。① 他在《中国积弱溯源论》一文中,特别提到近代中国衰弱的原因在于"为我",虽然人人皆知利己,但西方人可以为了"大我"暂时舍弃"小我",而国人无法做到。这里的"大我"即"一群之我",指的是同一个民族国家共同体,"小我"是"一身之我",指的是个体自我。② 1904年梁启超又指出:"何谓大我? 我之群体是也。何谓小我? 我之个体是也。""死者,吾辈之个体也;不死者,吾辈之群体也。"③很明显可以看出,在梁启超的话语中,"小我"等同于个体自我——"己",而"大我"等同于许多个体自我组成的一个群体——"群"。在传统自我观中,"小我""大我"是融合无间的,因此才能从一己之修身,层层外推至齐家、治国、平天下,乃至于"天人合一"的境界;而此时梁启超划分群、己,区别公、私,实质上是将二者割裂开来,在赋予"小我"个人独立于群体之权利的同时,也将"大我"塑造为一个异质性的存在。当然,正如同"群""己"二者的关系,"小我""大我"虽在梁的话语中有了实质性区分,但仍然有着密切联系,简单说来,"小我"需要在"大我"中获得存在之意义。正如前文所述,这可视为传统自我观的影响,但又有显著区别,传统自我的价值来源于"仁"的体认和践行,而在二十世纪初年,深受民族主义影响的梁启超将"民族"这一"大我"设定为"小我"的价值源泉。到了"五四"时期,梁启超这套"小我—大我"话语延续了下来,"小我"被视为个体自我,而"大我"随着时代思潮

---

① 许纪霖:《个人主义的起源——五四时期的自我观研究》,《天津社会科学》,2008年第6期。
② 梁启超:《中国积弱溯源论》,《清议报》,1901年第79期。
③ 梁启超:《余之死生观》,《新民丛报》,1904年第3卷第12期。

变迁,由"民族"转变为"社会""世界"等其他共同体。在这套话语中,始终没有变的有两点:其一,"小我"与"大我"的异质性关系,二者可以有各种联系,但二者显然已经是完全不同的存在者;其二,"小我"丧失了与特定价值的联系,被抹平了内在深度,因此需要在"大我"中实现更高的自我价值。这样一来,转型后的自我——"小我"实质上必须在一个异质性的存在中获取自己的存在价值,而这个异质性的存在并非传统上各种抽象的价值,而是实实在在的共同体——或民族,或国家,或阶级,在这种情况下,"小我"随时面临着被"大我"吞噬的危险。余英时敏锐地指出近代中国:

> 在"大我"存亡的关头,我们几乎完全忽略了"小我"的重要性。其结果是政治吞没了文化,无论是中国传统中的"自我"的精神资源或西方的资源都没有人认真去发掘。[……]中国近代的个人观始终没有真正建立起来,五四时代虽有个性解放的要求,所以易卜生戏剧中娜拉(Nora)的弃家出走曾轰动一时。但是娜拉出走后,下场如何?她要到哪儿去?我们好像从未认真讨论过,所以鲁迅断定娜拉的下场不会好到哪里去。西方的个人主义有其宗教、社会等特殊背景,并不能一下子搬过来,也许根本搬不过来,或者即使搬过来也难免弊多于利,而且今天西方思想也不以个人主义为绝对价值了。中国现代人对"大我"与"小我"之间的关系也认识模糊,好像我们直觉总是认为"小我"可以而且应该随时随地为"大我"

牺牲。[1]

　　余英时对"五四"时期"小我—大我"话语的反思发人深省,然而对于以上论断,至少有两点尚值得商榷。其一,正如前文所述,"中国现代人对'大我'与'小我'之间关系的认识模糊",二者关系的复杂纠结实质上可视为传统自我观向现代转型过程中各种传统惯性与新事物的畸变之结果,而我们之所以认为可以为了"大我"牺牲"小我",并非完全凭"直觉",而是因为"小我"自身被掏空了内在价值,自身丧失了同超越性价值的联系,必须在"大我"中才能重获存在之意义。其二,现代中国的主流思想界确实如同余先生所言,"无论是中国传统中的'自我'的精神资源或西方的资源都没有人认真去发掘",但并不意味就真没有一个人对相关问题有过深入之思索。拨开历史的尘埃,至少可以发现一个人,他从自我的生命体验出发,先后从佛教和儒学汲取思想资源,对新文化运动时期的主流自我观进行批评,并在其基础上建立了新的自我理解,他就是梁漱溟。

---

[1] 余英时:《余英时文集　第二卷,中国思想传统及其现代变迁》,第36页。

第二章　梁漱溟自我观之研究

一、梁漱溟早年思想历程

(一)功利主义自我观的形成与反思

梁漱溟在《东西文化及其哲学》中阐发的"自我观"有一段曲折的形成过程,在其早年,他抱持着同新文化派类似的功利主义人生观。

晚年梁漱溟和访谈者谈起自己早岁的思想情况时,曾回忆早熟的自己在14岁左右的年纪就开始反思人生并逐渐形成对于人生的观念,这些观念中最重要的一点,即是用一个固定的价值标准来衡量与评价生活中遇见的人与事。每时每刻,小梁漱溟都会估算这些事对于他人或整个社会是否有益处,这种益处到底有多大。如果一件事对于自己和社会都有很大的益处,那么这件事自然被视为具有相当大的价值;相反,如果一件事对于任何人都没有丝毫帮助，则被视为毫无价值。当时，他感觉到用这条道理作为标尺来衡量任何事，似乎都可以说得通。小梁漱溟对于生活中遇见的事皆持有一种反思态度，如果对一件事的道理想不明白，便很容易陷入苦闷之中，想破脑袋也一定得寻求个确切解答；一旦想不通的事情找到了答案，便会高兴得不由自主手舞足蹈。①

由这段回忆，一方面可以看出梁漱溟在少年时代曾持有类似功利主义的人生观，把评价事物的标准界定为这件事对于他人或整个社会是否有益处；另一方面可见梁自少年时代始就对人生抱有一种非常严肃和认真的态度，一定要对世界本质、人生意义这些终极问题求出个所以然来，并以这些问题的答案作为规范自己人生的准绳。正如其本人所言："我自从会用心思的年龄起，就爱寻求一条准道理，最怕听'无可无不可'这句话，所以对于事事都自己有一点主见，而自己的生活行事都牢牢的把定着一条线去走。"②梁漱溟这种寻求一确切"真理"标准，并严格按照这一标准安排自己生活的人生态度，是我们理解其思想的一个关键背景，他思想的每一次转变，很大程度上起因于原有"衡量一切并解释一切"的标准遇到了疑难，使之对人生、事物"思之不通"，不得不辗转求得新的解答，新的解答的产生即意味着其思想的一次转变。当然，对于一个十四五岁的少年来说，他有关这些深刻问题的思考与回应更多受到身边亲人与朋友的影响，梁漱溟早年的功利主义人生取向即是受到其父亲之影响。

---

① 汪东林：《我对于生活如此认真：梁漱溟问答录》，当代中国出版社，2013年，第14页。
② 梁漱溟著，中国文化书院学术委员会编：《梁漱溟全集》（第一卷），山东人民出版社，1989年，第542页。

梁漱溟之父梁济和大多数中国传统读书人一样,饱读儒家经典,以孔孟为人格典范,但由于身处剧烈变革年代,深切感受到那些经典与现实问题存在较大距离,因此反而鄙薄以吟诗作文为业的传统文人。二十世纪初年,西方正统的功利主义思想还停留在极少数知识精英的译介文章中,绝大多数读书人对其缺乏深入了解,而传统墨家思想相比儒家更讲究功利与实用。梁济从墨家思想中得到启发,看问题角度与处事方式自然更接近墨家,讲求"务实",不期然中,思想行为与西方功利主义表现出极大的相似性。梁漱溟从小和父亲生活在一起,耳濡目染中,自然受到其父思想非常大之影响。[1]

小梁漱溟这种功利主义思想得自父亲影响,并非完全由自己深思熟虑而来,因此很容易在他人的影响下发生改变。梁漱溟在顺天中学堂结识的挚友郭人麟(又作仁林),便直接促使他开始反思自己原有的功利主义价值观。

1906年,梁漱溟进入顺天中学,从小天资聪颖又受过良好家庭教育这两点使他变得十分自负,自我感觉良好,一副天将降大任于自己的架势。由于受父亲功利主义思想倾向的影响,他一方面非常轻视文史哲这类缺乏现实功用的学问,甚至认为是纯粹骗人的空话;另一方面,对于道德修养,也仅仅是将道德作为辅助事功的一种手段罢了。若干年后,梁漱溟以"偏激无当、浅薄无根"八字评价此时的自己。然而当时他身边的同学大多思想更为幼稚,有的同学虽不同意他这种偏激的功利主义思想,却无法从思想上驳倒

---

[1] 汪东林:《我对于生活如此认真:梁漱溟问答录》,第14—15页。

他。郭人麟的出现彻底改变了梁漱溟。郭人麟是那种非常罕见的既天资聪慧又博览群书的少年,小小年纪就对儒释道三家学问皆有一定心得,最崇拜的还是谭嗣同和他的《仁学》一书。郭氏的学养和人格让梁漱溟深为折服,在交往中郭的见识、思想也影响到梁,使他开始反思功利主义价值观,并开始注意其原以为只是"虚文"的文史哲著作。"自与郭君结交之后,我一向狭隘的功利见解为之打破,对哲学始知尊重。这在我思想上,实为一大转进。"①

(二)精神危机的出现

梁漱溟开始反思功利主义,毫无疑问乃受同学之影响,但其由原来满怀"救国救业、建功立业"的抱负转向佛教出世的人生态度,则有着更为复杂的原因。大体而言,前人之研究总结出两大因素:其一是梁漱溟当时所处的政治社会环境,其二是梁漱溟当时的精神状态。郑大华侧重于从梁漱溟面对的外在环境来解释他的转变。②郑认为辛亥革命结束后黑暗的政治环境使得梁漱溟对于现实充满了失望,从而转向"出世",希望通过佛教思想治疗自己因黑暗现实产生的精神痛苦。郑大华指出,梁漱溟和每一个刚出校园初入社会的热血青年一样,对未来怀有一片玫瑰色幻想,总希望靠

---

① 汪东林:《我对于生活如此认真:梁漱溟问答录》,第15—16页。
② 郑大华也注意到梁漱溟思想的内在理路发展促使其转向佛家出世的人生态度,"促使梁漱溟在辛亥革命后思想发生转变的另一重要原因是他对人生问题的探索",但似乎更强调这种内在思想转变的外部刺激因素,谈到梁对人生问题探索的契机仍认为是"由于政治生活中的丑恶现象所引起的失望与痛苦"。见郑大华:《梁漱溟传》,第27—28页。

自己的努力可以迅速让社会变得更美好,但丑恶的政治现实与他的理想化政治差距过于悬殊,被当头浇了盆冷水的梁漱溟逐渐陷入苦闷与失望中,以致在1912年曾经两度试图自尽。为了从社会现实给自己造成的极端苦闷中解脱出来,他开始从佛教思想中寻求缓解精神创伤的资源,"最终以'入世'转为'出世'"。① 郑还特别提到,因民国初年社会党党魁江亢虎等人打着社会主义招牌招摇撞骗和梁漱溟自身转向印度出世思想这两点因素的共同作用,梁对社会主义产生了隔膜,"从而中断了他对社会主义问题的进一步思考和探索"。②

郑大华所持的"政治社会环境影响说"具有一定的说服力,梁漱溟在后来的回忆中,也谈到自己作为新闻记者时,政界的所见所闻,引得自己"对于人生感到厌倦和憎恶"。③ 但是外在的影响肯定不是全部,至少"社会党的所作所为使得梁中断了对社会主义的进一步思考和探索"的判断是不准确的,事实上梁漱溟转向"出世"后也没有放弃对社会主义的进一步思索。1914年,梁已经转向佛教出世的人生态度,这一年他写下《谈佛》一文(该文本是梁写给舅舅的一封信),主要探讨了如何改变令人失望的现实,如何"拯救众生"的问题。梁漱溟认为佛教和社会主义都是救世的好方法,佛教主张"以出世间法救拔一切众生",而社会主义是以入世间法救拔众生。在他看来二者之间并无后来研究者所认为之矛盾,转向佛

---

① 郑大华:《梁漱溟传》,第26—27页。
② 郑大华:《梁漱溟传》,第25页。
③ 梁漱溟著,中国文化书院学术委员会编:《梁漱溟全集》(第二卷),山东人民出版社,1989年,第686—687页。

教不意味着疏远社会主义思想,相反,二者具有相辅相成之效,"故观于今日社会主义潮流之盛,而知佛理之彰不远矣"。因而梁决心一面钻研佛教,一面倡导社会主义,在这封写给舅舅张蓉溪的信中,他还发愿通过倡导社会主义来促进佛教的成功发展。①

艾恺(Guy S. Alitto)更偏向从梁漱溟的内在精神状态来解释他转向佛教思想的原因,他认为梁漱溟很早就从佛教中了解到,快乐与痛苦是共同增长的,因为二者都源自情欲,但早先时他只是从理智上理解这一道理,而步入社会后,黑暗的现实使他对此有了"感情上的理解"。梁漱溟从现实中理解了自己为建设一个美好社会的努力终究会因与这条法则相冲突,而最终无法实现。② 这样一来,在梁的眼中,人生就只能挣扎于欲望的泥淖中,被片刻的欢愉与紧随之更大的痛苦包围。这种对人生的悲观看法使他对于现实中的丑恶罪行变得更加敏感——他发现罪恶不仅存在于那些政客身上(这促使他远离政治),自己身上也不清白,这促使他自我厌弃,以致试图自杀。"罪恶感(或像他所说的自弃、羞辱、悔恨)显然是他精神崩溃的重要原因。以前他视为英雄的人物现在被他所藐视,因为他们的行为模式是机械式的,不过是被他们的欲望与热情所操控。出于同样的原因,他也轻视自己。"③艾恺将这一时期梁漱溟所表现出的敏感、负罪感与出世倾向最终归结为梁的精神出了问题,认为从精神病学的角度观察青春期后期的梁漱溟,可以得出

---

① 梁漱溟著,中国文化书院学术委员会编:《梁漱溟全集》(第四卷),山东人民出版社,1989年,第487—492页。
② [美]艾恺:《最后的儒家:梁漱溟与中国现代化的两难》,王宗昱、冀建中译,外语教学与研究出版社,2013年,第44页。
③ [美]艾恺:《最后的儒家:梁漱溟与中国现代化的两难》,第45页。

他患有精神病的结论,"他的退隐避世,他的易受伤害的情感,他的自弃和罪恶感,以至于最后的不能工作——所有这些都暗示着一种精神异常"。①

艾恺从梁漱溟的早年行为与晚年回忆中推测其在1912—1916年间精神上处于一种异常状态,有一定的道理,难以想象一个心理健康、精神状态稳定的青年会仅仅因为政治黑暗、世事不遂己意就去选择自杀,事实很可能是梁漱溟内在的精神疾病放大了郑大华所强调的外部黑暗政治社会环境对他的刺激,以至于对常人来说并不关己的小事也会给自身造成极大精神冲击。晚年的梁漱溟有一段关于精神不稳定期的回忆:有一天漫步北京街头时,他的视线被一个人力车夫吸引住了,此车夫年纪大了,须发皆白,拉车已经累得快跑不动了,然而车上坐的人仍旧不断催他快走,老车夫心急脚乱不小心就跌倒了,跌得满胡子都是鲜血。看到这一幕,敏感的梁漱溟流出了眼泪。这件事使得他备受刺激,当年精神状态非常不稳定,快陷入了疯狂境地,以致同年在南京尝试自杀。② 内在精神状态和心理原因很可能是梁漱溟转向出世钻研佛学的重要因素,但这并不是一个令人满意的解释,因为它无法进一步说明是什么导致了梁出现这种异常的精神状况,如果将这种精神状况的出现归因于外部环境刺激,将势必陷入又一轮的循环解释之中。因此,跳出外部环境影响说和单纯心理学解释,将考察方向转向梁漱溟的思维方式、思想背景以及在当时所面临的具体问题,也许能为他的精神问题以及转向出世的行为提供一个更合理的解释。

---

① [美]艾恺:《最后的儒家:梁漱溟与中国现代化的两难》,第46页。
② [美]艾恺:《最后的儒家:梁漱溟与中国现代化的两难》,第44页。

梁漱溟一生中曾多次强调(前文也已提到),自己对人生持一种非常严肃的态度,遇事不愿随波逐流,总想提出自己的想法、思考,并希望在这些思考中寻出一条定则,来解释事物,评估价值,规范自己的人生方向。在十四五岁时,他曾一度信服于功利主义思想,后经同学启发,开始质疑这一思想,随着年龄增长,思想进一步成熟,梁漱溟开始反思构成功利主义的两大基本元素"快乐"与"痛苦"到底是什么。

梁漱溟少年时家里曾雇有女工负责家务活,他发现这些时刻忙碌于洗衣做饭等杂事的女工看上去一点也不觉得苦与累,相反经常是满脸笑容。那时他自己作为富裕人家的小儿子,被父母视为掌上明珠,生活简直可以说像泡在蜜罐子中一般,找不到任何不满意的地方,心中反而充满苦闷。身边这种鲜明的反差对比,促使梁漱溟开始思索苦与乐的缘由。经过反思,他认识到其缘由并不在于外在环境,而在于一个人的主观内心,根源则在于人的欲望,欲望满足就会感到"乐",反之则"苦",然而人生在世,欲望是没有穷尽的,欲望也是无法全部得到满足的。①

这样一来,人生在梁漱溟眼中便成了一条欲望不断翻滚的河流,所谓"乐"只是河流上短暂翻滚的浪花,最终汇入的却是一片无边的"苦"海。这是一幅十分悲观的人生图景,更可怕的还不在于人生之"苦",而在于这个"苦"是毫无目的性、看不到希望之"苦"。如果是一个虔诚的教徒,他相信自己今世所受的折磨是为了能在彼岸或来世获得幸福得到拯救;如果是一个坚定的革命者,他相信

---

① 汪东林:《我对于生活如此认真:梁漱溟问答录》,第 25 页。

自己此生所冒的艰险是为了未来人类更美好的生活;如果是一个传统士人,他相信自己的"劳筋骨""饿体肤"是成为一个大丈夫、一个君子的必要过程,那么"苦"也许还不是无法忍受的,相反可能成为历练人格、实现人生价值的手段。宗教信徒、革命者和传统士人,他们对于自我的理解同一个更高的超越性价值联系在一起,自我所遭受的各种苦难一旦被解释成价值实现的必要阶段,就被转化成自我磨炼的过程,反而获得一种自我实现、人生充实之感。年轻的梁漱溟却将自我理解成纯粹的欲望载体,这样一来,人生之"苦"只是揭示了人生的毫无意义、自我存在的价值虚无性,而这一点正是他在《究元决疑论》中所谓的"大秘密""大怪异":

> 此世间者多忧、多恼、多病、多苦,而我所信唯法得解,则我面值于人而欲贡其诚款,唯有说法。又此世间有种忧恼病苦最大最烈,不以乏少财宝事物而致,亦非其所得解。此义云何?此世间是大秘密,是大怪异,我人遭处其间,恐怖犹疑不得安稳而住。以是故,有圣智者究宣其义,而示理法,或少或多,或似或非,我人怀次若有所主,得暂安稳。积渐此少多似非暴露省察,又滋疑怖;待更智人而示理法,如是常有嬗变。少慧之氓,蒙昧趋生,不识不知。有等聪慧之伦,善能疑议思量,于尔世理法轻蔑不取。于尔所时,旧执既失,胜义未获;忧惶烦恼,不得自拔。或生邪思邪见;或纵浪淫乐(远生《想影录》所谓苟为旦夕无聊之乐);或成狂易;或取自经(《想影录》所谓精神病之增多缘此,自杀者亦多)。如此者非财宝事物之所得解,唯法得解。此忧恼狂易,论者身所经历(辛亥之冬壬

子之冬两度几取自杀)。①

由于对人生意义、自我存在价值这些"大秘密""大怪异"存在不解与迷惑,人的精神非常容易陷入"犹疑不得安稳"的状态,一些智者对这些问题答案的宣讲,常常能说服大多数人,使其获得安稳,但对于少数聪慧之士,这种安稳常常是短暂的,他们通过自己的反思发现原有"答案"的漏洞,便"于尔世理法轻蔑不取",遂再次陷入意义危机,"忧惶烦恼,不得自拔",甚至选择自杀,以作了断。这段文字几乎就是其作者本人对精神危机产生与发展过程的详细自述。由此可见,青年梁漱溟找不到一个可以赋予自我存在意义的价值中心,而对生活严肃认真的他又急需这样一个中心来阐明人生的价值,并以此作为生活的规范。这种内在矛盾是其精神危机的重要诱因,而精神危机又放大了外界环境的刺激,遂使他陷入极为苦闷的状态,以致两次尝试自杀。这些痛苦经历最终促使他转向佛学,以寻求消除精神危机的良方。

(三)以积极的虚无主义解决精神危机

《究元决疑论》便是梁漱溟自信可以解决本人精神危机并乐于分享给他人的良方。梁漱溟写作该文的直接诱因乃是为纪念被刺身亡的好友黄远生,然此文之具体内容可视为他因意义危机落入精神危机,最终通过佛学思想重建新的自我理解、克服精神危机的

---

① 梁漱溟著,中国文化书院学术委员会编:《梁漱溟全集》(第一卷),第3页。

生动写照。文章开篇即点明,人生最大的忧恼病苦就是意义危机和自我价值失落所带来的精神危机,并举自己曾被此危机所困以致自杀为例,说明此危机之严重性。作者因得佛学之"法"摆脱了危机,决定通过此文将解脱之法告诉更多的人。文章的主体部分详细阐发了解脱之法,主要分为两个部分:究元第一,佛学如宝论和决疑第二,佛学方便论。

"究元"简单说来就是探究世界的本原,当时沉浸于佛法之中的梁漱溟自然通过佛教的"性宗"与"相宗"两条进路,来阐释世界之本原。从性宗这条进路,梁漱溟将佛教性宗《起信论》《楞严经》等经书中之思想与法国学者鲁滂(Gustave Le Bon,即古斯塔夫·勒庞)所撰阐释物质本质的《物质新论》一文相比附,发现二者具有相似之处。梁漱溟认为,鲁滂所说的"以太"如同佛教中的"如来藏"或"阿赖耶";鲁滂所说的以太旋转形成原子,众多的原子最终组成了整个世界,类似于"阿赖耶识"内藏有的种子生发出"心识",而"心识"最终幻化出现实世界。① 如果说佛教否定现实世界的存在,认为其只是"心识"所幻化出来的虚妄存在,还会被不赞同者批判为不懂科学是错误的唯心主义妄想;那么鲁滂从科学角度论证整个世界从本质上来说只是非物质的"以太"旋转而形成的,这足以驳斥将世界视为物质实体者的批判。梁漱溟又引《正脉疏》中的一段话证明自己的观点:"凡小观物非心,权教谓物为妄,今悟全物皆心,纯真无妄也。""凡小观物非心"指的是把物质世界当作实体的昧于俗见者;"权教谓物为妄",指的是看破了物质世界虚妄本质

---

① 梁漱溟著,中国文化书院学术委员会编:《梁漱溟全集》(第一卷),第6页。

的唯识学,而唯识学非常类似于西方唯心主义哲学家;"全物皆心,纯真无妄",则是了解到物质世界只是"心识"所幻化出来的而"心识"本身并非虚妄的佛教法性宗。梁漱溟称赞鲁滂深得释迦真传,而整个西方思想界则只有鲁滂接近这一真传。①

从相宗这条进路,梁漱溟主要参考了佛教的《三无性论》《佛性论》及章太炎的《建立宗教论》。从这三论中,他得出世界本体清净本然,没有确定性质,而其本源也是虚无,世间万有都是从此虚无中幻化而生的结论。"此中所表是何种义?谓所究元者唯是无性。唯此无性是其真实自性。[……]合前义言,所云周遍法界者,一切诸法同一无性之谓也。"

梁漱溟通过阐释性相二宗的思想,进一步得出如下三点结论:"一者不可思议义,一者自然(Nature)轨则不可得义,一者德行(Moral)轨则不可得义。"②不可思议义,简单说来就是世界的本质乃不可知的,为阐明这一点,他引用了康德、叔本华(Arthur Schopenhauer)、斯宾塞、赫胥黎等人的思想。康德将世界划分为现象与物自体两大部分,认为现象可以被认知,物自体不可被认知。叔本华曾说形而上学家喜欢探究事物之间的因果关系,但这种关系仅仅存在于时间与空间之中;人类的理性思维以因果律为基础,因此对于超越时空之外的事就完全无法通过理性去认知。斯宾塞曾经有时间、空间、力、物质与运动皆为不可知物的言论。赫胥黎也相信自然界存在不可被认知的超自然之物。③ 既然世界的本质是不

---

① 梁漱溟著,中国文化书院学术委员会编:《梁漱溟全集》(第一卷),第7—8页。
② 梁漱溟著,中国文化书院学术委员会编:《梁漱溟全集》(第一卷),第9页。
③ 梁漱溟著,中国文化书院学术委员会编:《梁漱溟全集》(第一卷),第10页。

可知的,那么世界运行的规律、自然遵守的法则也无法被认识,此所谓"自然轨则不可得义"。由此可以类推,如果自然的规律与法则是不可知的,而人类的道德准则与伦理规范是建立于自然法则之上,那么建立于其上的人事伦理也难以被认识,此所谓"德行轨则不可得义"。

梁漱溟潜心佛学研究,以此探究世界本源,得出的最终结论乃是这一本源并不存在,或者说是虚无。世间万物由"心识"而起,幻化而生,如果说世间一切皆妄念、皆幻化,那么建立于这些妄念之上的自然规律、道德法则就成了虚妄,生活于世间的人类之存在也就丧失了意义,人生也就成了毫无目的的旅途。

他感慨几乎世界上的每一个人都在苦苦追求一种人生目的:有的人将实现一种美德作为目的,有的人将活得快快乐乐作为目的,有的人将造福他人作为目的,有的人将成就一番功业作为目的,有的人将传宗接代作为目的,还有的人将光宗耀祖作为目的。姑且不论这些具体目的之谁对谁错孰高孰下,纵观人类全部文明,已经有数千年历史,但对于一个已经活过数十年的具体的人来说,这时突然去思考"人生有何目的",就如同急急忙忙在赶路,突然又问自己此行的目的地在哪儿,显得十分荒谬。梁漱溟认为,对于人生目的问题众说纷纭争执不下的现实,甚至就提出这个问题本身而言,就已经说明人生的无目的性。即使一个人经过思索获得了一个确定的人生目的——此目的也已经不同于他原来人生的目的,就像一个学佛的人去追问"人为何会有妄念兴起",而此追问本身就是一种兴起的妄念。在梁漱溟看来,无目的行动在某种程度上就等同于无意识的行为,而无意识的行为没有任何价值,因此,对于全人类来说,悲剧就在于号称万物之灵的人类几千年历史在本质上没有价值,对于现在活着的每一个具体的人来说,他们同样陷于此悲剧之中。①

梁漱溟因存在的意义、人生的目的问题陷入精神危机,经过一番探索、"究元"后,发现世界本来就是虚无的,没有意义,而人生同样没有目的。那么他又是如何摆脱精神危机的呢?需知"究元"后的"虚无"与原有的虚无感已经完全不同。原有的虚无感起源于为欲望所纠缠,为苦乐所迷惑,为人生之目的的不确定性而忧惶烦恼;"究元"后,"虚无"则建立在对于世界本质之虚无性的理解之上。正因为认识到世间的一切为妄念所生,所以才不会再被这些虚妄的功名、德行、欲望纠缠,也不会再孜孜以求一个本质性的价值中心以赋予这些功名、德行与欲望以意义,就此摆脱了面临相互竞争的不同价值而无法取舍时的困惑。如果说陷入精神危机时的梁漱溟被"消极的虚无主义"困扰,那么获得世界本质性乃虚无这一洞见的梁漱溟则开始接受一种"积极的虚无主义"——既然世界本质乃虚无,何不就守着这份虚无清净呢?"谓既了人世唯是从清净本然中,虚妄而成,云何而不舍妄取真?如来一代大教,唯是出世间义而已。"②一个人一旦选择了"出世间"的生活方式,就不再会对人生感到恐惧与疑惑,不再会沉浸于声色犬马,不再会得精神病以致自杀,而只会"戒律百千,清静自守"。③

梁漱溟"究元"后获得的"决疑"二法即是"出世间义"和"随顺

---

① 梁漱溟著,中国文化书院学术委员会编:《梁漱溟全集》(第一卷),第14、15页。
② 梁漱溟著,中国文化书院学术委员会编:《梁漱溟全集》(第一卷),第15页。
③ 梁漱溟著,中国文化书院学术委员会编:《梁漱溟全集》(第一卷),第19页。

世间义"。二者都建立在对世界虚无本质的洞见之上,获得这份洞见后,即主动摆脱对功名的执念,脱离欲望的困扰,重归妄念乍起之前的初心,只不过前者以出世的行动过着"戒律百千"的佛教徒生活,后者以入世间的生活方式促进佛法的成功。

早年信奉功利主义价值观的梁漱溟将"自我"理解为欲望的载体,此种自我观与"五四"时期主流的功利的感官主义自我观相类似。借助佛学资源走出精神危机的梁漱溟也重构了对自我的理解,将自我重新理解为没有固定本质的虚无存在,这一颇具后来西方存在主义色彩的自我观帮助梁漱溟摆脱了人生问题的困惑,同时也使他获得了对于当时主流的自我观以及作为其基础的天演论、进化论世界图景的批判性视角。

在梁漱溟看来,进化论的核心在于阐明一幅明天必然比今日好,总有达至只有幸福没有痛苦的至福那一天的世界图景,而社会主义、无政府主义、康德的永久和平论以及尼采的"超人"皆为这一图景的变相,与其类似。梁漱溟认为,这幅图景必然无法实现,因为如果将自我理解为纯粹欲望的载体,自我只是被欲望驱使的存在,那么随着人类之进化,智力水平愈来愈高,新的欲望必然也会随之产生,新的欲望无法完全满足,自然会痛苦万分,因此,未来的苦必甚于今日之苦,理想中的未来美好世界必成泡影。他认为在进化论思想看来,随着社会进步,未来之乐必多于今日之乐,苦则少于今日之苦,这是完全错误的。① 总括言之,将自我视为纯粹欲望的载体,抱持一种感官主义的自我观,必然无法使自己脱离欲望

---

① 梁漱溟著,中国文化书院学术委员会编:《梁漱溟全集》(第一卷),第18页。

所生之苦海,只有洞察到世界之虚无性本质,抱持一种没有固定本质、清静自守的自我观才能使自己摆脱欲望之纠缠,不为各种相互矛盾的价值观所困惑。

晚年梁漱溟回首一生时曾谈道:"我从懂事开始,就不断思索,探求着两个问题:一是中国,一是人生。可以说这两个问题伴随我度过了八十余年的岁月。"①潜心研佛、获取虚无清净的自我观帮助梁漱溟走出精神危机,暂时解决了人生问题,但是对于中国问题,这种虚无避世的人生态度却毫无助益。解决人生问题后,走出了隐居状态的梁漱溟很快发现,中国所面临的现实危机丝毫不比四年前自己面对的人生问题容易解决,而当时中国面临的种种问题中,最严重的就是军阀混战问题。

1917年10月,梁漱溟自长沙返回北京,沿途见军阀混战,民不聊生,深受刺激,回京后遂写下了《吾曹不出如苍生何》一文。该文描述了自己目睹军阀混战下普通百姓生活的惨状,并分析了政局混乱给中国国民经济带来的巨大危害,主张"非战主义",呼吁成立"国民息兵会"以结束军阀混战状态。文末更是大声疾呼,"吾曹"这样的"好人"应改变不问世事的状态,积极介入现实社会,以期扭转乾坤:"吾曹不出,悉就死关,吾曹若出,都是活路。而吾曹果出,大局立转,乃至易解决之事,乃必成功之事。今日之宇内更无有具大力量如吾曹者,握全国之枢机者不在秉钧之当局,而在吾曹。嗟乎!吾曹其兴起!吾曹不出如苍生何?"②

这篇文章在当时并没有产生多少社会反响,但"吾曹不出如苍

---

① 汪东林:《我对于生活如此认真:梁漱溟问答录》,第25页。
② 梁漱溟著,中国文化书院学术委员会编:《梁漱溟全集》(第四卷),第536页。

生何"这样的宣言在某种程度上可视为梁漱溟由出世走向入世的一个重要标志。对于无心仕途的读书人来说,在大学讲坛教育学生、于报纸杂志引领舆论可以说是实践自己解决中国问题之抱负的最好途径,而在梁写下这篇文章的同年,北大校长蔡元培正好给了梁漱溟这样一个机会。梁在多年之后回忆认为,蔡元培先生聘请他去北大当老师,七年的大学教师生涯使他脱离了离群索居的生活,重新步入社会,与一群知识精英在一起互相砥砺,自然而然让自己有了争强好胜的念头,从而摆脱了出家的想法。①

二、东西文化论争中的自我观重建

(一)梁漱溟与新文化派对东西文化理解之异同

1917年梁漱溟来到北大。初至北大时,他延续了出世那些年间对于印度哲学和佛学的兴趣,给学生讲授印度哲学和佛教唯识学,并于1919年出版了《印度哲学概论》,于1920年出版了《唯识述义》。然而不久之后,梁漱溟便意识到这些抽象而古老的印度哲学、佛教唯识学与自己所关心、思考的中国问题相隔太远,而现实的政治环境与思想氛围促使他将注意力由这些遥远的古学转移到现实的中国问题上来。

多年后他这样回忆初到北大当老师的一段日子:1917年的北大文学院群贤毕至,陈仲甫担任文科学长,以他为代表汇集了一大

---

① 汪东林:《我对于生活如此认真:梁漱溟问答录》,第25—26页。

批内心崇拜并大力宣传西方思想,同时批判中国传统文化的"新文化派"学者,其中包括陶孟和、胡适、李守常和高一涵。梁漱溟和这批新文化派朝夕相处,感觉到非常大的压力。当时北大也并非全是宣传西方文化的学者,同样有一批讲授中国传统学问的教员。但是这批教员面对新文化派对传统文化的严厉批判,却丝毫没有不适之感。两派人彼此也不沟通,仿佛是生活在两个世界中的人。梁漱溟对于中国传统文化遭到批判这一问题,觉得有很严重的压迫感,一直在寻找一条解决问题的道路。①

梁漱溟的这段回忆有两点值得注意之处:其一,当时梁漱溟在北大几乎身处新文化派人士的包围之中,面对他们对东方文化的批判,自己感到非常不自在;其二,北大另有一批教授中国哲学的学者却将新文化派对东方文化的批判视若无事。从这两点事实很容易得出一个结论,即梁漱溟对东方文化怀有深厚的情感,是一个与主张西化的新文化派相对立的文化保守主义者。但这个结论不能说完全错误,至少很不准确,它忽视了梁漱溟与新文化派身处同一个问题语境中,因而分享着很多共同的问题预设,例如将东西文化问题视为解决当时中国政治社会危机的关键性问题,因而陈独秀们才会对东方文化发起如此猛烈的攻击,梁漱溟对于东方文化受到批判才会感觉"压迫之严重",相较而言,反是那些"讲程朱老庄之学者"将中国文化视为不切己身的纯粹学术问题,同新文化派和梁漱溟二者的差距更大。从后面的分析将可以看出,梁漱溟与新文化派的共同之处不仅在于问题预设,在某些问题的结论上也

---

① 梁漱溟著,中国文化书院学术委员会编:《梁漱溟全集》(第二卷),第 11—12 页。

有相似之处,他们二者的区别绝非表面上对东方文化的态度或激进与保守的差异,而是对同一问题有着不同层次分析的差异。

1915年9月,陈独秀在上海创办了《青年杂志》,第二卷开始改名为《新青年》,学界普遍将《青年杂志》的创刊视为五四新文化运动开始的标志。1916年,陈独秀于《青年杂志》发表文章《吾人最后之觉悟》,该文认为数百年来中国社会的动荡不安皆因为中西两种文化相接触冲突所致,另一方面两种文化之冲突也使国人日益觉悟。文章将这一冲突与觉悟的过程分为了七个阶段:

第一阶段在明朝中期,西学和西方器物初入中国,了解情况的人极少,真正信服西学的只有徐光启一人;第二阶段在清朝中期,西方的火器、历法被清廷接受,此时期还发生了中西历法之争,陈独秀认为这是新旧之争的开端;第三阶段在清朝中叶(原文即为"清之中世")第一次鸦片战争时期,西方的武器战力之强令中国相形见绌,曾国藩、李鸿章等人开始提倡西方的制械练兵之术,开展洋务运动;第四阶段在清末甲午战争时期,中国战败,陷入严重民族危机,稍有知识的人皆认识到西学之价值,康、梁等人提倡变法遭到守旧势力阻挠而失败,但随后的八国联军侵华事件使得守旧势力彻底失去影响力,西学之影响也由政治制度扩展到政治根本问题;第五阶段在民国初年,这一时期许多先进知识分子已经开始探讨政治的根本问题,而辛亥革命则将民主共和制在中国变为现实;第六阶段为现阶段(即1916年),现阶段中国已经是共和政体,但广大人民却仍然受到专制政治之压迫,因而此阶段需要巩固共和立宪政治;第六阶段能否成功则取决于最后阶段吾人能否有最后之觉悟,这一阶段是新旧思潮之大激战时期,最后的觉悟则是文化方面的伦理之觉悟,"吾敢断言曰:伦理的觉悟为吾人最后觉悟之最后觉悟"。①

这篇文章描述了西方文化对于中国人自历法与器物至政治制度再至学术思想一步步深入的影响,并明确揭示出现阶段中国所面临的最重要问题在于是否能从学术文化根本层面学习西方,是否能获得伦理上之最后的觉悟。有研究者将该文视为"新文化运动之纲领",②纲领之说固然尚值商榷,但此文确可代表陈独秀等新文化派人士对于当时中国问题的理解与反应。新文化派将探讨重点集中于中西文化对比,批判传统文化、伦理,输入西方学理与文化,在很大程度上实践了《吾人最后之觉悟》对于"现阶段最后之觉悟"的呼吁。

当我们翻开梁漱溟的《东西文化及其哲学》,可以发现他对于中国问题的理解与陈独秀几乎完全一样,在该书的开头即强调东西文化问题乃当时中国所面临的最重要与急迫之问题,虽然将陈独秀所用的"冲突"一词换为了"压迫",但对于中国如何一步步走到当时的处境之历史进程的理解,几乎与陈独秀《吾人最后之觉悟》中的七阶段论是相同的:

> 我们来看秉受东方化最久,浸润于东方化最深的中国国民对于西方化的压迫历来是用怎样的方法去对付呢?西方化对于这块土地发展的步骤是怎样呢?据我们所观察,中国自

---

① 陈独秀:《吾人最后之觉悟》,《青年杂志》,第一卷第六号。
② 高力克:《新文化运动之纲领:论陈独秀的〈吾人最后之觉悟〉》,《天津社会科学》,2009年第4期。

从明朝徐光启翻译《几何原本》,李之藻翻译《谈天》,西方化才输到中国来。[……]后来到咸同年间,因西方化的输入,大家看见西洋火炮、铁甲、声、光、化、电的奇妙,因为此种是中国所不会的,我们不可不采取它的长处,将此种学来。此时对于西方化的态度亦仅此而已。所以,那时曾文正、李文忠等创办上海制造局,在制造局内译书,在北洋练海军,马尾办船政。[……]及至甲午之役,海军全体覆没,于是大家始晓得火炮、铁甲、声、光、化、电,不是如此可以拿过来的,这些东西后面还有根本的东西。乃提倡废科举,兴学校,建铁路,办实业。此种思想盛行于当时,于是有戊戌之变法不成而继之以庚子的事变,于是变法的声更盛。这种运动的结果,科举废,学校兴,大家又逐渐着意到政治制度上面,以为西方化之所以为西方化,不单在办实业、兴学校,而在西洋的立宪制度、代议制度。于是大家又群趋于政治制度一方面,所以有立宪论与革命论两派。[……]但是这种改革的结果,西洋的政治制度实际上仍不能在中国实现,虽然革命有十年之久,而因为中国人不会运用,所以这种政治制度始终没有安设在中国。于是大家乃有更进一步的觉悟,以为政治的改革仍是枝叶,还有更根本的问题在后头。假使不从更根本的地方作起,则所有种种作法都是不中用的,乃至所有西洋文化,都不能领受接纳的。此种觉悟的时期很难显明的划分出来,而稍微显著的一点,不能不算《新青年》陈独秀他们几位先生。他们的意思要想将种种枝叶抛开,直截了当去求最后的根本。所谓根本就是整个的西方文化——是整个文化不相同的问题。如果单采用此种政治制度是不成功的,须根本的通盘换过才可。而最根本的就是伦理思想——人生哲学——所以陈先生在他所作的《吾人之最后觉悟》一文中以为种种改革通用不着,现在觉得最根本的在伦理思想。①

梁漱溟对中国问题历史背景与现实状况的理解与陈独秀极为相似,都将中西文化问题视为一系列问题的核心所在,具体说来即是移植来的西方化制度与中国人仍保留的东方化态度之矛盾。在梁漱溟看来,辛亥革命胜利后袁世凯的称帝行为以及随后的军阀混战,这一系列政治乱象的根本原因并不在袁世凯本人或少数军阀政客身上,而在于绝大多数国人虽已经生活在西方舶来的共和制度下,但处理有关政治问题时的态度却延续了东方传统政治制度下的习惯。如果这种习惯不改,共和政体永远也无法在中国获得成功。②

正因为梁将西方文化下产生的制度与东方文化下人的态度之间的矛盾视为中国问题之症结所在,因而相较于较为和缓的中西文化调和论,梁漱溟更赞赏陈独秀激进而彻底的态度,如果东方文化不能重新成为世界文化,而已变为中国发展的阻碍,就应该将其彻底摒弃。他认为,东方文化能不能变为一种世界文化是当前面临的最直接问题,如果答案是否定的,那么其自身已不配存在,如果答案是肯定的,那显然应该将其使用范围从中国扩展到全世界。对于当时的主流知识群体来说,答案显然是否定的。原来那些倡

---

① 梁漱溟著,中国文化书院学术委员会编:《梁漱溟全集》(第一卷),第333—335页。
② 梁漱溟著,中国文化书院学术委员会编:《梁漱溟全集》(第一卷),第337页。

导西方文化的人尚没有从根本上批判中国文化,直到以陈独秀为代表的新青年派才开始从根源上攻击中国传统文化,"陈先生他们几位的见解,实在见的很到,我们可以说是对的"。①

梁漱溟赞赏陈独秀之于东西文化真诚而彻底的态度,相反,对于杜威(John Dewey)、罗素(Bertrand Russell)等人对东方文化缺乏理据的吹捧,他有着清醒的认识。他指出杜威和罗素二人在口头上给予中国文化以非常高的评价,且认为东方文化和西方文化在未来定会走向融合——中国人听了西方大师的话,很高兴地以为自家文化有价值了。然而如果进一步追问他们中西文化的调和之道,杜威和罗素也无法给出具体建议来。② 而对于梁启超在《欧游心影录》中对东方文化的吹捧,他给予严厉的批评,指出其听信欧洲流行的西方文化破产,需得求中国文化来拯救一说是十分糊涂的表现;而所谓欧洲人赞赏孔子、墨子等中国古代思想家的思想,柏格森(Henri Bergson)、倭铿(Rudorf Eucken,即鲁道夫·奥伊肯)等人的哲学是在模仿中国禅宗的路向等言论,"没有一句话是对的"。因为如果中国文化的长处与优点非得和西方文化一样才算优点,完全是将西方文化作为评判中国文化的标尺了,表面上是在夸赞中国文化,实质上是反映中国文化已经彻底衰落了。对于东西文化一定要更彻底细致地分析。③ 由此可见,一些研究者将梁漱

---

① 梁漱溟著,中国文化书院学术委员会编:《梁漱溟全集》(第一卷),第338页。
② 梁漱溟著,中国文化书院学术委员会编:《梁漱溟全集》(第一卷),第342页。
③ 梁漱溟著,中国文化书院学术委员会编:《梁漱溟全集》(第一卷),第342页。

溟和梁启超等人同归于"东方文化派",①这一观点尚值商榷。

梁漱溟批判梁启超在《欧游心影录》中的观点,很大程度上在于他认为任公对东西文化并没有清晰的认识和详细的分疏,仅是因为一些西方人赞赏东方文化,就拾人牙慧,鼓吹东方文化。因此,梁漱溟认为要想严肃地讨论东西文化问题,就必须弄清楚何为东方文化,何为西方文化。

自1915年《青年杂志》创刊,新文化运动开始,知识界、舆论界便热衷于讨论东西文化、中西文化问题,直至1920年,梁漱溟首次在"东西文化及其哲学"的演讲中较为成熟地发表其对东西文化的观点。这五年来,关于东方文化、中国文化、西方文化性质的讨论可谓汗牛充栋,梁漱溟正是在这文化讨论热的语境中阐释自己观点的,因而他无法忽视前人对这一问题的答案,在阐发自己观点前,评述了王壬秋、金子马治、杜威、北聆吉氏、李大钊、陈独秀等人的观点,相较于对其他人观点的批判,他更认可陈独秀的观点。

梁漱溟认为,从戊戌维新时期直到不久前的辛亥革命时期,在中国讲西学的人基本上都是些不中不西的人,讲的也是不土不洋

---

① "1920年,梁启超发表了《欧游心影录》一书。同年,梁漱溟先后在北京、济南等地讲演《东西文化及其哲学》(1921年10月将讲演稿整理出版)。他们通过抨击在第一次世界大战中得以集中暴露的西方资本主义文明的弊端,标榜'东方文化'的优越性,鼓吹在中国保留固有文明,并以中国固有文明拯救西方。[……]于是,以《欧游心影录》和《东西文化及其哲学》的发表为起点,东方文化派、西方文化派和马克思主义文化派围绕中国文化应走什么道路的问题,又展开了激烈的争论,从而把东西文化论战推向高潮。"见黄兴涛主编:《中国文化通史·民国卷》,北京师范大学出版社,2009年,第72页。以上对"东方文化派"的描述显然更适合被梁漱溟所批判的梁启超之观点,而将梁漱溟和梁启超二人同归于"东方文化派",则忽视了二者东西文化观点的巨大差异。

的话,这些人并没有从根本上触及西方文化的实质,这种情况直至以陈仲甫为代表的新青年派的出现才发生改变。陈仲甫于1920年发表的《本志罪案之答辩书》,将《新青年》杂志之罪归结于拥护德先生(Democracy)和赛先生(Science)上,并认为只有德、赛二位先生才能改变中国黑暗而混乱不堪的现实。梁漱溟认为陈氏的这一观点才算将西方文化说透,"才算主张西方化主张到家"。①

梁漱溟不仅直接认可了陈独秀的西方文化观,又从中国与西方的医学、宗教信仰、学术思想、伦理关系、政治制度等具体方面的对比,推演归纳出相同的观点,相当于把陈的结论又论证了一番:

> 西方的学术思想,处处看去,都表现一种特别的采色,与我们截然两样,就是所谓"科学的精神"。②

> 西方人的社会生活处处看去都表现一种特别色采,与我们截然两样的就是所谓"德谟克拉西的精神"。③

既然梁漱溟同陈独秀等新文化派人士分享着对于中国问题之历史背景、现实状况的共同理解,且赞同他们对于西方文化性质的归纳,那么二者之间的差异体现在何处呢?——体现在二者对西方文化性质背后更深层次成因的解释。以陈独秀为代表的新文化派倾向于从客观的物质生产角度解释文化成因。梁漱溟提到,当

---

① 梁漱溟著,中国文化书院学术委员会编:《梁漱溟全集》(第一卷),第350页。
② 梁漱溟著,中国文化书院学术委员会编:《梁漱溟全集》(第一卷),第362页。
③ 梁漱溟著,中国文化书院学术委员会编:《梁漱溟全集》(第一卷),第370页。

时胡汉民、陈启修等提倡马克思主义唯物史观,主张经济结构决定了思想文化、社会制度、伦理道德,后者随前者而变迁。李大钊、胡适也支持这一观点。① 梁漱溟则从主观的自我"意欲"角度来解释文化成因,将自我的主观欲求理解为最深层次的原因,生产力的发展也是欲求之结果。梁漱溟承认人的意识并不能随意改变经济结构的变化与生产力发展水平,只能建设相应的政治社会制度和伦理道德法则去适应相应的经济基础——这也是信仰唯物史观的人强调生产力发展水平和社会经济状况可以决定人的意识之重要原因。但是,梁漱溟认为他们忽视了一点:生产力能够进步,完全建立在人对于物质生活的"欲求"之上,这种欲求是时刻存在而无法遏制的——由此也让大多数人习焉不察,对物质的欲求如果多且急切,自然会推动生产力的快速发展;相反,若对物质的欲求不强烈,生产力发展也会慢下来,因此人的欲求完全可以决定生产力改进规模与经济发展速度。②

(二)"意欲—自我—文化"解释体系的建立

梁漱溟对文化的定义非常简单,文化就是"人类生活的样法"。③ 对于每一个民族来说,在生活中制造出来的物质产品的总和即是这个民族的"文明",而在生活中抽象出来的"样法"则是文化,不过二者的区别更类似于"一体两面",例如某个民族的政治制

---

① 梁漱溟著,中国文化书院学术委员会编:《梁漱溟全集》(第一卷),第371—372页。
② 梁漱溟著,中国文化书院学术委员会编:《梁漱溟全集》(第一卷),第375页。
③ 梁漱溟著,中国文化书院学术委员会编:《梁漱溟全集》(第一卷),第380页。

度是客观存在的,显然属于"文明"范畴,但从另一角度观之,政治制度也是特定民族组织政治生活的"样法",所以也可以称为"文化"。①

那么"生活"又作何解呢?梁漱溟对于"生活"的理解深受佛教唯识学影响,将生活理解为"事"的相续:"这个'事'是什么?照我们的意思,一问一答即唯识家所谓一'见分'、一'相分'——是为一'事'。一'事',一'事',又一'事'……如是涌出不已,是为'相续'。为什么这样连续的涌出不已?因为我们问之不已——追寻不已。一问即有一答——自己所为的答。问不已答不已,所以'事'之涌出不已。因此生活就成了无已的'相续'。这探问或追寻的工具其数有六:即眼、耳、鼻、舌、身、意。凡刹那间之一感觉或一念皆为一问一答的一'事'。在这些工具之后则有为此等工具所自产出而操之以事寻问者,我们叫他大潜力、或大要求、或大意欲——没尽的意欲。当乎这些工具之前的,则有殆成定局,在一期内——人的一生——不变更,虽还是要相续而转,而貌似坚顽重滞之宇宙——'真异熟果'。现在所谓小范围的生活——表层生活——就是这'大意欲'对于这'殆成定局之宇宙'的努力,用这六样工具居间活动所连续而发一问一答的'事'是也。所以,我们把生活叫作'事的相续'。"②

生活是"事"的相续,"事"乃眼、耳、鼻、舌、身、意等工具的一问一答,这些工具背后的寻问者乃是无穷尽的"意欲",因此,生活的根本就是"意欲"。"意欲"是一个十分复杂的概念,实际上梁漱溟

---

① 梁漱溟著,中国文化书院学术委员会编:《梁漱溟全集》(第一卷),第381页。
② 梁漱溟著,中国文化书院学术委员会编:《梁漱溟全集》(第一卷),第376、377页。

并没有给出一个明确的定义,而只是将其作为一种具有根源性质的生成性力量来规定其他概念,如生活、文化等。将世界和人的本质想象成某种生成性力量相作用的结果,这种思路最早出现在《究元决疑论》中。"既究元者,则知无有中,幻有世间。所谓忽然念起,因果相续,迁流不住,以至于今。此迁流相续者鲁滂所谓变化无休息,达尔文、斯宾塞所谓进化,叔本华所谓求生欲,柏格森所谓生活,所谓生成进化,莫不是此。"①显然梁漱溟误解了达尔文的进化论思想,进化论本是达尔文对生物世界现象的一种抽象性解释,梁却将其想象成一种促使世界运行的实质性力量,犯了倒果为因的错误。然从这一错误和对叔本华、柏格森等人的引用中,已经可以发现那种具有生成性力量的"意欲"之雏形。这一力量在虚无中随念起而生,如源源不断的能量流支配了世界的运行与人的生活。

"意欲"不同于"欲望",欲望总是"对……的欲望",有特定的目的性,相反,"意欲"的特点在于无目的性。因而,梁漱溟谈及西方文化的"意欲"根源时才会强调"向前"的意欲,给没有特定目的与方向的它规定一个方向:"我以为:'西方化是以意欲向前要求为其根本精神。'或者这话的意思太少,也可以说:'西方化是由意欲向前要求的精神中产出塞恩斯[科学]与德谟克拉西[民主]两大异彩的文化。'"②另一方面,欲望有满足与未满足的区别,一个欲望满足后,总会有暂时的间歇期,而"意欲"无特定目的,更谈不上满足与否,只是连续地涌出不已、迁流不住。"这探问或追寻的工具其数有六:即眼、耳、鼻、舌、身、意。凡刹那间之一感觉或一念皆为

---

① 梁漱溟著,中国文化书院学术委员会编:《梁漱溟全集》(第一卷),第13页。
② 梁漱溟著,中国文化书院学术委员会编:《梁漱溟全集》(第一卷),第353页。

一问一答的一'事'。在这些工具之后则有为此等工具所自产出而操之以事寻问者,我们叫他大潜力、或大要求、或大意欲——没尽的意欲。"①刹那间的一"感觉"或"念头"必然是缺乏明确的目的性与方向性的,因此很难想象,处于更基础地位的"意欲"会有明确的目的性,同时这种"意欲"也是"没尽的"。综括言之,欲望是眼、耳、鼻、舌、身、意"六识"探问客观世界后的产物,先有了"一念"或"感觉"后才会有欲望;而"意欲"是"六识"背后的支配者,生成一念、一感觉的力量,比"欲望"处于更基础的地位。

梁漱溟深受唯识学影响,将世界看作没有本质特性的虚无,然随着心生念起,虚无中诞生了"意欲"这一生成性力量,这一迁流不住的力量最终形成了"自我"。

"这个差不多成定局的宇宙——真异熟果——是由我们前此的自己而成功这样的;这个东西可以叫做'前此的我'或'已成的我',而现在的意欲就是'现在的我'。所以我们所说小范围生活的解释即是'现在的我'对于'前此的我'之一种奋斗努力。"②"现在的意欲就是'现在的我'",可见梁漱溟将"意欲"等同于"自我",这并非一时的概念混淆,在阐明生活之本质时,他同样赋予了二者相同的含义:"照我们以前的解释,所谓生活就是用现在的我对于前此的我之奋斗"③,"生活的根本在意欲而文化不过是生活之样法"。认识到"意欲"等同于"自我",这是理解梁漱溟东西文化思想的关键性所在,这样便很容易看出"意欲"那种迁流不住而没有

---

① 梁漱溟著,中国文化书院学术委员会编:《梁漱溟全集》(第一卷),第376、377页。
② 梁漱溟著,中国文化书院学术委员会编:《梁漱溟全集》(第一卷),第377页。
③ 梁漱溟著,中国文化书院学术委员会编:《梁漱溟全集》(第一卷),第378页。

特定目的、方向的特点实质上乃梁漱溟将自我理解成无本质的虚无这一自我观的投射。然而,虚无的自我观可解自我困惑却无助于中国问题,无目的性的意欲虽深刻却难以解释现实文化中丰富的样态;相比于运思《究元决疑论》阶段的出世倾向,梁漱溟论及东西文化问题时终究踏出了入世的那一步——论及中、西、印三种文化时,给它们规定了明确的方向。

  生活的根本在意欲而文化不过是生活之样法,那么,文化之所以不同由于意欲之所向不同是很明的。要求这个根本的方向,你只要从这一家文化的特异彩色,推求他的原出发点,自可一目了然。现在我们从第一步所求得的西方文化的三大特异彩色,去推看他所从来之意欲方向,即可一望而知他们所走是第一路向——向前的路向。①

  中国文化是以意欲自为、调和、持中为其根本精神的。印度文化是以意欲反身向后要求为其根本精神的。②

  西方文化是意欲向前的路向,对于这种路向之特征的描述,梁漱溟赞同蒋梦麟、蒋百里二位的观点:"考究西方文化的人,不要单看那西方文化的征服自然、科学、德谟克拉西的面目,而须着眼在这人生态度,生活路向。要引进西方化到中国来,不能单搬运,摹取他的面目,必须根本从他的路向、态度入手。但是四五年来,大

---

① 梁漱溟著,中国文化书院学术委员会编:《梁漱溟全集》(第一卷),第382页。
② 梁漱溟著,中国文化书院学术委员会编:《梁漱溟全集》(第一卷),第383页。

家只把科学方法,德谟克拉西的精神说来说去,总少提到此处。只有浙江的二蒋——蒋梦麟、蒋百里——先生先后出来说这个话。"①

接着梁漱溟转述了蒋梦麟《改变人生的态度》一文中的观点:"'我生在这个世界,对于我的生活,必有一个态度;我的能力就从那方面用。人类有自觉心后就生这个态度。这个态度变迁,人类用力的方向也变迁。'[……]'这回五四运动就是这解放的起点,改变你做人的态度,造成中国的文运复兴;解放感情,解放思想,要求人类本性的权利。'"②

后又引用蒋百里的《欧洲文艺复兴史》:"世界之发见云者,一为自然之享乐,动诸情者也。中世教会,以现世之快乐为魔,故有旅行瑞士,以其山水之美,而不敢仰视者;而不知此不敢仰视之故,即爱好之本能;无论何时何地,均可发展者也。"③

由引文可看出,梁漱溟赞同二蒋对于西方化的两点描述:其一,一种文化的特点与人的自我态度有明显关联,文化革新的关键在于生活于此文化中人的自我之转变,而学习西方化其根本在于改造传统的自我态度,创造新的"自我";其二,西方化一重要特点是重视人的自然情感,将自然情感的解放理解成新的自我形成的重要组成部分。

总结他人观点后,梁漱溟最后得出自己的结论:

就是看这时候的人——开辟出生现在西方化的人——他

---

① 梁漱溟著,中国文化书院学术委员会编:《梁漱溟全集》(第一卷),第385页。
② 梁漱溟著,中国文化书院学术委员会编:《梁漱溟全集》(第一卷),第385、386页。
③ 梁漱溟著,中国文化书院学术委员会编:《梁漱溟全集》(第一卷),第387页。

的精神上心理上是怎么一回事。就是去解剖这重走第一条路的人精神、心理,而认清他:

第一,要注意重新提出这态度的"重"字。[……]

第二,要注意这时的人从头起就先认识了"自己",认识了"我",而自为肯定;如昏蒙模糊中开眼看看自己站身所在一般,所谓人类觉醒,其根本就在这点地方。这对于"自己""我"的认识肯定。这个清醒,又是理智的活动。

第三,要注意这时的人有了"我"就要为"我"而向前要求,向前要求都是由为"我"而来,一面又认识了他眼前面的自然界。所谓向前要求,就是向着自然界要求种种东西以自奉享。这时候他心理方面又是理智的活动。在直觉中"我"与其所处的宇宙自然是混然不分的,而在这时节被他打成两截,再也合拢不来,一直到而今,皆理智的活动为之也。

第四,要注意这时的人因为"我"对于自然宇宙固是取对待、利用、要求、征服的态度,而对于对面旁的人也差不多是如此的态度。虽然"自由""平等""德谟克拉西",是从此才得到的,然而在情感中是不分的我与人,此刻又被分别"我""他"的理智的活动打断了!①

在梁漱溟看来,开辟出西方化的人关键是获得了新的自我理解,这种新的自我观包含两个方面:一方面将自我理解成一个分离性的独立个体,自我与宇宙、自然、他人打成两截,只留下一个独立

---

① 梁漱溟著,中国文化书院学术委员会编:《梁漱溟全集》(第一卷),第389—391页。

的个人;另一方面将自我与自然、他人的关系理解成纯粹的利用和被利用的功利性关系,"要注意这时的人因为'我'对于自然宇宙固是取对待、利用、要求、征服的态度,而对于对面旁的人也差不多是如此的态度"。梁漱溟对于西方化核心的理解暗合这一时期功利主义与感官主义自我观形成的历史趋势,而身处同一时期,并对这一趋势起到推动性作用的新文化派成员,为何绝大多数没有如此敏锐的自觉呢?

梁漱溟对于自我观同特定文化关系的把握与其独特的运思方式有密切联系,他在《东西文化及其哲学》一书的开头交代了自己研究这一问题的缘由:

> 我对于此问题①特别有要求,不肯放松,因为我的生性对于我的生活、行事,非常不肯随便,不肯做一种不十分妥当的生活,未定十分准确的行事。如果做了,就是对的,就没有问题的;假使有一个人对于我所做的生活不以为然,我即不能放松,一定要参考对面人的意见,如果他的见解对,我就自己改变;如果他的见解是错误,我才可以放下。因为我对于生活如此认真,所以我的生活与思想见解是成一整个的,思想见解到哪里就做到哪里。②

正因为梁漱溟将思想见解与日常生活视为一体,所以会在东西文化问题的思考中注入自己的生命体验,不会将文化视为现成

---

① 指东西文化的性质与关系问题。
② 梁漱溟著,中国文化书院学术委员会编:《梁漱溟全集》(第一卷),第343页。

的经济制度、政治体制,或是社会生产力的结果,而是将其想象为源源不断、迁流不住的自我生命之流的产物。人生问题和中国问题是萦绕梁漱溟一生的两大问题,他和"五四"时期大多数知识人一样,将东西文化问题视为解决中国问题的关键,在某种程度上中国问题和人生问题就转化为东西文化问题与人生问题,而通过构建"意欲—生活—文化"这一解释体系,东西文化问题最终被还原为自我意欲的方向、自我观的问题,这样就勾连起了中国与人生两大问题,并使其对中国问题的思考注入了自己独特而深刻的人生体验。佛教唯识学是帮助梁漱溟走出精神危机的重要思想资源,自然成为他分析东西文化问题的重要工具,"意欲"这一核心概念乃唯识学的产物,同时唯识学和印度哲学的思想背景使他能够跳出将中西文化之别视为"古今"差异的窠臼,在新文化派构建的启蒙话语之下,将中西文化这一历时性的进化论关系转化成中、西、印三者之间共时性的互有长短的关系,给反思新文化派的西化思想,以及这种思想根源处的感官主义与功利主义的自我观敞开一片可能性视野。具体而言,他对于西方化路向和自我观的反思建立于对印度和中国文化的重新解释之上。

三、印度、中国文化的重释与功利主义自我观批判

(一)以宗教为中心重释印度文化

梁漱溟认为文化是生活的样法,而生活的样法则由"意欲"的不同路向所决定,因此将"意欲"置于了文化的核心位置,然而,如

前文所述,"意欲"只是梁设定的一种具有生成性力量的"生命之流",是他虚无主义自我观投射的产物,本身并没有实质性涵义。这样一来,论及中西印三种不同文化,就需要给"意欲"规定或向前或持中或后退三种不同路向,而论及文化的具体内容,意欲的路向就显得过于抽象,因此梁漱溟从不同文化的"思想"层面来阐释不同意欲路向的具体内涵。

在梁漱溟看来,思想是一般知识的更进一步,所包含的范围很广,主要分为哲学和宗教两大部分。"所谓哲学就是有系统的思想,首尾衔贯成一家言的;所谓宗教就是思想含一种特别态度,并且由此态度发生一种行为的。"①每种文化都有其哲学与宗教两大部分,但这两部分在不同文化中的重要性并不相同,"东方文化,印度是以其宗教为中心的,中国是以形而上学为中心的"。②

印度文化的最主要内容是宗教,印度人研究哲学的动机也在宗教,"表云:印度形而上学与西洋为同物但研究之动机不同,随着宗教甚盛且不变动。盖两方唯一之不同只在研究的动机上,此不可不注意者。西洋人是什么动机?可以说作知识的动机,科学的动机;印度人是什么动机?可以说作行为的动机,宗教的动机。西洋人无论为希腊时或文艺复兴后,其研究哲学都是出于好知的意思,他们叫做'爱智'。印度人象[像]是没有那样余闲,他情志上迫于一类问题而有一种宗教的行为,就是试着去解脱生活复其清净本体,因为这个原故,所以他们没有哲学只有宗教,全没想讲什么

---

① 梁漱溟著,中国文化书院学术委员会编:《梁漱溟全集》(第一卷),第395页。
② 梁漱溟著,中国文化书院学术委员会编:《梁漱溟全集》(第一卷),第407页。

形而上学,只是要求他实行的目标"。①

梁漱溟将宗教视为印度文化的核心内容,自然重点从宗教角度来阐释印度文化。在当时的思想氛围中,宗教被主流舆论视为迷信与落后的象征,特别体现在康有为等人发起的孔教运动遭到了陈独秀、李大钊等新文化派人士的猛烈批判。考察这些批孔教、反宗教话语,可发现其理由主要集中在两点:

其一,宗教是一种落后的思维方式,随着科学日益进步,它必将为科学的分析方法所取代,"人类将来真实之信解行证,必以科学为正轨,一切宗教,皆在废弃之列。其理由颇繁,姑略言之。盖宇宙间之法则有二:一曰,自然法;一曰,人为法。自然法者,普遍的、永久的、必然的也,科学属之;人为法者,部分的、一时的、当然的也,宗教、道德、法律皆属之。无食则饥,衰老则死,此全部生物永久必然之事,决非一部分、一时期当然遵循者。若夫礼拜耶和华,臣殉君,妻殉夫,早婚有罚,此等人为之法,皆只行之一国土、一时期,决非普遍永久必然者。人类将来之进化,应随今日方始萌芽之科学,日渐发达,改正一切人为法则,使与自然法则有同等之效力,然后宇宙人生,真正契合。此非吾人最大最终之目的乎?或谓宇宙人生之秘密,非科学所可解,决疑释忧厥为宗教。余则以为,科学之进步,前途尚远,吾人未可以今日之科学自画,谓为终难决疑。反之,宗教之能使人解脱者,余则以为必先自欺,始克自解,非真解也。真能决疑,厥惟科学。故余主张以科学代宗教,开拓吾人

---

① 梁漱溟著,中国文化书院学术委员会编:《梁漱溟全集》(第一卷),第415页。

真实之信仰,虽缓终达。若迷信宗教以求解脱,直'欲速不达'而已"。① 在陈独秀看来,宗教只是科学不发达之时的迷信产物,待到科学昌明之日,则原来一切归属于宗教之问题都可以由科学解决,最终使得"宇宙人生真正契合"。

其二,强调宗教为专制统治者所利用,成为压制民主、愚昧大众的统治工具。如陈独秀强调"孔教与帝制,有不可离散之因缘;若并此二者而主张之,无论为祸中国与否,其一贯之精神,固足自成一说。不图以曾经通电赞成共和之康先生,一面又推尊孔教;既推尊孔教矣,而原书中又期以'不与民国相抵触者,皆照旧奉行'。主张民国之祀孔,不啻主张专制国之祀华盛顿与卢梭,推尊孔教者而计及抵触民国与否? 是乃自取其说而根本毁之耳,此矛盾之最大者也"。② 李大钊也指出,历代专制统治者利用孔子为统治大众之工具,"尊之祀之,奉为先师,崇为至圣",使得孔子之名"遂非复个人之名称,而为保君主政治之偶像",终成为"历代帝王专制之护符"。③

面对这股非难宗教的舆论潮流,梁漱溟对印度文化的宗教阐释同样表现出两大特点:其一,强调宗教与自我深层次情感之联系,将宗教非政治化;其二,强调宗教问题的永恒性,非科学所能解决。

梁漱溟认为"所谓宗教的,都是以超绝于知识的事物,谋情志

---

① 陈独秀:《再论孔教问题》,《新青年》,第二卷第五号。
② 陈独秀:《驳康有为致总统总理书》,《新青年》,第二卷第二号。
③ 李大钊:《自然的伦理观与孔子》,《李大钊文集》(上册),人民出版社,1984年,第264页。

方面之安慰勖勉的"。① 从这定义中容易看出宗教有两大特点:"(一)宗教必以对于人的情志方面之安慰勖勉为他的事务;(二)宗教必以对于人的知识之超外背反立他的根据。"不同于新文化派将宗教视为政治统治之工具,梁漱溟更强调宗教对于个人情感的抚慰作用:"对于人的情志方面加以勖勉,可以说无论高低或如何不同的宗教所作皆此一事,更无二事。例如极幼稚低等拜蛇、拜黄鼠狼乃至供奉火神河神瘟神种种,其仙神的有无,且无从说他,礼拜供奉的后效,能不能如他所期,也不得而知。却有一件是真的,就是他礼拜供奉了,他的心里便觉得安宁舒帖了,怀着希望可以往下生活了。这便所谓对情志的勖勉。便是程度高了许多的大宗教,如基督教等其礼拜祈祷,喊上帝,语其真际,也还是如此。乃至基督教所作用于托尔斯泰的,托尔斯泰所受用的基督教的,也还是如此。宗教除与人一勖慰之外,实不作别的事。"② 人之所以有宗教勖勉之需求,是因为人并不满足于简单的物欲需求,而对自我存在价值、人生意义有更深层次的思索,梁漱溟论及此处,特别以自己的亲身经历与托尔斯泰之遭际为例说明:"我亦曾厌恨自己,几于自杀,所以对他所说的话得少分相喻。而大家若没尝过这味道的,就有难得相喻之感。但这还非难的,例如那某时期之托尔斯泰之宇宙便非我们大家一般人所有的了(如有托尔斯泰的宇宙,其人便一托尔斯泰)。在那时他觉得'人生无意义'。[……]在托翁感觉人生无意义时节,他陷于非常之忧恼痛苦,不定那一时就会自

---

① 梁漱溟著,中国文化书院学术委员会编:《梁漱溟全集》(第一卷),第417页。
② 梁漱溟著,中国文化书院学术委员会编:《梁漱溟全集》(第一卷),第418页。

杀。却一旦认识了基督寻到了上帝,重复得着人生意义,立时心安情慰而勉于人生。差不多同已死的人复得再生一般。这非宗教之力不及此。"①人对于自己存在意义的不断思考与追寻,意味着自我无法被视为单纯欲望的载体,或还原成感官的动物,而是对自身有着更深刻反思性的存在。梁漱溟认为,宗教是解决人生意义的重要途径,却非唯一途径,他认为对人生意义的思索很重要,但反对那种"人生无意义"的见解,他将这种见解视为以一种功利主义态度来对待自我,对待人生的产物:

> 原来这样人生空虚无意义之感,还是一个错误。这因多情多欲,一味向前追求下去,处处认得太实,事事要有意义,而且要求太强,趣味太浓,计较太盛。将一个人生活的重心,全挪在外边。一旦这误以为实有的找不着了,便骤失其重心,情志大动摇起来,什么心肠都没有了。只是焦惶慌怖,苦恼杂集,一切生活都作不下去。在这茫无着落而急求着落的时候,很容易一误再误,抓着一个似是而非的东西便算把柄,如托翁盖其例也。在生活中的一件一件的事情,我们常辨别他的意义,评算他的价值,这因无意中随便立了个标的在,就着标的去说的。这种辨别评算成了习惯,挪到根本的人生问题,还持那种态度,硬要找他的意义价值结果。却不晓得别的事所以可评算,因他是较大关系之一点,而整个的人生则是一个独绝,更不关系于较大之关系,不应对之究问其价值意义结果之

---

① 梁漱溟著,中国文化书院学术委员会编:《梁漱溟全集》(第一卷),第424—425页。

如何。始既恍若其有,继则恍若其无,旋又恍若得之者,其实皆幻觉也。此种辨别计较评算都是理智受了一种"为我的冲动"在那里起作用。一个人如果尽作这样的生活,实是苦极。①

前文曾提到,梁漱溟很早即开始给自己的人生寻找一个固定的价值标准,以便"时时用以评判一切人和一切事",最初这套标准接近于功利主义的人生观。在功利主义人生观受到冲击,价值标准丧失说服力后,梁曾一度陷入严重精神危机,直至从佛学中获取资源,重建一种虚无化的自我理解,才走出困境。这段文字很可视为梁漱溟对自己早年寻找一种外在于自我的价值标准的反思——企图在自我之外寻出一个标准来评价人生之意义,实是犯了两大错误:其一是用评算的态度对待人生,这种功利主义态度将"独绝"的自我给物化,同时一旦这种"辨别计较评算"成了习惯,便想时时事事都寻一个意义、价值,在梁漱溟看来,实在是辛苦至极;其二是将"生活的重心"挪到了自我之外,而将自己的生活系在了外在的事物上,一旦外部重心发生变化,便很容易陷入精神危机,"一切生活都作不下去"。梁漱溟建立的虚无主义的自我观,实质上是对任何外在于自我的"生活重心"之否定,正如其在《究元决疑论》一文中所言:"常见世间凡夫颇有举人生目的以相扬榷者。或云德行,或云快乐,或云利他,或云功名,或云蕃衍子姓,或云克祀祖宗。姑不论其所树唯是愚执。目的之云,本谓行趋之所取。今人生就其全历史而言,已数万千年;就个体言,已数十年。譬犹趋行既远,忽

---

① 梁漱溟著,中国文化书院学术委员会编:《梁漱溟全集》(第一卷),第425页。

而审议此行为何所取,即此扬榷之一念,已暴露其本无目的。藉使扬榷而后有所定归,则已非此行之目的,故人生唯是无目的。"①德行、快乐、利他、功名、蕃衍子姓、克祀祖宗等等目的,皆为外在之重心,而只有认识到宇宙的本质实乃虚无,人生本无目的,守着这份虚无清净,虚无化的自我与宇宙融为一体,才是走出外在重心动摇、人生危机的最好方法:"是我与宇宙融合无间,要求计较之念销归乌有,根本使问题不生也。什么人生有意义无意义,空虚不空虚,短促不短促,他一概不晓得。这时是将倾欹在外边的重心挪了回来,稳如泰山,全无动摇。"将生活重心内移,从自我中开掘出人生的意义,这种方法不是印度文化下的宗教路向,而是中国文化的特色,后文将有详细论述;然而若情志动摇可有其他方法解决,则勖勉情志便不是宗教必然存在的理由,"因此而致情志动摇者既没有,即无待宗教去勖慰,使宗教之必要在此,宗教将为不必要了。然宗教之必要固不在此,而别有在"。② 在何缘由呢?梁漱溟认为在"无常"。

什么是"无常"?梁漱溟认为"其常说者为后三项老、病、死之问题。所以我们去讲说印度人的问题时节亦常常只说这三项便好。这三项为一种问题,即'众生的生活都是无常'是也。他所谓老、病、死,不重在老、病、死的本身。老固然很痛苦的,病固然很痛苦的,死固然很痛苦的,然他所痛苦的是重在别离了少壮的老,别离了盛好的病,别离了生活的死。所痛在别离即无常也"。③ 无常

---

① 梁漱溟著,中国文化书院学术委员会编:《梁漱溟全集》(第一卷),第14—15页。
② 梁漱溟著,中国文化书院学术委员会编:《梁漱溟全集》(第一卷),第426页。
③ 梁漱溟著,中国文化书院学术委员会编:《梁漱溟全集》(第一卷),第429页。

不是老、病、死本身，而是因老、病、死别离少、壮、生，这无常必然会带来情志上的动摇与痛苦。如果说将生活重心内移可以收到与宗教勖勉对于解决人生意义问题的同效，那么生活的无常所造成的情感危机却只能依靠宗教来解决："情志之从理智错计来者可以驳回转易，中国人凡稍得力于孔家者，便可不萌此鄙念。而情志之从直觉的实感来者，全不能拒却转易。质言之，前者是有法可想的，后者乃全无办法也。而客观一面亦复绝对无能改变。子无谓科学进步可以征服天行也。宇宙不是一个东西而是许多事情，不是恒在而是相续，吾侪言之久矣。宇宙但是相续，亦无相续者，相续既无常矣。宇宙即无常，更无一毫别的在。而吾人则欲得宇宙于无常之外，于情乃安此绝途也。吾固知若今日人类之老病死可以科学进步而变之也；独若老病死之所以为老病死者绝不变，则老病死固不变也。"①由此可见，无常是和宇宙同在的，因无常常在，宗教又是解决无常问题的唯一方法，因此宗教也不会如新文化派所言，随着科学发展而日渐消亡，"盖无常是永远的，除非不生活，除非没有宇宙，才能没有无常；如果生活一天，宇宙还有一天，无常就有，这问题也就永远存在。所以我们可说宗教的必要是永远的，我们前头说过，宗教即是出世，除非是没有世间，才没有出世，否则你就不要想出世是会可以没有的"。② 另一方面，宗教解决"无常"这类问题，所触及的领域及具体方法都超越了科学、理性的范围，因而出现了宗教的第二大特点——"超绝"，"真如之体不属世间，知识不及，是为超绝，而又现量所得，初亦不妨说为仍在知识范围。真如

---

① 梁漱溟著，中国文化书院学术委员会编：《梁漱溟全集》（第一卷），第 431—432 页。
② 梁漱溟著，中国文化书院学术委员会编：《梁漱溟全集》（第一卷），第 432—433 页。

绝对,概念作用所不能施,是为超绝,而后得智兴,纳之名言,权为人说,又不妨属诸知识范围,虽表诸名言而随表随遮不坏其绝对,如斯善巧,两面俱圆。顷所谓'外乎理知'实成其为外乎理知而又不外乎理知者此也。宗教于是可能,于是安立"。① 梁漱溟深知宗教的"超绝"特性不容于理性科学,因此最容易遭受诟病,"若神秘固是理智不喻的,超绝尤非理智范围(理智中的东西皆非东西,而相关系之一点也,超绝则绝此关系也)。故一言以蔽之曰外乎理知。但理智是人所不能不信任的,宗教盖由此而受疑忌排斥,几乎失其文化上的位置。这一点我们可以说是宗教在人类生活上之所以难得稳帖和洽"。② 然而,深信科学不断发展,解决了一个又一个难题后,终究会遇上老、病、死,即"无常"这样无法解决的困境,因而宗教始终会存在下去,人类最终会面临印度文化第三路向所面对的问题:"人类是先从对于自然界要求物质生活之低的容易的问题起,慢慢解决移入次一问题,愈问愈高,问到绝对不能解决的第三问题为止。我们试看印度人——尤其是原来的佛教人——所问的问题,不就是第三问题吗?他要求生活。而不要看见老病死,这是绝对做不到的,别的问题犹可往前奋斗,此则如何?他从极强的要求碰到这极硬的钉子上,撞到一堵石墙上,就一下翻转过来走入不要生活的一途,以自己取销问题为问题之解决。此非他,即我们前面所列人生之第三路向是。"③

梁漱溟对印度文化的宗教性阐释令人信服地论证了宗教与人

---

① 梁漱溟著,中国文化书院学术委员会编:《梁漱溟全集》(第一卷),第438—439页。
② 梁漱溟著,中国文化书院学术委员会编:《梁漱溟全集》(第一卷),第420页。
③ 梁漱溟著,中国文化书院学术委员会编:《梁漱溟全集》(第一卷),第439—440页。

类存在的密切联系,这种联系并不像当时的宗教批判者们所声称的那样建立在统治者的统治需要或科学不发达、迷信盛行的基础之上,而是扎根于人类情感深处,内含于人生无法逃避的"无常"里。通过揭示宗教与自我的密切联系,梁漱溟敞开了一片功利主义与感官主义自我观所无法触及的新的视域。在此视域中,自我不能被还原为感官欲望的载体,因为在感官欲望之外,还有对自我存在意义的更深层次思考与质疑;自我不能被视为为功利主义所驱使的存在,因为面对老、病、面对死亡的深渊与人生的无常,无利可趋,无害可避,功利原则彻底丧失了效用,"无常"给自我带来的焦虑、恐惧,惟宗教可解。综括言之,宗教与自我的紧密勾连,意味着除了感官欲望需要满足,自我内在更有深层次的情感波折、存在焦虑需要慰藉,因而自我终归还是具有内在深度的存在。梁漱溟通过阐释印度文化的宗教特质,重新赋予了因祛魅而被填平的自我以内在深度。然而,如前文论及宗教勖勉情志处所谈到的,梁漱溟并不完全赞同以宗教的方式慰藉自我内在的情志动摇,更提倡"将生活重心内移"的解决方法,而这种方法即是走第二条路向的中国文化所孕育的智慧成果。

(二)以孔子为中心重释中国文化

如果说印度文化的特点在其宗教,那么中国文化的特色则在其形而上学,"中国文化在这一面的情形很与印度不同,就是于宗教太微淡,我们曾经说过。因此中国的宗教没有什么好说的,而在他文化里边顶重要的似乎是他那无处不适用的玄学——形而上学"。① 而从这种形而上学中产生出来的孔子之人生哲学则是中国文化的最重要代表,梁漱溟分别从九个方面对其进行了阐述:

第一,强调"生"。孔子强调的"生"有两重含义,一方面是对宇宙本身的描述,这个宇宙、这个世界就充满了生机,充盈着生命力:"这种形而上学本来就是讲'宇宙之生'的,所以说'生生之谓易'。由此孔子赞美欣赏'生'的话很多,象[像]是:'天地之大德曰生';'天何言哉,四时行焉,百物生焉,天何言哉';'致中和天地位焉,万物育焉';'唯天下至诚为能尽其性,能尽其性则能尽人之性,能尽人之性则能尽物之性,能尽物之性则可以赞天地之化育,可以赞天地之化育则可以与天地参矣';'天地变化,圣人效之','大哉圣人之道洋洋乎发育万物,峻极于天'。"另一方面是对人生态度的认定,"我们先说孔子的人生哲学出于这种形而上学之初一步,就是以生活为对,为好的态度","孔家没有别的,就是要顺着自然道理,顶活泼顶流畅的去生发"。梁漱溟将"生"作为孔家哲学的第一大特点,这与其个人经历有着密切关联,简单说,即他曾受到"无生"思想的极大影响。"无生"思想的典型乃佛教思想,"我心目中代表儒家道理的是'生',代表佛家道理的是'无生'"。② 佛教思想曾帮助梁漱溟走出精神危机,使其在《究元决疑论》中重塑了对自我与世界本质的理解,即将世界理解为虚无寂灭中由"心"幻化而出的虚妄,将自我理解为与此世界同构的虚无,生活上奉行一种守清虚、绝欲望的出世的人生态度。此种"无生""寂灭"的自我观与人

---

① 梁漱溟著,中国文化书院学术委员会编:《梁漱溟全集》(第一卷),第441页。
② 梁漱溟著,中国文化书院学术委员会编:《梁漱溟全集》(第一卷),第448页。

生态度,能够使其脱离价值观、人生观混乱以及"人生无意义"困惑导致的"情志动摇",重归平静的内心状态。然而"无生"思想终究充满了消极与痛苦,它重在强调人生之老、病、死,强调事事"无常",万物皆虚无,形象说来,它就如同一剂猛药,能治病救人,但味苦且有毒。当长期泡在"无生"思想"药罐子"里的梁漱溟接触到孔家思想,第一感觉自然如春风拂面,重新体会到宇宙的生机,人生的活力。孔子"没有别的,就是要顺着自然道理,顶活泼流畅的去生发。他以为宇宙总是向前生发的,万物欲生,即任其生,不加造作必能与宇宙契合,使全宇宙充满了生意春气"。①

第二,不认定的态度。梁漱溟突出"不认定"同样也因为他曾经对于人生观、价值观持有一种过于"认定"的态度,总想认定一个标准,"时时用以评判一切人一切事",结果标准发生变化或动摇,情志便随着动荡起来。反思旧有之态度,梁漱溟从孔家哲学中获取了新的智慧:"平常人都是求一条客观呆定的道理而秉持之,孔子全不这样。制定这个是善那个是恶,这个为是那个为非,这实是大错!我们觉得宋明学家算是能把孔子的人生重新提出的,大体上没有十分的不对,所有的不对,只在认定外面而成了极端的态度和固执(明人稍好一点)。他们把一个道理认成天经地义,象[像]孔子那无可无不可的话不敢出口。认定一条道理顺着往下去推就成了极端,就不合中。"②

第三,一任直觉。既然孔子没有认定的标准,那么他日常是如何为人处世、待人接物的呢?在梁漱溟看来,答案很简单——全凭

---

① 梁漱溟著,中国文化书院学术委员会编:《梁漱溟全集》(第一卷),第448页。
② 梁漱溟著,中国文化书院学术委员会编:《梁漱溟全集》(第一卷),第450页。

直觉。"遇事他便当下随感而应,这随感而应,通是对的,要于外求对,是没有的。我们人的生活便是流行之体,他自然走他那最对,最妥帖最适当的路。他那遇事而感而应,就是个变化,这个变化自要得中,自要调和,所以其所应无不恰好。所以儒家说:'天命之谓性,率性之谓道'。"梁漱溟强调孔子任直觉而行事,实质上乃强调自我有分辨好坏、向善的能力,"这个知和能,也就是孟子所说的不虑而知的良知,不学而能的良能,在今日我们谓之直觉。这种求对求善的本能、直觉,是人人都有的"。① 相比《究元决疑论》中对于无本质无目的的虚无化自我之理解,此时他赋予了自我实质性的向善之内涵,这一新的自我观在阐释孔子之"仁"时体现得更为明显。

第四,仁。"仁"是孔子思想,乃至整个儒家思想体系中的核心观念,历代学者皆对其有所阐发,梁漱溟对其定义非常简单——"此敏锐的直觉,就是孔子所谓仁"。② 如果说论及"一任直觉"时,梁漱溟还是间接说明自我具有实质性的道德内涵,那么将"直觉"定义为"仁",则直接赋予了自我以德性本质。自我不需要刻意去寻求,去修炼,去绝欲望,去出世间,他只需顺着自身的本性,一任直觉,即是在践行"仁",在"合天理":"仁就在这一点上,知也在这一点上,你怎样说他都好,寻常人人都在这里头度他的生活,而自己不晓得。这自然流行日用不知的法则就是'天理',完全听凭直觉,活动自如,他自能不失规矩,就谓之'合天理',于这个之外自己

---

① 梁漱溟著,中国文化书院学术委员会编:《梁漱溟全集》(第一卷),第452页。
② 梁漱溟著,中国文化书院学术委员会编:《梁漱溟全集》(第一卷),第453页。

要打量计算,就通通谓之'私心''私欲'。"①"仁"就是本能、情感、直觉,自然排斥出于"非直觉"的理智、计算,"因这妨碍情感和连带自私之两点,所以孔家很排斥理智。但仁虽然是情感,却情感不足以言仁。仁是一个很难形容的心理状态,我且说为极有活力而稳静平衡的一个状态,似乎可以分为两条件:(一)寂——象[像]是顶平静而默默生息的样子;(二)感——最敏锐而易感且很强"。② 因此,归结起来,"仁"也是一种远离了计较、算计的内心之平衡状态,"孔家想照这样去生活,所以就先得'有未发之中而后发无不中节'了。'仁'与'中'异名同实,都是指那心理的平衡状态。中即平衡、归寂,即以求平衡,惟其平衡则有不合此平衡者就不安,而求其安,于是又得一平衡"。③ 梁漱溟强调"仁"乃内心平衡,不去理智地算计,实乃对流行于同时期的功利主义自我观之批判,这一批判鲜明体现在对孔子"不计较利害的态度"的阐释中。

第五,不计较利害的态度。梁漱溟将"不计较利害"视为"孔子的惟一重要的态度",④并通过批判胡适的墨学研究,来阐明这一态度。他引用了一段胡适论墨子思想的文字:

> 墨子以为无论何种事物、制度、学说、观念,都有一个"为什么"。换言之,事事物物都有一个用处。知道那事物的用处,方才可以知道他的是非善恶。为什么呢?因为事事物物

---

① 梁漱溟著,中国文化书院学术委员会编:《梁漱溟全集》(第一卷),第454页。
② 梁漱溟著,中国文化书院学术委员会编:《梁漱溟全集》(第一卷),第455页。
③ 梁漱溟著,中国文化书院学术委员会编:《梁漱溟全集》(第一卷),第456页。
④ 梁漱溟著,中国文化书院学术委员会编:《梁漱溟全集》(第一卷),第458页。

既是为应用的,若不能应用,便失了那事物的原意了,便应该改良了。例如墨子讲"兼爱"便说:"用而不可,虽我亦将非之。且焉有善而不可用者?"这是说能"用"的便是"善"的;善的便是能应"用"的。譬如我说这笔"好",为什么"好"呢?因为能中写,所以"好"。又如我说这会场"好",为什么好呢?因为他能最合开会讲演的用,所以"好"。这便是墨子的"应用主义"。应用主义又可叫做"实利主义"。儒家说"义也者,宜也"。宜即是"应该"。凡是应该如此做的,便是"义"。墨家说"义利也"。便进一层说,说凡事如此做去便可有利的即是"义"的。因为如此做才有利,所以"应该"如此做。义所以为"宜",正因其为"利"。

由此可以看出,胡适将墨子阐释为一个典型的功利主义者,"善"或"好"的标准完全取决于该物是否有"用",只问功效,不问动机。梁漱溟敏锐地指出胡适对墨学的这番阐释实乃借古人之话语浇自己胸中之块垒:"他在这以下又讲明墨子的应用主义如何不要看浅解错。他对于墨子的态度觉得很合脾胃,因他自己是讲实验主义的。他于是对于孔子的态度就不得其解,觉无甚意味。大约这个态度问题不单是孔墨的不同,并且是中国西洋的不同所在——孔子代表中国,而墨子则西洋适例。"胡适用自己实验主义的理论来阐释墨子,试图阐发一种功利主义的价值观,在梁漱溟看来,这种功利主义、"实利主义"最大的弊端在于将完整的人生打成了两截,造成了生活的无意义感:"当我们作生活的中间,常常分一个目的手段:譬如避寒、避暑、男女之别这是目的;造房子,这是手段。如是类推,大半皆这样。这是我们生活中的工具——理智——为其分配、打量之便利,而假为分别的;若当作真的分别,那么就错误而且危险了。什么错误危险?就是将整个的人生生活打成两断截;把这一截完全附属于那一截,而自身无其意味。如我们原来生活是一个整的,时时处处都有意味;若一分,则当造房中那段生活就全成了住房时那一段生活的附属,而自身无复意味。"若事事都去计较,则彻底使生活丧失了意味,"若处处持这样态度,那么就把时时的生活都化成手段——例如化住房为食息之手段,化食息为生殖之手段——而全一人生生活都倾欹在外了"。① 这种功利、计较的态度发挥到极致,就会去计较整个人生的意义问题,企图在自我之外寻求一个价值来源,从而将重心外移,掏空了自我的内在价值,"计算始于认定前面,认定已失中;进而算计更失中;甚至象前面所说:计算到极处则整个人生都倾欹于外"。在梁漱溟看来,"最与仁相违的生活就是算帐[账]的生活。所谓不仁的人,不是别的,就是算帐的人。仁只是生趣盎然,才一算帐则生趣丧矣!即此生趣,是爱人敬人种种美行所油然而发者;生趣丧,情绪恶,则贪诈、暴戾种种劣行由此其兴。算计不必为恶,然算计实唯一妨害仁的,妨害仁的更无其他;不算帐未必善,然仁的心理却不致妨害"。②

第六,性善。梁漱溟强调自我有凭直觉向善的能力,有仁的本性,实质上在批判那种将自我理解为纯粹欲望载体,或还原为感官动物的自我观,更进一步,强调自我的本性就是"善"。对此观点的

---

① 梁漱溟著,中国文化书院学术委员会编:《梁漱溟全集》(第一卷),第460页。
② 梁漱溟著,中国文化书院学术委员会编:《梁漱溟全集》(第一卷),第461—462页。

阐释又建立于批判胡适观点的基础之上：

> 胡适之先生说："孔子的人生哲学依我看来可算得是注重道德习惯一方面的。"又引孔子未见好德如好色的话而说："可见他（指孔子）不信好德之心是天然有的；好德之心虽不是天然生就的，却可以培养得成，培养得纯熟了自然流露；《大学》上说的：'如恶恶臭，如好好色'，便是道德习惯已成时的状态。"他这话危险的很！人类社会如果不假这种善的本能，试问是怎样成功的？胡先生不但不解孔子的道理而臆说，并且也不留意近来关于这个意见之变迁，才说这样话。［……］要晓得孔子的"性相近也，习相远也"，其性近就是说人的心理原差不多，这差不多的心理就是善，孟子所谓人心之所同然者是也。本来都是好恶与人同的，只有后来习惯渐偏，才乖违，才支离杂乱，俱不得其正了。所以最好始终不失其本然，最怕是成了习惯——不论大家所谓好习惯坏习惯，一有习惯就偏，固所排斥，而尤怕一有习惯就成了定型，直觉全钝了。①

胡适据孔子"未见好德如好色"之言，主张自我没有德性内涵，道德都是后天培养的习惯产物；梁漱溟则据"性相近也，习相远也"之言力辟道德乃习惯产物之说，因为习惯意味着后天之长期训练对于本来直觉之矫正，而在他看来美德本来就是自我内在属性，自然不需要诉诸"习惯"来解释，甚至认为只有发之于自我内在直觉

---

① 梁漱溟著，中国文化书院学术委员会编：《梁漱溟全集》（第一卷），第457—458页。

的美德才是纯正的,"就假设为好习惯,然而从习惯里出来的只是一种形式,不算美德。美德要真自内发的直觉而来才算"。①

第七,礼运大同说之可疑。这一点是专门批判康有为的《大同书》及其孔教实践而言的。梁漱溟认为《大同书》中的思想浅薄、鄙陋,根本未得孔子思想精髓;而康有为与其弟子的孔教实践,彻底抹杀了孔子精神。梁漱溟并没有具体分析康有为思想错在哪里,鄙陋在哪里,但显然很讨厌他将孔子思想与现实政治相结合的做法,对孔教会以孔子之名募捐集资的做法,梁漱溟直呼:"我看了只有呕吐,说不上话来。"

第八,生活之乐。"我们再看孔子从这种不打量计算的态度是得到怎样一个生活。我们可以说他这个生活是乐的,是绝对乐的生活。"梁漱溟将"乐"分为"绝对的"和"相对的"两种,相对的乐其"乐"的来源系于外物,一旦外物有所变化,"乐"很容易转化为"苦",因而称其为相对的乐;而"孔子则不然。他原不认定计算而致情志系于外,所以他毫无所谓得失的;而生趣盎然,天机活泼,无入而不自得,决没有那一刻是他心里不高兴的时候,所以他这种乐不是一种关系的乐,而是自得的乐,是绝对的乐"。② 生活之乐这一点,仍可视为梁漱溟对功利主义的批判,有所计虑,功利的乐只能是相对的,只有超越了功利,才能达至绝对之乐;另一方面,这点也是对性善、有仁的"自我"之另一补充,在梁漱溟看来自我不仅有德性内涵,而且"善"与"乐","仁"与"乐"本身就是统一的,自我不需要通过宗教苦修达至"仁"的境界,相反,向善、一任直觉,发之于内

---

① 梁漱溟著,中国文化书院学术委员会编:《梁漱溟全集》(第一卷),第458页。
② 梁漱溟著,中国文化书院学术委员会编:《梁漱溟全集》(第一卷),第464页。

在的"仁",这一过程本来就是快乐的。

第九,孔子之宗教。此"宗教"非通常意义上的宗教,更可作"一种生活方式"来解,"我们看他怎样作法可以使社会上人都得一个仁的生活呢?在这个地方孔子差不多有他的一副宗教。我们不要把宗教看成古怪东西,他只是一种情志生活"。① 这种情志生活包括两个方面:一是孝悌的提倡,二是礼乐的实施,二者的共同目的乃为了促成一种充满情感的生活。"孝弟实在是孔教唯一重要的提倡。他这也没有别的意思,不过他要让人作他那种富情感的生活,自然要从情感发端的地方下手罢了。人当孩提时最初有情自然是对他父母,和他的哥哥姊姊;这时候的一点情,是长大以后一切用情的源泉;绝不能对于他父母家人无情而反先同旁的人有情。"②通过孝悌在情感的发端处培养出对亲人的温情与敬意,进而将这种情感一步步外推,最终使整个社会皆充满温情的态度。"礼乐"也有类似之作用,"礼乐不是别的,是专门作用于情感的;他从'直觉'作用于我们的真生命。[……]一切宗教家都晓得利用直觉施设他的宗教,即不妨说各教皆有其礼乐。但孔子的礼乐,却是特异于一切他人之礼乐,因为他有其特殊的形而上学为之张本。他不但使人富于情感,尤特别使人情感调和得中"。③

---

① 梁漱溟著,中国文化书院学术委员会编:《梁漱溟全集》(第一卷),第466—467页。
② 梁漱溟著,中国文化书院学术委员会编:《梁漱溟全集》(第一卷),第467页。
③ 梁漱溟著,中国文化书院学术委员会编:《梁漱溟全集》(第一卷),第468页。

(三) 对感官功利主义个体自我观的批判

梁漱溟通过上述九点勾勒出他眼中的"孔家哲学",很明显可以看出,他阐释"孔家哲学"的目的并非单纯的学术探讨,而有很深的现实关怀,论及"不计厉害"与"性善"两点时,毫不避讳地点出了胡适的名字,其批判表面上针对胡的哲学研究而发,实质里的批评对象是以胡适为代表的新文化派所建构的感官主义的功利个体自我观。①

"孔家哲学"中"不计利害的态度"典型针对功利主义价值观,梁漱溟批判功利主义式的"算账"将生活中的"生趣"斩杀殆尽,从而使得自私自利、贪婪丑恶横行:"仁只是生趣盎然,才一算帐则生趣丧矣!即此生趣,是爱人敬人种种美行所油然而发者;生趣丧,情绪恶,则贪诈、暴戾种种劣行由此其兴。"②功利主义会驱使人一味地追求私利,造成整个社会物欲横行,道德水准下降,这些现象时人皆有所反思、批判。梁漱溟的深刻之处在于他没有简单将功利主义视为一种社会价值观,而将其与自我的人生处境紧密联系起来,意识到"功利主义"更是一种自我理解方式,它将自我的生活

---

① 梁漱溟将以胡适、陈独秀为代表的新文化派,直接视为西方文化在中国的"代理人","我们看见,西方的见解态度有这种变迁。还有一个很好的例,就是中国秉持西方思想的人也恰好有同样的变迁。我这话就是指陈仲甫先生而说[……]我们看他所作的《新青年》,[……]前几号便全都是与西方十八九世纪思想一般无二"。接着后面又引用了汪叔潜、高一涵、李亦民、陈圣任等人的一系列发表在《新青年》上的文章,证明他们与西方文化有密切联系。见梁漱溟著,中国文化书院学术委员会编:《梁漱溟全集》(第一卷),第513—514页。
② 梁漱溟著,中国文化书院学术委员会编:《梁漱溟全集》(第一卷),第461页。

打成了两截,将其中一截理解为手段,另一截理解为目的;作为手段的生活得服务于另一部分作为目的的生活,若推到极致,"不以生活之意味在生活,而把生活算作为别的事而生活了",①则会在整个生活之外去别寻一个目的,从而使生活的重心倚靠在一个外在于自我的价值中心之上,使自身时刻面临着外在重心不稳,而情志动摇的风险中。

这种功利主义同人的自我理解之联系还体现在其使得人过于重视自我的"有意识"层面,忽视了"无意识"方面。梁漱溟借用心理学的语言,将人分为有意识与无意识两部分,认为西方文化大多只注意到人心理的有意识层面,忽视了无意识的部分:"差不多西洋人自古以来直到最近变迁以前,有一种心理学的见解,几乎西方文化就建筑在这个上边;现在这个见解翻案了,西方文化于是也要翻案[……]这见解的根本所在,就是只看人心理的有意识一面,忽却那无意识的一面;于是差不多就有以有意识心理为全个心理的见解,而种种误谬见解悉从此生。不晓得有意识一部只是心理的浅表而隐于其后无意识之部实为重要根本。"②有意识层面主要包含了两点:一是趋利避害,工于算计的功利主义意识;二是人的欲望与需求,因此西洋人以及受西方文化影响颇大的新文化派,从有意识层面理解人,实质上就是将人理解为一种受功利主义趋势的欲望载体:"以前的见解都以为人的生活尽是有意识的,尽由知的作用来作主的,尽能拣择算计去走的,总是趋利避害去苦就乐的……如是种种,于是就以知识为道德,就提倡工于算计的人生;

---

① 梁漱溟著,中国文化书院学术委员会编:《梁漱溟全集》(第一卷),第460—461页。
② 梁漱溟著,中国文化书院学术委员会编:《梁漱溟全集》(第一卷),第496页。

自古初梭格拉底[即苏格拉底]直到一千九百年间之学者,西洋思想自成其一种味调态度,深入一般人心,形著而为其文化。"①

针对这种自我观,梁漱溟引用麦独孤(William McDougall)的话批判其忽视了无意识层面:"人类一切活动发生于两种源泉——冲动与欲望。欲望的位置已经很为人所重视。(中略)这等见解都很寻常,而且从来的政治哲学已经差不多完全立足在'欲望是人类行为的源泉'的上面。然欲望只能支配人类行为的一部分,而且他所支配的,并非最重要的,乃为较有意识的、明了的、开化的一部分。"②欲望只能支配"并非最重要的"有意识层面,那么最重要的无意识层面是什么呢?正是在这里,梁漱溟引入了儒家的思想资源,将对自我起重要支配作用的"潜意识"规定为儒家的价值观念,"然其为西方人眼光从有意识一面转移到另一面则无不同,于是西方人两眼睛的视线渐渐乃与孔子两眼视线所集相接近到一处"。③梁漱溟用"直觉"这个概念替换了潜意识,孔子能够一任直觉,实际上意味着自我的本质就是"善"的,因此能顺着直觉达至"仁";同时,这种"仁"与"乐"也是统一的,因此能够从自己的日常生活中充分享受生活之乐,仁与乐在自我深处的统一,避免了于自我之外寻找一个价值来源,从而避免了生活重心外移,情志动摇。儒家的价值将一度被功利主义打成两截的人生重新统一在一起,人生的目的,生活的意义需要从自我内在的"仁"与"善"中去发掘,随着直觉去生活,过一种不计较利害——因而也不会因利害问题

---

① 梁漱溟著,中国文化书院学术委员编:《梁漱溟全集》(第一卷),第496、497页。
② 梁漱溟著,中国文化书院学术委员编:《梁漱溟全集》(第一卷),第497页。
③ 梁漱溟著,中国文化书院学术委员编:《梁漱溟全集》(第一卷),第498页。

去伤害他人的,情感充沛的生活本身就是目的。

(四)儒家经典与生命体验的交融——开启现代新儒家

显而易见,梁漱溟对孔子、对儒家思想的阐释极富个人色彩,历代孔子思想的阐释者中,绝少将"不认定的态度""一任直觉""不计利害"视为孔子思想的核心,推究其原因,主要有两点因素:其一,梁漱溟在二十世纪初期所面临的问题语境,是传统孔子阐释者所从未面临的;其二,梁漱溟对孔子思想的阐释融入了自己浓厚的生命体验。

先谈第一点,如前文所述,"不计利害的态度"完全是就功利主义的自我观而发,而如第一章所言,这种功利主义自我观很大程度上是传统自我被抹平了内在深度、丧失了同超越性价值的联系之产物。因而,梁漱溟通过挖掘儒家思想资源,将"仁"与"善"重新设定为自我的内在本质,以抵抗功利主义对自我的侵蚀。"五四"时期的中国完全不同于先秦、两汉、宋明的中国,天理流行、仁义充沛的世界图景已被祛魅,专制皇权体制也彻底丧失了合法性。梁漱溟对孔子思想的重新诠释无法建立于传统世界图景之上,因而其对"仁"的阐释少了超越的意味,汉儒眼中作为"天地之心"的仁和宋儒笔下作为"宇宙本源"的仁,被梁漱溟阐释为"敏锐的直觉"和顺从直觉、远离计较、内心平和的生活状态。另一方面,梁漱溟用儒家思想解决的是"自我"的问题,个人的生存处境问题,因此对孔子思想、儒家传统的诠释便彻底抛开了政治层面的内容。"礼乐""孝悌"这些原本带有极强政治色彩的概念被重新诠释为纯粹的个体情感方面的概念。提倡"孝悌"是为了从情感发端处着手,促使"人作他那种富情感的生活","只须培养得这一点孝弟的本能,则其对于社会、世界、人类,都不必教他什么规矩,自然没有不好的了"。①"礼乐"同样是为了作用于情感,"他从'直觉'作用于我们的真生命","不但使人富于情感,尤特别使人情感调和得中"。② 重新诠释虽滤掉了传统儒家的超越性和政治色彩,但另外一些特点被保留下来,如注重人与人之间的关系,重视家庭与共同体的价值,否定个人主义式的自我观:"我们前曾说过西洋人是先有我的观念,才要求本性权利,才得到个性申展的。但从此各个人间的彼此界限要划得很清,开口就是权利义务、法律关系,谁同谁都是要算账,甚至于父子夫妇之间也都如此;这样生活实在不合理,实在太苦。中国人态度恰好与此相反:西洋人是要用理智的,中国人是要用直觉的——情感的;西洋人是有我的,中国人是不要我的。在母亲之于儿子。则其情若有儿子而无自己;在儿子之于母亲,则其情若有母亲而无自己;兄之于弟,弟之于兄,朋友之相与,都是为人可以不计自己的,屈己以从人的。他不分什么人我界限,不讲什么权利义务,所谓孝弟礼让之训,处处尚情而无我。"③ "尚情无我"实质上是"无"西方文化中"各人间彼此界限分明"的个体自我,有的是那种在家庭中,不讲人我界限的具有外在广度的自我。梁漱溟希望借助儒家思想,重新唤起在特定伦理关系中理解的"自我",重新赋予自我以外在广度。这种广度不仅覆盖活着

---

① 梁漱溟著,中国文化书院学术委员会编:《梁漱溟全集》(第一卷),第467页。
② 梁漱溟著,中国文化书院学术委员会编:《梁漱溟全集》(第一卷),第468页。
③ 梁漱溟著,中国文化书院学术委员会编:《梁漱溟全集》(第一卷),第479页。

的亲人,而且还进一步在祭祖的仪式中,使自我获得与已经逝去的先人之联系:"他把别的宗教之拜神变成祭祖,这样郑重的做去,使轻浮虚飘的人生,凭空添了千钧的重量,意味绵绵,维系得十分牢韧!"①

再论第二点,梁漱溟对孔子思想的阐释,带有很强的个人特色,着重于从个体存在的情感层面出发,是因为他对孔子思想的理解本来就同自身的生命体验密切联系在一起。前文详细探讨梁漱溟人生观的转变过程,精神危机的产生原因及解决方式,是因为梁漱溟行诸笔墨文字的这些"哲学"或曰"思想"实在同他本人的生命体验有重要关系,他绝不是好建造体系、玩弄概念的"理论家",而是善于在生活中思索、发现并解决问题的"实践家"。在《人心与人生》一书的自序中,他曾写道:

> 在民国十年出版的《东西文化及其哲学》自序中,我曾自白,我起初实在没有想谈学问,没有想著书立说;而且到现在还是不想。并且也不能,谈学问和著书立说。我只是爱有我自己的思想,爱有我自己的见解——为我自己生活作主的思想和见解。这样子,自然免不了要讨论到许多问题,牵涉到许多学问。而其结果,倘若自己似乎有见到的地方,总愿意说给大家。如此,便是不谈学问而卒不免于谈学问,不著书而卒不免于著书之由。②

---

① 梁漱溟著,中国文化书院学术委员会编:《梁漱溟全集》(第一卷),第469页。
② 梁漱溟著,中国文化书院学术委员会编:《梁漱溟全集》(第一卷),第327页。

这段自白并非完全的自谦之辞,实是梁漱溟对自己学问与人生关系的自道,正因为二者联系密切,他还一度萌发了通过写自传来阐释自己的思想的想法:"这个意思要细说起来,是须得把我三十年来的历史叙出,才可以明白当真是如此。所以我曾经说过要作一篇《三十自述》,却是四五年来始终不曾做出,并且不知几时才得做他。"①虽然这篇三十自述终究也没写出来,但通过追溯他从少年时直至《东西文化及其哲学》撰成并出版这近三十年来的学思历程,可以将其未完成的"三十自述"概括出个大概来:少年时受父亲影响服膺功利主义的人生观,以其作为评判事物的准绳。随着年龄增长,对苦乐、欲望等问题的深入思考,原有的人生观逐渐动摇,遂陷入一种丧失生活重心与价值准绳的苦恼中,加上外在政治环境之刺激,这种苦恼最终发展成严重的精神危机。通过研读佛教典籍,他获得了世界的本质与人生目的皆为虚空的洞见,这种"积极的"虚无主义使其摆脱了寻不到确定的人生意义之痛苦;而印度宗教哲学对"无常""生死"这些问题的深刻探讨,使其意识到功利主义自我观的浅薄。佛教虽解决了他的"人生"问题,但并无助于解决萦绕在他心头的另一大问题——"中国"问题,而且佛教的出世特点,对人生"苦"的强调与世俗生活相抵触。最终,梁漱溟选择了儒学作为思想资源,他建构了"意欲—文化"的解释体系,将中西印三种文化最终还原为三种自我意欲的方向问题,提出通过改变自我观来解决中西文化问题,最终解决中国问题的方法,从而勾连起"人生"与"中国"两大问题。

---

① 梁漱溟著,中国文化书院学术委员会编:《梁漱溟全集》(第一卷),第327页。

梁漱溟对中国问题——当时而言即是中西印文化关系问题的解决方式同其人生问题的解决方法密切相连,十分相似。他认为中西印三种文化无所谓好坏之分,只有合不合时宜的区别,"西洋文化的胜利,只在其适应人类目前的问题,而中国文化印度文化在今日的失败,也非其本身有什么好坏可言,不过就在不合时宜罢了"。① 中国和印度文化不合时宜在于它们"早熟",但这也意味着伴随社会经济的全面发展,未来终有一天世界文化将会由西方文化的路向转移到中国和印度文化的路向。梁漱溟引用倭铿、罗素、克鲁泡特金(Peter Alekseyevich Kropotkin)和泰戈尔等人的观点,证明当时西方文化所面临的许多问题,意味着第一路向已快走到尽头,到了转向第二路向中国文化唱主角的时期。因此,他提出了如下解决中国问题的方案:

第一,要排斥印度的态度,丝毫不能容留;
第二,对于西方文化是全盘承受,而根本改过,就是对其态度要改一改;
第三,批评的把中国原来态度重新拿出来。②

排斥印度态度,是因为与时代不容,印度文化要思考与解决的问题,所持的人生态度过于超前,现阶段中国人还没有达到这个层次:"当此竞食的时代,除非生计有安顿的人,一般都是忙他的工作,要用工夫到这个,是事实所不能。他既绝不领受,又绝不能领

---

① 梁漱溟著,中国文化书院学术委员会编:《梁漱溟全集》(第一卷),第526页。
② 梁漱溟著,中国文化书院学术委员会编:《梁漱溟全集》(第一卷),第528页。

受,又不会为好动机的领受,那么几个是从此而得救的呢？还有那许多人就是该死吗？既不能把人渡到彼岸,却白白害得他这边生活更糟乱,这是何苦？不但祸害人而且糟蹋佛教。佛教是要在生活美满而后才有他的动机,象这样求生不得,就来解脱生死,那么求生可得,就用他不着了。然在此刻倡导佛教,其结果大都是此一路,只是把佛教弄到鄙劣糊涂为止。我们非把人类送过这第二路生活的一关,不能使他从佛教而得救,不能使佛教得见其真,这是我的本意。"①超前于时代去倡导印度文化、佛教文化,既无益于社会,又会损害佛教本身;同样,在解决人生问题时,梁漱溟认可佛教深刻的思想内涵,生活中吃素、晚婚,在某种程度上带有一定佛教色彩,但终因佛教生活同世俗抵触,无法解决他关心的"中国问题",转而改宗儒学。

以往研究为突出梁漱溟"文化保守主义者"或所谓"东方文化派"成员的特征,过于强调其与新文化派的差异。事实上,如前文所述,梁漱溟同陈独秀对中国问题的判断、西方文化的特征之理解皆十分相似。同样,对于"五四"时期中国一系列现实问题的成因,梁漱溟也毫不避讳地承认,传统中国文化难辞其咎:

[……]至于自己眼前身受的国内军阀之蹂躏,生命财产无半点保障,遑论什么自由;生计更穷得要死,试去一看下层社会简直地狱不如;而水旱频仍,天灾一来,全没对付,甘受其虐;这是顶惨切的三端,其余种种太多不须细数。然试就所有

---

① 梁漱溟著,中国文化书院学术委员会编:《梁漱溟全集》(第一卷),第536页。

这些病痛而推原其故,何莫非的的明明自己文化所贻害;只缘一步走错,弄到这般天地!还有一般无识的人硬要抵赖不认,说不是自己文化不好,只被后人弄糟了,而叹惜致恨于古圣人的道理未得畅行其道。其实一民族之有今日结果的情景,全由他自己以往文化使然:西洋人之有今日全由于他的文化,印度人之有今日全由于他的文化,中国人之有今日全由于我们自己的文化,而莫从抵赖;也正为古圣人的道理行得几分,所以才致这样,倒不必恨惜。但我们绝不后悔绝无怨尤;以往的事不用回顾;我们只爽爽快快打主意现在怎样再往下走就是了。①

正因为梁漱溟承认中国传统文化造成了当时中国社会的一系列弊端,所以坦然地全盘承受西方文化,这一点同新文化派毫无二致,区别在于他认识到西方文化并非完美,而主张从"态度"上对其进行修正,"因为那西洋人从来的人生态度到现在已经见出好多弊病,受了严重的批评,而他们还略不知拣择的要原盘拿过来。虽然这种态度于今日的西洋人为更益其痛苦,而于从来的中国人则适可以救其偏,却是必要修正过才好"。② 这里所谓的"改态度",改的是"意欲"的态度,而"意欲"的主体毫无疑问是"自我",因此最终改变的就是"自我",具体说来即将受功利主义驱使的感官化个体自我转变为不计利害一任直觉具有"仁"与"善"的内在本性且情感充沛的自我,这种"自我"吸收了传统儒家思想资源,既体现在对传统儒家核心观念"仁""善"的创造性阐释与实践中,更体现在恢

---

① 梁漱溟著,中国文化书院学术委员会编:《梁漱溟全集》(第一卷),第530页。
② 梁漱溟著,中国文化书院学术委员会编:《梁漱溟全集》(第一卷),第531页。

复"自我"的外在广度,将其重新置于同父母、兄弟、家族及共同体的密切关系之中。

另一方面,这种将自身生命体验与现实问题相勾连的运思理路,使得梁漱溟对儒学的阐释采取一种个人情感化的诠释策略,而对传统经学研究持有批判立场。"到清代实只有讲经的一派,这未始于孔学无好处,然孔家的人生无人讲究,则不能否认。讲经家两眼都是向外,又只就着书本作古物看,内里生活原自抛却,书上思想便也不管。[……]此后讲经家中有所谓今文家者出,到康长素,梁任公益呈特彩。盖于治经家向无人生态度可见者,而到了他们却表出一种人生态度。他们这种人生态度自己也很模糊,不知其不合孔子;而假借孔经,将孔子精神丧失干净,欢迎了反乎孔子的人生态度思想进来。他们把孔子、墨子、释迦、耶稣、西洋道理,乱讲一气;结果始终没有认清那个是那个!"①梁漱溟认为,经学家单纯将儒家典籍视为"古物",而忽视了其中的思想及人生哲理之阐发;而到了今文家、康梁这里,虽开始阐发人生思想,却杂糅了许多非儒家色彩之内容。总之,经学家彻底遮蔽了儒家人生思想之光彩。对于同时期的"新文化派"与"国故派",因后者没有从一种生命化的角度来诠释儒家思想,梁漱溟斥责其为"骨董""烂货",反而更推崇前者:"前年北京大学学生出版一种《新潮》,一种《国故》,仿佛代表新旧两派;那《新潮》却能表出一种西方精神,而那《国故》只堆积一些陈旧骨董而已。其实真的国故便是中国故化的那一种精神——故人生态度?那些死板板烂货也配和人家对垒吗?到现

---

① 梁漱溟著,中国文化书院学术委员会编:《梁漱溟全集》(第一卷),第477页。

在谈及中国旧化便羞于出口,孔子的道理成了不敢见人的东西,只为旧派无人,何消说得!"①

梁漱溟不同于传统经学家、康有为、国故派等儒学阐释者之处,在于身处一个儒学丧失政治建构之依托和西化思潮的批判这双重冲击的时代,将儒学重新置于自我的生命情境中加以理解、阐释。儒学从此同个人的情志动摇、情感问题联系起来,它所要面对的不再是传统的"内圣外王"式问题,而是在一个现代化过程中,在一个世俗时代,自我如何解决自身的生存意义与存在价值问题,如何抵御极端功利主义与庸俗物质主义对自我的侵蚀,梁漱溟用自己的生命体验给出了一个儒家式的回答,重建了新儒家自我观。关注自我的生命情境,并不意味着将眼光局限于一己之内,梁漱溟构建的"意欲(自我)—文化"解释体系,将文化还原为自我之意欲,从而开辟了一种通过个体自我入手,以改变自我观、人生态度为手段,进而改变中国文化、解决中国问题的思路。

梁漱溟以自我的情感、人生处境为切入口,自身的生命体验与儒学典籍相交融的阐释方式,开启了现代新儒学,其反思、批判的焦点在盛行于"五四"时期的感官主义自我观、功利主义价值观,以及其所带来的虚无主义危机。然而他并没有意识到,这种新的自我观实质上植根于一种新的世界图景——科学的物质主义机械化世界图景,自然对此问题缺乏反思。第一个将此问题带入公众舆论的学者是张君劢,他在清华的演讲掀起了一场"科玄论战"。

---

① 梁漱溟著,中国文化书院学术委员会编:《梁漱溟全集》(第一卷),第532页。

第三章 "科玄论战"再审视与张君劢自我观之研究

一、"科玄论战":一段学术史回顾

自从张灏在《新儒家与当代中国的思想危机》一文中,将张君劢于"科玄论战"中抵抗科学主义的时代潮流视为新儒家产生和发展的重要事件以来,一些学者在讨论"科玄论战"时继承了这一论点,并进一步阐释张君劢在此论战中的思想对新儒家学派形成与发展的重要意义。郑大华在《张君劢与现代新儒学》一文中写道("科玄论战"):"它是现代新儒学发展历程中的一件大事,张君劢的演讲以及他后来的参战文章,从某种意义上说,形塑了现代新儒家的致思方向。"①林安悟同样视这场论战为当代新儒家的方向起

---

① 郑大华:《张君劢与现代新儒学》,《天津社会科学》,2003年第4期。

源。① 洪晓楠则专门以"科玄论战"为例探讨张君劢对新儒家的影响,他认为在"科玄论战"中批判科学主义、科学万能论,研究比较中西文化,提倡宋学等方面的尝试均推动了现代新儒学思潮。② 显然,大多数研究者论及"科玄论战"同新儒家群体兴起之间的关联时,均将"科学主义"或"唯科学主义"作为一个重要的解释概念。对于这一研究取向,另有学者提出了不同观点。

罗志田指出,用"科学主义"这个西方舶来的概念来诠释"科玄论战",显得过于抽象笼统而缺乏解释力:

> 过去对新文化运动或科学与人生观论战的研究都倾向于使用"科学主义"的概念来诠释五四新文化人心目中的"科学"。[……]这一定义如果较宽泛地使用,应有助于认识和解释许多新文化人的科学观,因为许多人或多或少都有相近的倾向。但在严格意义上使用,很可能对具体的每一个人都未必合适。特别是时人对于"科学"以及作为这一主义最基础的"科学方法"本身。其实有着相当不同甚至带本质区别的理解;在这样的情形下,一个带高度概括性的西方抽象术语对发生在中国的一次具体争论有多大的史学诠释能力,恐怕是要存疑的。

"科学主义"这个概念不仅存在着诠释局限的问题,另一方面

---

① 罗义俊编著:《评新儒家》,第143页。
② 洪晓楠:《张君劢对当代新儒家文化哲学思潮发展的影响——以"科玄论战"为例》,《大连理工大学学报(社会科学版)》,2002年第3期。

又有过度诠释的危险:

> 且后之使用科学主义者常有进一步的发挥,如严搏非便认为,科学是带着伦理色彩作为一种价值体系进入中国,到五四时代成为具有"新权威"性质的价值信仰,与其在近代西方反权威的本质恰好相反。这样的观念,至少在这次论战之中"科学派"一边得不到充分反映。丁文江曾面告张君劢,"科学的通例是一种事实因果关系的缩写,并不是一成不变的。有了新事实,就可以推翻"。张的反应是"真正出乎意料之外"!他原"不知道科学是如此一文不值",因此还增强了反对科学的信心。胡适晚年回忆说:丁文江这一观念实在"太谦虚了、太不武断了,所以许多人感觉失望,许多人不认得在君说的是'科学'!""科学"在丁氏那里"谦虚"到使"许多人不认得",则不仅其"权威"性有限,更颇说明时人观念的不一致。①

由此可见,面对纷繁复杂的历史现实,"科学主义"或"唯科学主义"这样的西方舶来概念不是有着解释力不足的局限,就是存在过度诠释的危险。若抛开这一概念,便需要重新思考,新儒家的兴起同"科玄论战"存在联系吗? 若存在,这种联系是后来研究者附会上去的,还是确实存在的历史事实? 显然,解决这些疑问,停留在概念辩难的层面是远远不够的,需要重新回到"科玄论战"的具体文本中来寻求答案。当然,进入具体的历史文本前,还需梳理前

---

① 罗志田:《从科学与人生观之争看后五四时期对五四基本理念的反思》,《历史研究》,1999 年第 3 期。

人的研究成果。

郭湛波于二十世纪三十年代出版的《近五十年中国思想史》最早从史学角度探讨了"科玄论战",书中简要概述了论战经过和参战人员的主要观点,并从唯物史观的角度进行了分析评价:"这次思想论战是中国宗法封建农业社会思想与西洋工业资本主义思想的冲突,这次战争的发生是当然的现象,资本社会思想的胜利也是必然的结果。"①郭湛波将以张君劢为代表的"玄学派"视为"农业社会思想产物",以丁文江为代表的"科学派"视为"工业资本主义社会思想产物",还将陈独秀视为社会主义思想的代表:"这是陈先生对胡先生的挑战,说张君劢是唯心论、玄学,胡先生也是唯心论、玄学;不过张先生唯心是一元论,胡先生是心物二元论,这就是社会主义思想与工业资本主义社会思想冲突的开端。"②郭湛波这种机械的唯物史观分析方法,将"科玄论战"中各派复杂的思想简单化约为特定的社会形态之产物,显得过于简单粗陋,然而却出于特定的政治原因,在很长一段时间内——至少至二十世纪九十年代——主导了中国学术界。因而,我们可以在发表于1978年的《评"科学与人生观论战"》中发现这样的观点:"1923年发生的'科学与人生观论战'(亦称'科学与玄学'之争),是中国现代资产阶级哲学营垒中马克思主义敌人间的一场混战,也是中国现代资产阶级哲学史上的一个重要环节。以丁文江、胡适、吴稚晖为代表的'科学派',反对以张君劢、梁启超为主角的玄学派,实际上是以一

---

① 郭湛波:《近五十年中国思想史》,上海古籍出版社,2005年,第233页。
② 郭湛波:《近五十年中国思想史》,第240页。

种唯心主义反对另一种唯心主义。"①作者虽将"玄学派"由"封建农业社会"的代表转划到"现代资产阶级"营垒中,但机械的阶级分析方法并无改变,当然结论必然也是先进阶级战胜了落后阶级。这种分析思路在发表于1994年的《"科学与人生观"论战述评》中仍然可见:"意识是物质的反映,思想界的波澜是社会振动的结果。[……]邓中夏曾评论到:玄学派是东方文化派的重要组成部分。'东方文化派可说代表农业手工业的封建思想(或称宗法思想),科学方法派可说是代表新式工业资产阶级思想,唯物史观派可说是代表新式工业无产阶级思想[……]'"②到了2000年以后,"科玄论战"研究领域这种机械的阶级分析色彩有所淡化,另外,对于玄学派那种彻底的负面评价逐渐转为肯定其有一定的思想史价值:"但他的人生观,主张思想与个性解放,强调主观意志的自由,认为'人生之自由自在,不受机械律支配',因而又具有反封建的一面;但同时他又贬低科学,否认社会历史领域的公例(规律),在一定意义上可以说是对'五四'以来倡导的民主与科学的反动。"同时,对于"科学派"则开始反思其"唯科学主义"的倾向,"如果要评价'科玄论战'中两派的功过得失的话,那么'科学派'似乎顺应了当时的情势,但论点失之偏颇,以致造成'唯科学主义'更广泛的影响"。③ 更有学者立足于今天的问题语境中,挖掘"玄学派"的思想资源,认为其对于今人更具有价值:"随着工业东亚的崛起和西方后工业时代的到来,人们开始重新审视社会发展中的价值取向问

---

① 吕曦晨:《评"科学与人生观战论"》,《社会科学战线》,1978年第4期。
② 江伟:《"科学与人生观"论战述评》,《河南大学学报(社会科学版)》,1994年第2期。
③ 田晓、李玉林:《张君劢与"科玄论战"的再审视》,《历史教学》,2000年第5期。

题,玄学思想也随着人们对于文化传统的日益回归而逐渐彰显其独到价值。"①

纵观 70 多年来有关"科玄论战"的研究史,可以发现两大趋势:其一是阶级分析方法的日益淡化,究其原因,很大程度上由于革命史研究范式丧失了其统治地位,史学分析方法趋向于多元化;其二则是对玄学派的评价由彻底负面的批评逐渐转化为认可、发掘其中的思想价值。当然,这两大趋势只是对该领域学术史一个粗略的概括,趋势之外,另有一些出色的研究成果超越了其所处时代的学术主流趋势,李泽厚发表于 1986 年的《记中国现代三次学术论战》便是很好的例子。

李泽厚的这篇文章主要讨论了二十世纪二十年代的"科玄论战"、三十年代的中国社会性质论战和四十年代的文艺民族形式论战。在讨论"科玄论战"的部分,他敏锐地指出,这场论战在本质上并非关于科学问题的探讨,而是一场关于意识形态的论战:

> C. Geertz[克利福德·格尔茨,美国人类学家]曾指出,当社会和政治危机伴随着原有文化根基失落时,便迫切需要意识形态。意识形态不是科学,而是包括着某种要求支配人们观念和行动的信仰。所以,科玄论战的真正内涵并不真正在对科学的认识、评价或科学方法的讲求探讨,而主要仍在争辩建立何种意识形态的观念或信仰。是用科学还是用形而上学来指导人生和社会?所以这次学术讨论,思想意义大于学术

---

① 顾友仁:《近代"科玄论战"中的玄学思想再评价》,《青海社会科学》,2009 年第 2 期。

意义,思想影响大于学术成果,它实质上仍然是某种意识形态之争。科学派实际上是主张科学来成为意识形态,玄学派则主张非科学的形而上学来作为意识形态。因而这是一场信仰科学主义的决定论还是信仰自由意志的形而上学的争论。①

论战最终的结果,科学派战胜玄学派,其原因也可以用"救亡压倒启蒙"来解释:

> 当时历史的逻辑是"救亡",是反抗侵略,寻求国家富强、社会解放。"玄学派"强调的是个体自由、意志自由、个性独立,比较起来,后者的重要性迫切性显然远逊于前者。而救亡课题是更容易接受一种有客观规律可寻的"科学"解释和指导的。于是"救亡"又一次压倒了一切,个体自由得谦逊地牺牲自己以从属于集体,国家富强毕竟是更重要的事情。②

相较于"不同社会阶级立场说",意识形态争论显然更贴近于历史事实,但也许是限于文章篇幅,李泽厚并没有进一步解释这种意识形态的分歧是从何而来,毕竟"科玄论战"的两大主角——张君劢与丁文江——同属于自由主义知识分子阵营。另一方面,反对权威、崇尚理性的科学是如何成为压抑"自由意志"的"决定论"的?而信仰自由意志为何要以"形而上学"为手段?这种"形而上学"具体又有何特点能反抗"决定论"呢?这些问题都缺乏进一步

---

① 李泽厚:《中国现代思想史论》,第52页。
② 李泽厚:《中国现代思想史论》,第54页。

的分疏。

汪晖在《现代中国思想的兴起》第十四章"知识的分化、教育改制与心性之学"中讨论了"科玄论战"问题。"科玄论战"过程中张君劢和丁文江均花费了大量篇幅争辩什么是科学,物质科学精神科学之分类,科学教育与玄学教育,以及心理学、艺术是不是科学等问题。这些问题同"人生观"并无太大联系,以至于当时的评论者就抱怨论战双方跑题了:"大家的文章写得虽多,大半是'下笔千言,离题万里'。令人看了好像是《科学概论讲义》,不容易看出他们和张君劢的争点究竟是什么。"[1]后来的大多数研究者也自动忽略了这一部分内容。汪晖别出心裁地从这些"离题"的文字中发掘出知识的分化、知识谱系的重建以及教育改制等问题,可谓发前人之所未发。然而回到论战的历史语境中,可以发现,张君劢费力去划分物质科学与精神科学的界限,去辩论心理学是不是科学,其目的还是要给科学与人生观之间划出一条界线,辟出一块科学所不能主宰的领域,并没有重建知识谱系、教育制度的自觉。不过也不能否认汪晖从前人留下的文字中发掘出其本人都没有意识到的思想内涵,这一研究方法所具有的创新价值。在"心性之学与现代化的文化设计"一小节中,汪晖仍然从知识谱系与分类角度讨论了张君劢的"新宋学":"通过'心性之学',张君劢为他的社会设计提供了'新宋学'或'新儒学'的视野,亦即通过道德实践及其准则的施行,建立人与他人、社会、国家、世界和自然的合理关系。在这个视野中,他的知识谱系及其分类原则,他依据这种知识谱系和分类原

---

[1] 陈独秀:《〈科学与人生观〉序》,见亚东图书馆编《科学与人生观》,中国致公出版社,2009年,第1页。

则而提供的制度化的蓝图,以至他对道德问题的考虑,都是'合理的'设计——一种针对现代资本主义的'合理化'过程的'合理的'设计。"①汪晖对于"科玄论战"的考察别有新见,然而对于张君劢和新儒家的关系问题,却因袭了余英时的旧说,将新儒家仅限定于熊十力及其弟子这一群体:"如果把新儒家作为一个学派,我更同意余英时的观点,即'新儒家应以唐君毅、牟宗三、徐复观三位先生为代表,……张君劢先生和他们三位的思想仍有很大不同'。"②至于不同在哪里,汪晖写道:"如果以熊十力之后的'新儒家'为参照系,张君劢和梁漱溟都不能算做是谨守家法的'新儒家',他们的文化观具有明显的世界主义倾向。"③这实在是典型的循环论证,先将熊十力学派视为新儒家的典范,然后以熊氏"家法"来评判梁漱溟、张君劢二人,称他们不合"家法",不算新儒家,且不说唐、牟、徐三人在"科玄论战"发生时还是中学生,即便是熊十力,他的代表作《新唯识论》也于十年后才出版,而他本人此时尚在讲授唯识学。至于"张君劢和梁漱溟的文化观具有世界倾向",此说确实不假,但唐、牟二人就没有世界视野了么?唐君毅和牟宗三分别将黑格尔与康德的思想融入自己的哲思之中,二人对西学的融贯程度明显在梁、张二人之上,因此所谓的"世界倾向"并非梁、张之专属,恰为新儒家学派之共性。

  熊十力及其弟子同"科玄论战"的关系,程志华在《超越"科玄

---

① 汪晖:《现代中国思想的兴起》,(下卷 第二部),生活·读书·新知三联书店,2008年,第1394页。
② 汪晖:《现代中国思想的兴起》,(下卷 第二部),第1394页(脚注148)。
③ 汪晖:《现代中国思想的兴起》,(下卷 第二部),第1394页。

论战"——"科玄论战"85周年祭》一文中从"科学与哲学的划界"角度予以讨论:"在'玄学派'与'科学派'的论争静寂下来之后,它的余声仍不断地'回响'于现代中国哲学界:熊十力在本体论的层面上,基于本体与现象之别对科学与哲学进行了界限的划定;牟宗三则更进一步,以探讨中西哲学的差别入手,由分析作为'心本体'之三个不同的'我'的关系,阐释了科学与哲学之辩证的诡谲关系。"①程志华准确地把握了熊十力思想同这场论战的核心联系,这一联系就是划分科学与哲学的界限,正是在这一点上,熊十力继承了张君劢在论战中的努力,并以更深刻的哲学体系形式回应了科学派的挑战。划分科学与哲学之间的界限是新儒家群体一个重要的思想特点,然而这一特点只是手段并非目的,划界的直接目的显然是留出一片科学所不能决定的领域,进一步追问:这片领域的意义何在呢?为何新儒家群体反对科学决定一切呢?此文缺乏进一步的分疏,而这些问题正是本研究所要解决的。

欧阳哲生《丁文江和"科学与人生观论战"刍议》一文注意到以往的研究有两大特点:一是将关注焦点集中于张君劢与丁文江的思想差异,而忽略了他们共同的研究系背景和许多相似的经历;二是只关注了论战的文字内容,而忽视了论战背后的其他企图。因此,这篇文章更多关注到张、丁二人共同的研究系背景,并推测研究系群体有借此论战自我炒作、争夺话语权的企图。相比于其他文章,此文的确开掘了观察此论战的新视角,丰富了我们对于"科玄论战"的认识。

---

① 程志华:《超越"科玄论战"——"科玄论战"85周年祭》,《陕西师范大学学报》,2009年第5期。

第三章 "科玄论战"再审视与张君劢自我观之研究

如前文所述,许多研究者均采用"科学主义"或"唯科学主义"来解释"科玄论战"及新儒家的兴起,而最先采取这种研究路径的当推郭颖颐。郭颖颐在初版于1965年的《中国现代思想中的唯科学主义》一书中追溯了唯科学主义的根源,考察了吴稚晖、陈独秀、胡适三位思想家和丁文江、任鸿隽、唐钺三位科学家的唯科学主义思想,并在第六章探讨了"科玄论战"。作者这样定义此书的核心"唯科学主义":"唯科学主义(形容词是'唯科学的'Scientistic)可定义为是那种把所有的实在都置于自然秩序之内,并相信仅有科学方法才能认识这种秩序的所有方面(即生物的、社会的、物理的或心理的方面)的观点。"①简单来说,唯科学主义即一种认为宇宙万物皆可通过科学方法认识的认识论观点。然而在二十世纪前半叶的中国,这种"认识论"转变为了"世界观":"中国的唯科学论世界观的辩护者并不总是科学家或者科学哲学家,他们是一些热衷于用科学及其引发的价值观念和假设来诘难、直至最终取代传统价值主体的知识分子。这样,唯科学主义可被看作是一种在与科学本身几乎无关的某些方面利用科学威望的一种倾向。"②这一转变的原因很简单,传统的价值观念衰落,导致科学成为一种新的填补性意识形态:"科学是一种意识形态实体,被引进取代旧的文化价值。"③这个观点同李泽厚对科学论战的解释完全一样,只不过比李早了20年提出来,而此观点一经提出,特别是此书的中文版九

---

① [美]郭颖颐:《中国现代思想中的唯科学主义》,雷颐译,江苏人民出版社,1998年,第16、17页。
② [美]郭颖颐:《中国现代思想中的唯科学主义》,第1页。
③ [美]郭颖颐:《中国现代思想中的唯科学主义》,第9页。

十年代初期在大陆出版后,"唯科学主义"或曰"科学主义"很快就成为诠释"科玄论战"的重要概念。然而,这一概念始终存在着解释力不足和过度诠释的双重缺陷,究其原因,在于忽视了"科学"一词在"科玄论战"中所呈现出的多重内涵,因此,回到论战的具体语境中,分疏"科学"这一观念的不同面向,便成为当务之急。

二、"科学"的三重面向:权势话语、知识论和世界图景

(一)作为权势话语的"科学"

"科玄论战"结束后,汪孟邹将散见于各报纸杂志中的论战文字搜集整理成为一书,名之曰《科学与人生观》,并邀陈独秀和胡适为该书各做一篇序言。胡适在序言中写道:

> 这三十年来,有一个名词在国内几乎做到了无上尊严的地位;无论懂与不懂的人,无论守旧和维新的人,都不敢公然对他表示轻视或戏侮的态度。那个名词就是"科学"。这样几乎全国一致的崇信,究竟有无价值,那是另一问题。我们至少可以说,自从中国讲变法维新以来,没有一个自命为新人物的人敢公然毁谤"科学"的。①

懂科学、了解科学改造世界力量的人,自然会对其有一种崇敬

---

① 胡适:《〈科学与人生观〉序》,见亚东图书馆编《科学与人生观》,中国致公出版社,2009年,第6—7页。

的态度,而不懂科学的人,"都不敢公然对他表示轻视或戏侮的态度",可见"科学"在当时已经具有怎样的权势。

胡适在这段文字后接着写道:"直到民国八九年间梁任公先生发表他的《欧游心影录》,'科学'方才在中国文字里正式受了'破产'的宣告。"梁启超虽然在此书中反思了"科学"在现代欧洲所造成的种种弊病,甚至认为"一战"的爆发在某种程度上就是盲目崇拜科学所带来的恶果,但始终没有喊出"科学破产",所谓"科学破产论",他借着"欧洲人"的嘴才敢说出来:"欧洲人做了一场科学万能的大梦,到如今却叫起科学破产来。"①为了避嫌,还加上两行自注:"读者切勿误会,因此菲薄科学,我绝不承认科学破产,不过也不承认科学万能罢了。"②因《欧游心影录》而被视为玄学派"始作俑者"的梁启超对待科学,也只是不承认其万能罢了,可见科学权势之盛。至于科学"能"在何处,"不能"在哪里,他在后来论战时的《人生观与科学》一文中写道:"人生关涉理智方面的事项,绝对要用科学方法来解决。关于情感方面的事项,绝对的超科学。"③

不懂科学的人也敬畏科学,同时更懂得利用科学的权势作为修辞策略去论证自己的观点,或以"不科学"打压他人。1918年姚明辉在《国立武昌高等师范学校数理学会杂志》上发表《三从义》和《妇顺说》,企图利用数理逻辑的"科学"方法来证明"三从四德"的道德观。"一,阳数,男也;二,阴数,女也。然无一,焉有二?是二

---

① 胡适:《〈科学与人生观〉序》,第7页。
② 胡适:《〈科学与人生观〉序》,第8页。
③ 梁启超:《人生观与科学:对于张丁论战的批评(其一)》,《晨报副刊》,1923年5月29日。

者从一而生。废一则无二矣,此从父之出于数也。"这是在用数字关系来论证"幼从父兄"。"又如一与二相加,则犹男女之相合也,然而不成阴数,是一统二,非二统一,此从夫之出于数也。"①这是在用数字关系论证"嫁从夫"。姚氏这种以论证传统伦理道德合理性为目的的"科学",自然不被新文化派承认,钱玄同评论道:"姚先生这种高深莫测的数学,当然是没有别人懂得的,我们可以不必顾问。只是他所说的'凡言夫妇平权者,岂礼也钦'一句话,倒是一点不错。不过这个什么'礼',已经在一九一一年十月十日给中国'人'陈列到博物馆里去了。"②然而仅仅不过数年时间,曾在新文化运动期间高举"科学"大旗的新文化派代表胡适,便被更年轻更激进的左派青年批判为"不科学"了:"实验主义,从哲学的观点上看来,是一种变相的中世纪式的'烦琐哲学'",其"表面上带着民主主义和似是而非的激进的科学的面具,然而实际上却是十分保守的、专断的、反动的、违反科学精神的"。③

这种作为权势话语和修辞策略的"科学"实际上已经同具体的内容相分离,成为一种增强自我说服力与合法性的工具,以及一种"象征符号",非常接近于郭颖颐所定义的"唯科学主义":"这样,唯科学主义可被看作是一种在与科学本身几乎无关的某些方面利

---

① 姚明辉:《三从义》,《国立武昌高等师范学校数理学会杂志》,1918 年第 2 期,第 159 页。
② 姚明辉、钱玄同:《通信:请看姚明辉的〈三从义〉和〈妇顺说〉》,《新青年》,第六卷第六号。
③ 彭述之:《评胡适之的实验主义与改良主义》,原载《读书杂志》卷二,转引自罗志田《从科学与人生观之争看后五四时期对五四基本理念的反思》,《历史研究》,1999 年第 3 期。

用科学威望的一种倾向。"①然而,上文中罗志田所引述的这段反映科学派"谦逊"的文字如何解释呢?

丁文江曾面告张君劢,"科学的通例是一种事实因果关系的缩写,并不是一成不变的。有了新事实,就可以推翻"。张的反应是"真正出乎意料之外"!他原"不知道科学是如此一文不值",因此还增强了反对科学的信心。胡适晚年回忆说:丁文江这一观念实在"太谦虚了、太不武断了,所以许多人感觉失望,许多人不认得在君说的是'科学'!"②

实际上这段文字不过反映了"科学"在这场论战中所具有的第二重面向,丁文江等人虽裹挟着科学之"话语权势",但若试图驳倒对方,必须拿出充分的理据,在此过程中科学的知识论面向逐渐展开。

(二)作为知识论的"科学"

在"科玄论战"过程中,双方实质上都是从获取知识的方法和知识的构成方式这两个知识论的角度来理解科学的。

张君劢在掀起这场论战的"人生观"演讲中总结出科学的五大特点,这五点皆是从知识论方面理解科学:科学是"客观的","科学

---

① [美]郭颖颐:《中国现代思想中的唯科学主义》,第1页。
② 罗志田:《从科学与人生观之争看后五四时期对五四基本理念的反思》,《历史研究》,1999年第3期。

为因果律所支配",①这两点反映了科学知识的构成方式;"科学之方法有二:一曰演绎的,一曰归纳的"和"科学可以以分析方法下手"②则是从获取知识的方法角度理解科学;而"科学起于对象之相同现象[……]故科学中乃有公例可求"③既揭示了科学知识的"公例"规律性特点,也指示出科学的方法——"求公例"。张氏于论战期间一次题为"科学之评价"的演讲中再次明确了科学的核心就是"公例"与"求公例":"力学上之运动公例,生物学上说的人类进化的渊源,乃至于社会学上社会之原始,都要找出一定的公例来。科学的目的也就在此。"④

科学派方面,丁文江更多从方法的角度来理解科学:"我们所谓科学方法,不外将世界上的事实分起类来,求他们的秩序。等到分类秩序弄明白了,我们再想出一句最简单明白的话来,概括这许多事实,这叫做科学的公例。"他认为"科学万能",实际上就是科学方法的万能:"科学的方法,是辨别事实的真伪,把真事实取出来详细的分类,然后求他们的秩序关系,想一种最单简明了的话来概括他。所以科学的万能,科学的普遍,科学的贯通,不在他的材料,在他的方法。"⑤按此逻辑,胡适的考据方法和爱因斯坦的相对论拥有了同等的"科学"地位:"安因斯坦[爱因斯坦]谈相对论是科学,詹姆士讲心理学是科学,梁任公讲历史研究法,胡适之讲《红楼梦》,

---

① 张君劢:《人生观》,《清华周刊》,1923 年第 272 期,第 5、7 页。
② 张君劢:《人生观》,《清华周刊》,1923 年第 272 期,第 6、7 页。
③ 张君劢:《人生观》,《清华周刊》,1923 年第 272 期,第 8 页。
④ 亚东图书馆编:《科学与人生观》,第 128 页。
⑤ 丁文江:《玄学与科学——评张君劢的〈人生观〉(续)》,《努力周报》,1923 年第 49 期。

也是科学。"①

《孙行者与张君劢》是胡适在论战期间发表的唯一一篇参战文章,文中将张君劢比作孙悟空,将科学比作如来的手掌,认为张君劢就如孙悟空一般永远跳不出科学这个"如来佛"的手掌:

> 我的朋友张君劢近来对于科学家的跋扈,很有点生气。他一只手撚着他稀疏的胡子,一只手向桌上一拍,说道:"赛先生,你有多大的手心!你敢用逻辑先生来网罗'我'吗?老张去也!"说着,他一个觔[筋]斗,就翻出松坡图书馆的大门外去了。
>
> 他这一个觔[筋]斗,虽没有十万八千里,却也够长了!我在几千里外等候他,等了二七一十四天,好容易望着彩云朵朵,瑞气千条,冉冉而来——却原来还只是他的小半截身子!其余的部分,还没有翻过来呢!
>
> 然而我揪住了这翻过来的一截,仔细一看,原来他仍旧不曾跳出赛先生和逻辑先生的手心里!②

接着胡适挑出张君劢"人生观"演讲中的几段文字,指出其中存在着三个矛盾的地方,以此证明张氏始终无法跳出"矛盾律"的范围。且不论胡适认为张君劢矛盾的观点是否真矛盾,指出张的文章有矛盾并不能证明科学可以笼罩人生观,因而论战结束后,胡

---

① 丁文江:《玄学与科学——评张君劢的〈人生观〉(续)》,《努力周报》,1923 年第 49 期。
② 胡适:《孙行者与张君劢》,《努力周报》,1923 年第 53 期。

适自己也承认这篇文章"很不庄重"。不过,从这篇"不庄重"的文章中可以发现,胡适将科学理解为"矛盾律"这样的逻辑规律,实质上乃从知识的构成层面理解科学。科学派方面,王星拱同样从逻辑与知识的构成角度理解科学,他认为:"科学所凭藉[借]以构造起来的,有两个原理:(一)是因果之原理(Causality),(二)是齐一之原理(Uniformity)。"①

对比玄学派代表张君劢和科学派代表丁文江、胡适、王星拱等人对科学之理解,可发现两派人士均倾向于从知识论角度去理解与定义科学。简单说来,两派人士对科学的理解其实十分相似,区别则在于对这种知识论的科学可以笼罩的领域范围之看法,能不能支配人生观,因此两派论战的焦点集中于科学、知识论的效用范围上。

张君劢的"人生观"演讲讨论的就是作为知识论的"科学"可运用的范围问题。他总结了科学的五大特点:客观、为论理的方法所支配、以分析方法下手、为因果律所支配、起于对象之相同现象;而人生观的五个特点正同科学截然相反:主观、起于直觉、以综合方法下手、为自由意志、起于人格之单一性。因此科学方法不能支配人生观:"唯其有此五点,故科学无论如何发达,而人生观问题之解决,决非科学所能为力,唯赖诸人类之自身而已。"②

丁文江反对给"人生观"留出一片不受科学支配的"独立王国",对于张氏所言人生观有"主观、起于直觉、自由意志等"特点因而不受科学支配的言论,他分别从两个方面驳斥之。一是科学方

---

① 王星拱:《科学与人生观》,《努力周报》,1923年第58期。
② 张君劢:《人生观》,《清华周刊》,1923年第272期,第9页。

法层面。他认为科学方法是去伪存真的唯一方法,因此若想获取真实的"人生观",只能依靠科学,"要求是非真伪,除去科学方法,还有甚么方法?"二是科学材料方面。张君劢区别科学与人生观的依据很大程度上在于前者处理的对象、材料有客观的、物质的属性,而后者有主观的、精神的特性。丁文江运用"存疑的唯心论"方法,将一切客观的、物质的事物全部还原为人的自我"感觉",这就是所谓"唯心的"方法:

> 我们之所谓物质,大多数是许多记存的觉官感触,加了一点直接觉官感触。假如我们的觉官的组织是另外一个样子的,我们所谓物质一定也随之而变——譬如在色盲的人眼睛里头蔷薇花是绿的。[……]什么叫做觉官的感触?我拿刀子削铅笔,误削了左手指头,连忙拿右手指去压住他,站起来去找刀创药上。我何以知道手指被削呢?是我的觉神经从左手指通信到我脑经,我的动神经系,又从脑经发令于右手,教他去压住。

丁文江将客观、物质的事物还原为人的"觉官感触","觉官感触"来源于人身体的大脑、神经和外在世界的相互接触,而主观的、精神的事物更是人之大脑与神经的产物,它们并不神奇,没有超越于科学观察之外。因此无论主观、客观还是物质、精神最终都可还原为"感觉材料",这些"感觉材料"全都是科学的材料:

> 所以心理上的内容至为丰富,并不限于同时的直接感触,

和可以直接感触的东西——这种心理上的内容都是科学的材料。我们所晓得的物质,本不过是心理上的觉官感触,由知觉而成概念,由概念而生推论。科学所研究的不外乎这种概念同推论,有什么精神科学、物质科学的分别?又如何可以说纯粹心理上的现象不受科学方法的支配?①

丁文江怀疑人的感官知觉之外还存在着任何"本体"或超越于感官之外的存在,出于谦虚谨慎之考量,没有完全否认这类"本体"存在,而对其采取一种"存而不论"的怀疑态度,是谓"存疑的"。他的批评未能说服张君劢,张氏又撰一文《再论人生观与科学并答丁在君》予以回应。此文的焦点仍在于"科学的范围问题",针对丁文江将一切事物还原为"觉官感触",以"觉官感触"作为科学之材料,遂使"科学万能"的逻辑,张君劢引用康德的观点予以驳斥。康德哲学的主体建立在《纯粹理性批判》《实践理性批判》和《判断力批判》之上,这"三大批判"分别讨论了知识论、伦理学与美学问题。张君劢引用了前两大批判之思想,他认为康德哲学主体分为讨论"学问(纯粹理性)"和"人生(实行理性)"两大部分。康德在讨论"学问"之部分将知识来源划分为两大部分:一部分是感觉,即丁文江所谓的"觉官感触";另一部分是独立于感觉之外的"先验范畴",它们将感觉整合成判断,张君劢称其为推理的"标准":"盖人类之于世界,既已以辨真伪求秩序为唯一要义,则与生俱来者,必有一种辨真伪求秩序之标准。此标准为何,即论理的意义也。前既言

---

① 丁文江:《玄学与科学——评张君劢的〈人生观〉》,《努力周报》,1923 年第 48 期。

之,假令但有感觉,则即欲求感觉而亦终于不可能。唯其不仅有感觉,而又有意义,故能分别感觉之彼此。然更进一步言之,真伪之意义既含于感觉之中,至于推理亦有一定之标准否?曰:有,是为康德之先天综合判断说。[……]康德曰,不然,平日经验之所得,是为官觉之所接触,然伏于官觉接触之后者,必有理性之作用,因果相生者,乃理性上之概念也。"①

张君劢在这篇答辩文中,除了力证知识有超越于"觉官感触"的来源,还坚持自己在"人生观"演讲中将科学分为"物质科学"与"精神科学"的二分法,并进一步细分,讨论了物理学、生物学与心理学三者的区别,"然不知死物自死物(物理学),活物自活物(生物学),活物之中,又有心理现象(心理学);故物理学、生物学、心理学之区别,乃科学之鸿沟,而不容抹杀者也"。② 概而言之,物理学处理的是"死物质",因而科学家容易取得公例上的统一,可视为典型的"科学主宰"领域,"[……]近年以来,则有爱因斯坦之说。虽其公例之适用范围有不同,然奈端[牛顿]公例之至今犹能适用,一切物理学家所公认者也。由此观之,可知物理学之公例,其不易动摇为何如";③而生物科学因为研究的是"有生之物",所以其更难取得公例上的统一,张君劢承认生物学是科学,但认为比之物理学,其"科学价值"相对较低,不能被彻底统一为相同的"公例","我所以引此段,并非证生物学之不能成科学。以我所确认者,关于物质者,必有公例可求,有公例,则自可以成为科学。故生物学当然不

---

① 亚东图书馆编:《科学与人生观》,第37页。
② 亚东图书馆编:《科学与人生观》,第22页。
③ 亚东图书馆编:《科学与人生观》,第23页。

能与人生观并论。而吾所以举杜氏言者,凡以明生物学上之进化论,除在君之武断的科学家外,鲜有认为既已解决者";①心理学因为处理的是人的"心理现象",所以比之于生物学,科学程度更低,"故以我观之,心理学岂特不能比确实科学,亦视生物学又下一等矣"。综上所述,张君劢承认在物理学领域,"科学万能",但在生物学与心理学领域,科学并没有实现彻底的支配:

> 物理学、生物学、心理学三者,根本科学也。物理学本为我所承认之确实科学,无待在君之正告外,若夫生物学之进化论是否已为科学所抢去(抢字用丁语),心理学是否为科学所抢去,就以上所言观之,已属甚明。故我即让一步,承认在君所谓知识界与非知识界之分(其详见后),试问知识界如生物学心理学中科学万能四字(丁语),其已实现耶?其未实现耶?请在君有以语我。②

自1923年2月,张君劢于清华大学发表"人生观"演讲,丁文江于同年4月发表《玄学与科学——评张君劢的〈人生观〉》一文予以批驳,张君劢遂撰成答辩文《再论人生观与科学并答丁在君》以来,"科玄论战"算是正式展开。不久,梁启超发布《关于玄学科学论战之"战时国际公法"——暂时局外中立人梁启超宣言》,颁布了两条"论战公法",开始自觉地规范引导论战走向:"第一:我希望问题集中一点,而且针锋相对,剪除枝叶。倘若因一问题引起别问

---

① 亚东图书馆编:《科学与人生观》,第25页。
② 亚东图书馆编:《科学与人生观》,第26页。

题,宁可别为专篇,更端讨论。[……]第二:我希望措词庄重恳挚,万不可有嘲笑或谩骂语。倘若一方面偶然不检,也希望他方面别要效尤。"①随着胡适、任鸿隽、林宰平等愈来愈多的人加入论战,这场论战的规模也逐渐扩大并逐渐呈现出以下三大特点:

其一,因科玄两派皆从知识论角度理解"科学",因此双方对于科学的定义并无太大分歧,争论焦点始终集中于科学方法的范围之上。胡适相信作为科学知识重要构成的"因果律"与"矛盾律"可以支配人生观:"张君劢翻了二七一十四天的觔[筋]斗,原来始终不曾脱离逻辑先生的一件小小法宝——矛盾律——的笼罩之下!"②任鸿隽承认科学有其界限,笼统的思想、未经分析的事实非科学所能支配,但科学的任务就在分析及弄清这些思想与事实,因而"人生观若就是一个笼统的观念,自然不在科学范围以内。若分析起来,有一大部分或全部分,都可以用科学方法去变更或解决"。③孙伏园认为科学可以影响但不能支配人生观:"再说,人生观受科学影响与受科学支配并不是一件事。如果人生观是思想方面的东西,那么我替他要求绝对的自由。如果凡属思想都要受科学的支配,那么许多文学美术上极有价值的空想,都要宣告死刑了。如果各个人的人生观都要统一起来,那么思想没有自由发展的余地,人生只是呆板的干燥的单调的动物生活罢了。"④梁启超以"中立者"身份颁布"战时国际公法"后不久,耐不住技痒,以一篇

---

① 亚东图书馆编:《科学与人生观》,第60页。
② 亚东图书馆编:《科学与人生观》,第63页。
③ 亚东图书馆编:《科学与人生观》,第68页。
④ 亚东图书馆编:《科学与人生观》,第70页。

《人生观与科学》加入论战,并站在张君劢一边,反对科学万能,"我把我极粗浅极凡庸的意见总括起来,就是:人生关涉理智方面的事项,绝对要用科学方法来解决。关于情感方面的事项,绝对的超科学"。① 梁启超认为人的"情感"方面可以超越科学,实质上代表了很多"玄学派"人士的看法。他们通常承认科学对于"死"的物质世界有决定作用,但难以想象机械化的科学会支配人类活泼泼的瞬息万变的"情感"世界。张君劢不承认心理学有"确实科学"之地位,便基于同样理由。科学派意识到对手将"情感"与研究人类情感的"心理学"作为抵抗"科学万能"的堡垒,就将进攻火力大多集中于此堡垒上,因而论战呈现出第二大特点——关于"情感"或"心理学"能否为科学方法所支配成为论战焦点中的焦点。

杰出的心理学家唐钺以《心理现象与因果律》一文加入论战,正式将心理学问题置入论战核心。此文分为前论、本论与结论三部分。前论定义了因果律与心理现象的性质。"我所谓因果律,就是说:一切现象,都有原因。比方我们遇了甲现象,随后就有乙现象发生;如没有甲,乙就不会发生;那么,我们就说,甲是乙的因。〔……〕但是无论如何,我们可以说,因果的关系,不过是可以互从推知的意思。换言之,遇甲现象发生,知道乙也要发生;见甲现象到某程度,就知道乙现象到某相当的程度。"② 这是"因果律"的性质。而心理现象就是"凡通常所谓非物质的现象,如感情意志之类"。③ 本论从八个方面批评"无因论者",从而证明"一切心理现

---

① 亚东图书馆编:《科学与人生观》,第 75 页。
② 亚东图书馆编:《科学与人生观》,第 122 页。
③ 亚东图书馆编:《科学与人生观》,第 123 页。

象是有因的"。一切心理现象的"因"就是产生这些现象的神经系统,"人生观"作为心理现象的一种,它的"因"同样是神经系统:"人生观不过是一个人对于世界万物同人类的态度,这种态度是随着一个人神经构造、经验、知识等而变的。神经构造等就是人生观之因。"①结论部分再次强调:"一切心理现象都是有因的。这句话可信的程度,同'一切物质现象都是有因的'那句话的可信的程度相等。"②唐钺通过将人的一切心理现象还原为其"神经构造"的产物,证明心理现象皆有其"因",因此受到因果律的支配;而因果律是"科学"的重要组成部分,最终证明科学可以支配心理现象,心理学是科学的一部分。如果说此文是唐钺针对张君劢将心理学独立于科学的观点所发,那么《一个痴人的说梦——情感真是超科学的吗?》一文则是为驳斥梁启超"关于感情方面的事项,绝对的超科学"之观点所作。梁启超在《人生观与科学》一文中批判丁文江"科学万能"的观点,认为"情感"与"爱"带有神秘性,可谓"玄之又玄"。③唐钺则指出"现代的心理学及心病学已经证明个人的恋爱是受他的气质,已往经验,及现在环境所制约的",④丝毫也不玄妙。王星拱赞同唐钺的看法,同样认为"意志自由""感情神秘"这些事物皆为科学所支配,"科学是凭藉[借]因果和齐一两个原理而构造起来的;人生问题无论为生命之观念,或生活之态度,都不能逃出这两个原理的金刚圈,所以科学可以解决人生问题"。⑤ 哲学家范

---

① 亚东图书馆编:《科学与人生观》,第126页。
② 亚东图书馆编:《科学与人生观》,第127页。
③ 亚东图书馆编:《科学与人生观》,第75页。
④ 亚东图书馆编:《科学与人生观》,第160页。
⑤ 亚东图书馆编:《科学与人生观》,第168页。

寿康坚持伦理规范、"人生观"有它们先天的一部分,"先天的形式是由主观的直觉而得,决不是科学所能干涉"。① 他反对唐钺和王星拱的因果律可支配人的情感与意志之说:"就生命之观念而论,他[王星拱]以为生物活动和无机界之活动没有根本的区别;就生活之态度而论,他以为意志毫不自由,全受因果律之支配。但是照我所见,这二点却不是这样容易能够速断的问题。生命和意志问题实是自古迄今尚未解决的谜。我们如果能够断定意志毫不自由,生命全无意义,那么,人生不是变做一种机械,试问人类社会里还有什么道德可言,什么责任可讲呢?"②

玄学派和科学派将论战焦点集中于"心理学"领域,双方皆引证有利于自己的"心理学"学说作为己方进攻之"弹药",在此过程中难免曲解原意,引起了专业心理学家的不满。心理学家陆志韦率先表达了这种不满之情:"科学与玄学的冲突,心理学者看了大不高兴。因为我们为哲学做'走狗'的人实在左右做'狗'难。在他们原或不过无的放矢,然而我们在乱箭之下变了死狗,'玄学鬼'与'科学精'恐怕还不肯放松我们。我们苦得冤枉啊!"③陆志韦将心理学者比喻为论战中乱箭之下的"死狗",形象表达出对于论战双方将心理学理论妄加篡引与歪曲之不满。他尖锐地指出张君劢和丁文江二人都不懂心理学:

丁在君先生所说的心理学完全不是张君劢先生所说的心

---

① 亚东图书馆编:《科学与人生观》,第191页。
② 亚东图书馆编:《科学与人生观》,第188页。
③ 亚东图书馆编:《科学与人生观》,第147页。

理学。一是唯感觉主义的哲学家的口头禅。丁先生明说是 Pearson[卡尔·皮尔逊,英国统计学家]传授的。Pearson 我们不承认是心理学家。丁先生引了几句 Mach[马赫,奥地利物理学家、心理学家]的话,丁先生的主张,Mach 未必都能赞同。这是一方面。

又一方面张先生的心理学,看来他的位置介乎 Brentano[布伦塔诺,德国哲学家、心理学家]与 Wurzburg 学派[Würzburg School,即维尔茨堡学派]之间。这种学派原不无一部分的势力(杜里舒[Hans Driesch,德国哲学家]也是一个崇拜者),然而决不能代表一切心理学;就是 Wurzburg 派间接的老祖师尚有"非我徒也,小子鸣鼓而攻之可也"的气话。

所以两先生的心理学都是一偏之见。而且你在这一边,他在那一边;你穿上心理学的胄甲,我举起心理学的盾牌,原来所争的都不是那一回事。心理学只算得三十六着中最后一着的护身符。丁先生呼心理学说,"走狗来",走狗有时偏不来,于是破口说,"你也造反了,你这哲学的走狗"。张先生把心理狗头上拍了两拍,"好狗好狗"。

我们胆大的说:两先生都没有了解心理学。我们再硬着头皮说:他们原不必牵涉心理学。①

陆志韦这番批判,一方面指出丁、张二人缺乏专业的心理学素养,往往只是为了论战需要,剪裁他人的观点,因而对心理学多有

---

① 亚东图书馆编:《科学与人生观》,第147页。

误解之处;另一方面也客观揭示出这场论战的第三大特点:论战双方大量引用了西方思想家的观点。

"科玄论战"双方大量引用西方思想家的观点,以致一场发生于中国的论战大有演变成西方各种思想之论战的趋势。事实上早在陆志韦指出丁、张二人大量袭用皮尔逊、马赫、布伦塔诺等人思想之前,丁文江于《玄学与科学——评张君劢的〈人生观〉》一文中即开始讽刺张君劢袭取柏格森的观点,并引用胡适、罗素之言论,顺便将柏格森也批判一番:

> 况且张君劢的人生观,一部分是从玄学大家柏格森化出来的。对于柏格森哲学的评论,读者可以看胡适之的《五十年来世界之哲学》。他的态度很是公允,然而他也说他是"盲目冲动"。罗素在北京时候,听说有人要请柏格森到中国来演讲,即对我说,"我很奇怪你们为什么要请柏格森。他的盛名是骗巴黎的时髦妇人得来的。他对于哲学可谓毫无贡献;同行的人都很看不起他"。①

对于丁文江指责自己"袭取"柏格森思想,张君劢坦然予以承认,并反唇相讥道,丁文江也只是袭取"皮尔生"的观点罢了:"在君之言曰:'今之君子……以其袭而取之易也。'此言也,在君之所以责当世者。乃读其所谓科学的知识论,无一语非英人皮耳生(K. Pearson)之言,故君子之袭取,正在君之所以自谥也。"②张君劢进

---

① 亚东图书馆编:《科学与人生观》,第12—13页。
② 亚东图书馆编:《科学与人生观》,第34—35页。

一步指出,这种袭取西人的做法在当时中国学界实在是普遍至极,"我实告在君,今国中号为学问家者,何一人能真有所发明,大家皆抄袭外人之言耳。各人读书,各取其性之所近者,从而主张之。然同为抄袭,而有不抄袭者在,以各人可以自由选择也。适之何尝不抄袭杜威?共产党何尝不抄袭马克思?以吾观之,即令抄袭,不足为病。唯在君既已标榜不袭取主义,而其文字不顾他人之版权至于如是,则我不能不为在君惜耳"。①

"大家皆抄袭外人耳",张君劢这一针对当时学界状况所下之判断,虽略有武断之嫌,但若观之整场论战过程,无论是科学派还是玄学派,确实皆大量引用外人之观点。究其原因,在于双方从知识论角度理解科学,讨论的问题大多集中于科学知识的来源及构成,而当时绝大多数中国知识分子尚处在对"科学"的认识与学习阶段,尚没有能力从知识论或科学哲学的角度对科学知识的来源与构成提出自己独到的见解与反思,因此论及相关问题只能直接摘引西方思想家的相应观点。这就使得一场发生于中国知识界的论战成了西方各派思想的交锋,一方面,或因理解不准确或因论战需要有意歪曲,双方对于外人思想之摘引、挪用常成为方家讥讽、嘲笑之对象;另一方面,即使对于外人思想恭敬地精确转引,却也因原有思想并不符合论战语境,而有离题万里之嫌,最后给观战者造成论战双方"下笔千言,离题万里""令人看了好像是《科学概论讲义》,不容易看出他们和张君劢的争点究竟是什么。张君劢那边离开争点之枝叶更加倍之多,这乃一场辩论的最大遗憾"②之观感。

---

① 亚东图书馆编:《科学与人生观》,第35—36页。
② 陈独秀:《〈科学与人生观〉序》,见亚东图书馆编《科学与人生观》,第1页。

按常理而言,在一场关乎"科学"的论战中,双方将笔墨集中于"科学概念"之上,使得论战的文字像"科学概论讲义",也并无不妥之处,毕竟这份"讲义"若辩明了"科学"是什么,远算不上"下笔千言,离题万里"。显然,作为观战者的陈独秀之所以有此种观感,原因在于他认为论战双方并没有切中"科学"之要义。而作为参战者的胡适在晚年认为,丁文江"不幸提出了'科学的知识论'问题,结果'把本题岔到别的问题上去了'",①同样意味着在他看来"科学的知识论"并不能算正题。如果作为知识论的"科学"并非当时国人所应关注的首要问题,那么在胡适和陈独秀看来,"科学"应该是什么呢?"科玄论战"应该解决的又是什么问题呢?

(三)作为世界图景的"科学"

罗志田敏锐地指出,在胡适、陈独秀等"五四"一代知识分子看来,"科学"某种程度上等同于"天演论""进化论":

> "科学"的概念本身是一个发展中的变量。我们今日提到"科学",首先联想到的大概是数理化一类学科;但五四人更注意的是科学的"精神"和"方法",而且这些"精神"和"方法"其实多来自生物进化论(对多数人来说恐怕意味着严复版的"天演论"而已),又渐成为抽象的精神和广义的方法,特别与理化等具体学科的研究方法有距离。这大概即是科学与人生观之

---

① 罗志田:《从科学与人生观之争看后五四时期对五四基本理念的反思》,《历史研究》,1999年第3期。

争时许多人下意识中那不言的"科学",其与"格致"一线之科学发展的关联反而是相对松散的。①

这种"下意识中的"科学观念,将"进化论"等同于"科学"的意识产生了两点后果:其一,欧战的残酷与血腥动摇了乐观主义的社会进化观念,因而也使得"科学"遭到质疑,某种程度上助长了"科学破产"的舆论与思想氛围;其二,将"进化"视为价值评判标准,因而崇尚"新",以最新潮的为最好的,如罗志田以张君劢为例,指出张氏在论战中通过一再强调自己最能追随欧洲思潮,自己引用的思想比丁文江更"新"来增强自己论点的说服力。②

"五四"一代知识分子大多从"天演论"的角度去理解"科学"不假,但并非如罗志田所言将这种"天演论"式的科学简单视为"方法"或抽象的"精神",而是看作一种更为广阔的世界图景,如第一章所描述的,天演论将一个天理流行、仁义充沛的世界图景转化为一个只遵守"物竞天择,适者生存"之公理,强力互相竞争,毫无道

---

① 罗志田:《从科学与人生观之争看后五四时期对五四基本理念的反思》,《历史研究》,1999年第3期。
② "在与丁文江争论时张君劢多次强调他比丁文江更新,更能追随欧洲思潮。他认为'近三百年之欧洲,以信理智信物质之过度,极于欧战,乃成今日之大反动'。但欧洲玄学思潮从十九世纪末已开始兴起,故他以'新玄学时代'来称谓近'二三十年之欧洲思潮',并声明这样的新玄学是与此前旧玄学(注意仍是欧洲的)有区别的。张君劢先说,科学能否支配人生这一问题,'自十九世纪之末,欧美人始有怀疑之者,今尚为一种新说',故丁文江不知。后又说,'以人生观为可以理智剖解、可以论理方法支配,数十年前或有如在君之所深信者,今则已无一人矣'。正由于欧美思潮的转变,今日'欲以机械主义支配吾国之思想界,此必不可得者矣'。"参见罗志田《从科学与人生观之争看后五四时期对五四基本理念的反思》,《历史研究》,1999年第3期。

德可言的世界图景。天演论或广而言之的"科学",其作为世界图景的最大特点就是祛除了"世界"与传统的种种超越存在者——神、道、(人格化的)天之间的联系,将所谓"天意秩序"转化为一种机械化的缺乏目的性与价值内涵的世界图景。人作为世界的一部分,与相应世界图景紧密相关的自我认知也随之发生了重要转变。第一章将这种改变概括为传统"自我"丧失了内在深度与外在广度,形成了感官主义、功利主义的个体自我观。如果说在清末民初,这种自我认知还以"自在状态"隐含于时人的言内言外、字里行间中,那么到了"科玄论战"之时,则明显步入了"自为阶段"。

在第一篇对张君劢发难的文章中,丁文江即指出,"我"从根本上来说就是感官触觉的复合体,并不存在超越于感官之外的"我":

> 因为他们以觉官感触为我们知道物体唯一的方法,物体的概念为心理上的现象,所以说是唯心。觉官感触的外界,自觉的后面,有没有物,物体本质是什么东西?他们都认为不知,应该存而不论,所以说是存疑。他们是玄学家最大的敌人,因为玄学家吃饭的家伙,就是存疑唯心论者所认为不可知的,存而不论的,离心理而独立的本体。这种不可思议的东西,柏克莱[贝克莱](Berkeley)叫他为上帝;康德、叔本华叫他为意向;布虚那[毕希纳](Buchner)叫他为物质;克列福(Clifford)叫他为心理质;张君劢叫他为我。①

----

① 亚东图书馆编:《科学与人生观》,第 11 页。

在后来的答辩文《玄学与科学——答张君劢》中,丁文江进一步阐明了自己的"自我观":

> 马哈[马赫]说感觉是知识的原质:声、色、温度、压力、空间、时间等等联想起来成功许多复杂体。其中比较永久的现象深印于记忆,发表于语言,成功了我们所谓的"物"。记忆同情感所成功的复杂体,联合到一个特别的物!我们的身体上面,就成功了"我"。

丁文江的自我观很明显受到马赫的影响,即将"我"视为同"物"区别不大的感官复合体,如果说二者有区别,也只在于"我"有趋利避害的本能:"物同'我'都是同样原质(感觉)所成功的复杂体,所以物同'我'没有一个明显的,一定的,普遍的界限。把与苦乐最有密切关系的原质联合起来,做成功一个理想的单位——'我'——是避苦求乐的人类的天性,是一种实际上很有用的假说,然而为求真理起见,这种观念不但无益而且有害。"[①]如果说"五四"时期的高一涵、李亦民等人只是有感于自我丧失了超越性价值内涵,而将其视为单纯的感官载体,那么此时的丁文江则自觉从科学角度论证"自我"即为感官复合物,别无任何道德性、精神性内涵。丁文江还担心自己以某派哲学观点为依据的论证显得不够"科学",又引生物学、心理学的科学成果为论据:

---

① 亚东图书馆编:《科学与人生观》,第114页。

况且无论我们相信那一派的哲学，只要我们不是完全不理会生物学同心理学所得的结果，我们决不能相信有超物质而上的精神，与外相隔绝的内，或是离非我而独立的我。喝几杯烧酒，我就会得胡说；嗅几把淡养，我就会得狂喜；饮食消化太慢，我就会得烦躁；内腺分泌失常，我就会得恐惧；上了麻醉药，我的"精神"、"内"，同"我"就都不知去向。①

丁文江这套论证逻辑是非常典型的自然主义还原论，即将复杂的人类思想、行为还原到简单的生物学动机或原因层次。实际上进化论不仅阐明了竞争、进步等原则，其本质也是还原论：

据我们所晓得的，达尔文的学说，虽经过了若干修正及改革，进化论的原理，却是无人能反对的。进化论发明之后，所生的人生观的影响，至少有下列几件：第一是表明人类在自然界的位置，第二是打破宗教上的创造说和玄学上的前定论，第三是张君所举的生存竞争论。②

任鸿隽在论战中指出进化论的这三点重要影响，前两点皆源于进化论之还原论特质，即将传统观念中上帝所造的分有神性的万物之灵还原为动物性的猿猴后代，将原属于自我的精神性特质还原为非我的进化之过程。这种还原论思路同样体现在陈独秀与胡适给论战所写的评论总结文章中。陈独秀写道：

---

① 亚东图书馆编：《科学与人生观》，第115页。
② 亚东图书馆编：《科学与人生观》，第66页。

什么先天的形式,什么良心,什么直觉,什么自由意志,一概都是生活状况不同的各时代各民族之社会的暗示所铸而成:一个人生在印度婆罗门家,自然不愿意杀人,他若生在非洲酋长家,自然以多杀为无上荣誉;一个女子生在中国阀阅之家,自然以贞节为他的义务,他若生在意大利,会以多获面首夸示其群;西洋人见中国人赤膊对女子则骇然,中国人见西洋人用字纸揩粪则惊讶;匈奴可汗父死遂妻其母,满族初入中国不知汉人礼俗,皇太后再嫁其夫弟而不以为耻;中国人以厚葬其亲为孝,而蛮族有委亲尸于山野以被鸟兽所噬为荣幸者;欧美妇女每当稠人广众吻其所亲,而以为人妾为奇耻大辱;中国妇人每以得为贵人之妾为荣幸,而当众接吻虽娼妓亦羞为之。由此看来,世界上那里真有什么良心,什么直觉,什么自由意志!①

陈独秀通过列举不同文化中道德标准的极大差异,试图证明根本就没有一个独立于社会而存在于自我之中的良心与直觉,所谓为我所有的良心、道德感只不过是不同社会文化影响之下的产物。推而论之,"自我"本身完全可以视为变动中的不同社会的、历史因素所建构的产物,因此也为社会、历史环境所决定:"我们相信只有客观的物质原因可以变动社会,可以解释历史,可以支配人生观,这便是'唯物的历史观'。"②还原论最终走向了决定论。

---

① 陈独秀:《〈科学与人生观〉序》,见亚东图书馆编:《科学与人生观》,第4—5页。
② 亚东图书馆编:《科学与人生观》,第5页。

不同于陈独秀的"社会历史还原论",胡适更倾向于一种"自然主义还原论":

> 在那个自然主义的宇宙里,在那无穷之大的空间里,在那无穷之长的时间里,这个平均高五尺六寸,上寿不过百年的两手动物——人——真是一个藐乎其小的微生物了。在那个自然主义的宇宙里,天行是有常度的,物变是有自然法则的,因果的大法支配着他——人——的一切生活,生存竞争的惨剧鞭策着他的一切行为——这个两手动物的自由真是很有限的了。①

由此可见,在陈独秀、胡适等人看来,"科学"不仅是方法、精神,更是一种世界图景,此图景丧失了一切超越内涵,没有神秘或不可思议之处存在,一切皆可还原为物质性的元素,这些元素为自然法则或"唯物的历史观"这样的社会法则所支配。作为该图景的一部分,自我同样可以被还原为社会历史的偶然造物,或是上寿不过百年的两手动物,并为历史规律或自然法则所支配,因而彻底丧失了自由意志。显然,将科学视为世界图景的陈、胡二人不会满意论战的参与者们纠缠于"科学的知识论""心理学是不是科学"这样琐碎的话题,在他们看来,这些争论丝毫无助于解决同科学世界图景密切相连的问题——如何建立与这一新图景相适应的"科学的人生观"。

---

① 胡适:《〈科学与人生观〉序》,见亚东图书馆编《科学与人生观》,第16—17页。

陈独秀信仰历史唯物主义,认为人生观只是不同社会发展阶段下,为特定生产力水平所决定的产物,"我们相信只有客观的物质原因可以变动社会,可以解释历史,可以支配人生观,这便是'唯物的历史观'"。① 相对于物质原因,人生观处于从属地位,因此陈并无兴趣具体阐释什么是"科学的人生观",而对如何"科学"地解释历史、改造社会感兴趣。胡适倒是在《科学与人生观》一书的序言中提出了十点"新人生观"的轮廓,②不过这三百余字的篇幅概括起来不外乎三点:一、总结了一个科学的世界图景,空间无穷大,时间无穷长,宇宙间没有超自然的主宰,生物间竞争残酷,丝毫无道德内涵——"好生之德"可言;二、人类是生物的一种,人的心理现象与社会现象都是有原因的,可以科学地解释;三、个人有限,人类无穷,要将替人类社会做出自己的贡献作为人生目标。相较而言,吴稚晖在《一个新信仰的宇宙观及人生观》一文中阐释的一种新的人生观更加详细具体,吴本人或因谦虚或因戏谑没有自称"科学的人生观",然胡适却给予其极高的评价:

> 拥护科学先生们!你们以后的作战,请先研究是吴稚晖的"新信仰的宇宙观及人生观":完全赞成他的,请准备替他辩护,像赫胥黎替达尔文辩护一样。不能完全赞成他的,请提出修正案,像后来的生物学者修正达尔文主义一样。③

---

① 陈独秀:《〈科学与人生观〉序》,见亚东图书馆编《科学与人生观》,第5页。
② 胡适:《〈科学与人生观〉序》,见亚东图书馆编《科学与人生观》,第16页。
③ 亚东图书馆编:《科学与人生观》,第14页。

拥护"科学"的人要么替吴稚晖的人生观辩护，要么继承修改，胡适实际上已经赞同吴稚晖提出的人生观为"科学的人生观"，那么这种人生观有何特点呢？

三、科学派人生观之典型：吴稚晖的"科学的人生观"

吴稚晖《一个新信仰的宇宙观及人生观》一文发表于1923年底，时值论战末期，这篇文章总结回应了论战双方的主要论点，并首次提出了新的较为完整的宇宙观与人生观，因而胡适会有"从此以后，科学与人生观的战线上的押阵老将吴先生要倒转来做先锋了"之评语。

此文总结了"科玄论战"，但其讨论的问题范围大于单一一次论战，吴稚晖自述文章动机时写道："我这篇文章的动机，虽已酝酿了五年，最简单的几句话，也尝看见了什么朋友，都扯着乱谈。本来以为写也好，不写也好。自从有什么新文化运动，中国人谈宇宙观人生观的日多（文学家的，照例可以信口开河，不能与之计较者除外）。接着有什么东方文明，西方文明，物质文明，于是谈着宇宙观人生观的更多。虽然学问是愈闹愈进步，可是，头脑却愈闹愈昏钝。"①

可见吴稚晖构思此文始于1918年新文化运动时期，其所关心和讨论的问题继承了"五四"时期东西文化比较等内容，实际上文中还具体回应了梁漱溟在《东西文化及其哲学》一书中所提出的观

---

① 亚东图书馆编：《科学与人生观》，第209页。

点。这篇近6万字的长文,内容十分丰富,汪晖曾从反传统主义科学观、通俗化的形式与常识批判、"反理学"还是"新理学"的角度探讨过此文,认为文章表明"吴稚晖的确是反理学的,但他是用一种新理学来反抗和替代旧理学:他把宇宙的物质特性作为规则抽象出来,要求人们服从它的指导与制约,从而以最为明确而简单的方式将天理世界观替换为公理世界观"。① 汪晖的研究体现了他丰富的学术想象力,笔者无意效仿,本研究紧扣吴稚晖与"科玄论战"的关系,从"修辞术"、宇宙观与人生观三个角度考察《一个新信仰的宇宙观及人生观》。

(一)吴稚晖的"修辞术"

这篇文章给人的第一印象极可能是其独特的文风,"我做这篇文章,是拿着乡下老头靠在'柴积'上,晒'日黄',说闲空的态度,来点化我,超度我,解释我自己的一霎那的"。② 吴稚晖在文章开头即表明了其写作此文的态度,在后面的行文过程中也多以乡下老头口吻,嬉笑怒骂,臧否人物:"我固然不配讲什么哲理,我老实也很谬妄的看不起那配式子,搬字眼,弄得自己也头晕脑胀的哲学。他的结局,止把那麻醉性的呓语,你骗我,我骗你,又加上好名词,叫他是超理智的玄谈;你敬我,我敬你,叫做什么佛学,什么老学,什么孔学、道学,什么希腊派,什么经院派,什么经验派,理性派,批判派等等,串多少把式,掉多少枪花。他的起初,想也不过求个满意

---

① 汪晖:《现代中国思想的兴起》,(下卷 第二部),第1279页。
② 亚东图书馆编:《科学与人生观》,第199页。

的信仰。"①汪晖认为,吴稚晖采取这种通俗化的文风是为了把有待探索的"科学"转变为毋庸置疑的"常识",从而确立科学话语在日常生活中的支配地位:"文学化的写作方式把科学、理性转变为'常识',实际上也就是把探讨真理的过程和方法——其方向和结果是有待证实的未知数——转变为确凿无疑的事实;在人们的广泛的应用过程中,常识是不需要进行反思和检验的出发点和依据。"②"传播一种新的信仰这一事件本身就意味着诉诸公众而不是理性,其目的从一开始就不是追求真理,而是灌输常识,吴稚晖的通俗易懂、幽默风趣的文体正是'布道'的适当形式。"③这一观点有一定解释力,但是若进一步考察,便会发现吴稚晖的文风已不是"通俗"所能形容,他甚至有意识地使用一些粗鄙的类比与意象去阐发自己的观点:

> 所以他腐烂了,或割除了,亦便冥然罔觉。一位个人的宇宙,便算终了。几千几百个蛆虫的宇宙,从而开始。那里有许多闲空的堆房,去存贮许多"得意精虫"(人)的灵魂。④
> 所以叫精虫是无用,老僧摇头不敢答。但是一英方寸肺痨病的痰,可含痨病虫二百兆尾[……]姑且瞎说算精虫大上痨病虫五倍。如此,每与"老妻敦伦"一次,泄露半茶杯的原精,够算五英方寸。也是二百兆尾。倘个个精虫都要出世,止

---

① 亚东图书馆编:《科学与人生观》,第199页。
② 汪晖:《现代中国思想的兴起》,(下卷 第二部),第1251—1252页。
③ 汪晖:《现代中国思想的兴起》,(下卷 第二部),第1259页。
④ 亚东图书馆编:《科学与人生观》,第211页。

要某三爷同某三太太两回团圆,就可以把全国四百兆百姓流放南北两极,尽叫他的少爷来补充。[……]可惜据说某三太太的孕蛋,每回止有一个,至多两个或三个。所以某三爷的每次化用的精虫,倒有一百九十九兆九十九万九千九百九十七枚,化给冤大头身上了。①

以上两段,第一段为了说明并没有超越肉体的"灵魂"或类似精神存在,第二段为了说明自然界生物圈呈现出的合理性,"于是宇宙万有,各自有得刚刚恰好,便叫至真、极美、最善、漆黑一团先生就要改名精致玻璃花球了"。这两段话阐述的道理并不复杂,若真如汪晖所言,为了普及常识,通俗易懂,那么完全可以采取一种明白、晓畅而又干净的大白话(类似胡适的白话文),吴稚晖却用蛆虫、精虫、痰液、痨病虫等让人读来不快,又容易产生恶心、龌龊联想的东西作为例子,可想而知,其独特的修辞手段另有目的。联系此文的语境,目的并不难发现。吴稚晖作此文并非简单面对大众普及常识,而是作为一个科学卫道士,有意同梁漱溟、张君劢等玄学派人士论战:玄学派强调人的精神层面,吴稚晖就有意强调人生来不过是精虫所化,死去亦为蛆虫所噬;玄学派喜谈自然、宇宙的道德内涵,吴稚晖就展示自然令人恶心、龌龊的痰液,痨病虫一面。这种粗鄙、戏谑的文风,对玄学派喜好的高雅论题确有解构之效,其对梁漱溟"人生三路向"的戏仿,令人忍俊不禁的同时又别有深思:

---

① 亚东图书馆编:《科学与人生观》,第226页。

（甲）他说很有趣的呀！我们本来嫌闷死，才来这样变换。换不好他么，我抵死也不相信。就是换不到顶好，常换一个较好，也就很够消遣了。

（乙）他说算了罢！多大的失望。要这样的麻烦死了我，还不如闷死了我，什么能叫做较好，值得我来忙。便做到了顶好，那时节一动都不好动了。五光十色，都像嵌在玻璃球里一样，不依旧闷死么。有勇气，何尝不可连那听不到、看不见、闻不出、摸不着的一个境界，索性也牺牲了。

（丙）他说，不要高兴，亦不要太烦恼，我来折中，我来折中。什么叫做真美善，与其毕竟达不到，不如说"苟真矣"，"苟美矣"，"苟善矣"，我说达到，便算达到，岂不停当？他又摇头吟哦曰："他人骑马我骑驴，仔细想来终不如，蓦地回头挑担汉，……"①

甲、乙、丙分别对应梁漱溟所谓的向前路向的西方文化、向后路向的印度文化与折中路向的中国文化，若对梁氏思想缺乏深入系统理解，表面看来和吴稚晖的戏论别无二致。

除了讽刺玄学派，用粗鄙的话语论述那些原本严肃、高雅的话题，在修辞效果上起到了将高雅、神圣之物还原到粗陋、庸常之物的效果，例如将"万物之灵"的人类还原为"精虫"，将男女之间的原本神圣的爱情还原为"精虫孕蛋欲厮并"：

---

① 亚东图书馆编：《科学与人生观》，第213页。

二就同死之情人言：精虫孕蛋因絪缊而欲醇化，以图厮并，冀造其小宇宙，常常至为热烈。故无论夫妇情人，凡为性欲之情感所用，即有抟起两块泥，造成一个我，造成一个你，再把并合了，再造一个我，再造一个你，你中便有我，我中便有你之概。[……]因此神工鬼斧的大文豪，亦遂借此"至情"造其至文。有人讥议，必吐之为伧矣。其实我来拆破板壁说亮话，无非精虫孕蛋欲厮并混合之度至强，因此感得他们贮藏的两个瓶子，亦想厮并混合，如是而已。①

将爱情视为精子、卵子间的合并冲动，将热恋中的男女比作储存精卵的瓶子，这非常典型地体现了吴稚晖粗鄙化的修辞方法，也体现了其唯物主义还原论的思想特点，这两大特点同样鲜明展现于其"茅厕的石头"的宇宙观中。

(二) 吴稚晖的宇宙观

吴稚晖的宇宙观用一个词来概括，即"物质主义"，在他看来，宇宙间一切存在都可以还原为物质，而且这些"物质"在实质上没有任何区别，不管是人、苍蝇、玫瑰还是茅厕里的石头，本质上都是"活物"，而活物有两大特点："(一)是这样东西要有质地。(二)是他能感觉。"②若说这些东西都有"质地"，本质上都由化学元素或

---

① 亚东图书馆编：《科学与人生观》，第232页。
② 亚东图书馆编：《科学与人生观》，第205页。

物理层面的原子构成,还好理解,"有感觉"又作何解呢?

> 那么我们万物之灵的人,吃饱着暖了,神经系才能作用兴奋。一位才子,遇了一位佳人,才臭肉麻的直觉,不识羞的吐露出来,所谓天上人间,独一无二,全为爱情冲动,始有此亲和力。但是,你不见毛厕里的石头么,一旦为化学家捡入玻璃瓶,用火酒的食料供给着,他就排斥一部分故伴,一部分去寻找着新的她,发起大大的爱情。他的冲动的爱情,何尝少异于才子佳人?而且他的冲动,能受理性的节制,可结合的结合,不可结合的完全不结合。他的意志的坚强,几远过于人。这样的显然明了,还说毛厕里的石头,是没有感觉的东西吗?①

原来吴稚晖将物质之间的化学反应等同于"有感觉",乍看之下有戏论之嫌,然若联系前文吴氏对爱情"本质"之探讨,则可发现实乃其一以贯之之思路。吴稚晖将爱情还原为"精虫孕蛋欲厮并",进一步而言即是人体内部生物化学反应的结果,如若皆从化学反应层面观之,则人之爱情与厕所中石头的"爱情"的区别也只在各自或精致细巧或简单原始的差异了。这样一来,吴稚晖便将物质主义推到了极致:

> 所谓情感、思想、意志等等,就种种反应而强为之名,美其名曰心理,神其事曰灵魂,质直言之曰感觉,其实统不过质力

---

① 亚东图书馆编:《科学与人生观》,第 207 页。

之相应。[……]其实毛厕里的石头呀,玫瑰树呀,苍蝇呀,人呀,何尝有什么感觉,什么心理,什么灵魂,止质与力之构造及反应,各各不同罢了。①

这种极端的物质主义将一切精神层面的存在全部还原为物质,于是在这个宇宙中,没有了情感、道德与审美,余下的只是"质力"。吴稚晖用戏谑的笔调,将其宇宙观概括如下:"在无始之始,有一个混沌得着实可笑,不能拿言语来形容的怪物,住在无何有之乡,自己对自己说道,闷死我也!这样的听不到,看不见,闻不出,摸不着,长日如此,成年如此,永远如此,岂不闷死人吗?[……]说时迟,那时快,自己不知不觉便破裂了。这个破裂,也可叫做适如其意志,所谓求仁得仁。顷刻变起了大千宇宙,换言之,便是说兆兆兆兆的我。他那变的方法,也很简单。无非拿具有质力的若干'不思议'量,合成某某子。合若干某某子,成为电子。合若干电子,成为原子。合若干原子,成为星辰日月,山川草木,鸟兽昆虫鱼鳖。你喜欢叫他绵延创化也好,你滑稽些称他是心境所幻也得。终之他是至今没有变好,并且似乎还没有一样东西,值得他惬意,留了永久不变。这是我的宇宙观。"②

(三)吴稚晖的人生观

既然宇宙已经被还原为以"质力"为基础的纯粹物质存在,那

---

① 亚东图书馆编:《科学与人生观》,第 208 页。
② 亚东图书馆编:《科学与人生观》,第 212—213 页。

么作为宇宙一部分的"人",自然也被视为纯粹生物性的实体:

> 什么叫做人?先要恭敬的又好像滑稽的对答道:人便是宇宙万有中叫做动物的动物。人又便是动物万类中叫做哺乳动物的哺乳动物。人又便是哺乳动物许多种类中,后面两脚直立,前面两脚脱除跑路义务,改名为手,能作诸多运用的动物。[……]但供着我们紧要的谈话,就是三斤二两脑髓,五千零四十八根脑筋,也就够分别这个是"人动物"。这是就内容上说着。概括起来说,人便是外面止剩两只脚,却得到了两只手,内面有三斤二两脑髓,五千零四十八根脑筋,比较占有多额神经系质的动物。①

吴稚晖将人理解为"两手动物",这一点同"五四"新文化派将"自我"理解为感官性存在几乎完全一样,自我一旦丧失了同超越性价值的联系,丧失了内在深度,同时世俗伦理又被视为附加于"自我"上的"社会文化建构的产物",那么其本质就会被理解为赤裸裸的动物性存在。另一方面,自我丧失了同超越价值的联系,没有一个固定的价值基准,人生很难被理解为一个有目的性的过程,对于人生的理解可以说从传统上渐渐接近价值目标的"朝圣"转化为漫无目的的"漫游",或者,用吴稚晖的话来说,就是"演戏":

> 什么叫做生?[……]这便是兆兆兆兆刹那中,那位或造

---

① 亚东图书馆编:《科学与人生观》,第214页。

或幻或变的赵老爷,或钱太太,或孙少爷,或李小姐,从出了娘胎,到进着棺木,从吃起三朝汤面,到造了百岁牌坊,他或她,用着手,用着脑筋,把"叫好"的戏,或把"叫倒好"的戏,演着的一刹那,便叫做生。于是我又敢通着文总括一句,说道,生者演之谓也,如是云尔。生的时节,就是锣鼓登场,清歌妙舞,使枪弄棒的时节。未出娘胎,是在后台。已进棺木,是回老家。当着他或她,或是未生,或是已经失了生,就叫做择吉开场,暂时停演。①

我反复的先讲这几十句的老生常谈,为的是什么呢?为的是我说"人生"便是"两手动物唱戏"。②

人生是"唱戏",人生观自然就是"观戏"了,"所谓人生,便是用手用脑的一种动物,轮到'宇宙大剧场'的第亿垓八京六兆五万七千幕,正在那里出台演唱。请作如是观,便叫做人生观。"③

人生如戏,每个人所演之"戏",在剧本上会很不一样,细节上更是千差万别,但有一些桥段是非常固定的,吃喝拉撒、衣食住行等等。在吴稚晖看来,关键性的共同桥段是"吃饭、生小孩、招呼朋友",于是人生观便体现为:"清风明月的吃饭人生观、神工鬼斧的生小孩人生观、覆天载地的招呼朋友人生观。"④

吴稚晖清醒意识到自己这所谓"吃饭、生小孩、招呼朋友"的人

---

① 亚东图书馆编:《科学与人生观》,第214—215页。
② 亚东图书馆编:《科学与人生观》,第218页。
③ 亚东图书馆编:《科学与人生观》,第217页。
④ 亚东图书馆编:《科学与人生观》,第221页。

生观显得过于物质主义,而物欲横流的人生观会带来道德困境,于是主动呼吁"穆勒儿姑娘"(道德):"我们中国已迎受到两位先生——赛先生、台先生——迎之固极是矣。但现在清清楚楚,还少私德的迎受(止零星的拣些较可作恶,或胜奇,或细小者,偷偷摸摸,大家拉点扯点,未曾正式的鼓乐迎娶)。这是什么东西呢?就是可以迎他来做我们孔圣人续弦的周婆的,叫做穆勒儿(Moral)姑娘的便是。[……]算账的穆太太,断断不弱于持中的老'夫子'也。所以迎受了穆姑娘治内,赛先生请他兴学理财,台先生请他经国惠民,如此,庶几全盘承受。"①

吴稚晖呼唤"穆勒儿姑娘",强调道德,然而其眼中的道德与玄学派所倡之道德非常不同,玄学派将道德视为人之内在本质,强调人本来就是一种道德性存在,他不需要学习,更不应该计量,而是从直觉上即是"仁"的,有道德的,梁漱溟为持此观点之典型。吴稚晖则强调道德只不过是人类为了生存而适应环境的产物,就像鹊能筑巢、蜂能筑房一样,乃演化之产物:

> 现在且讲下去:譬如我们要出台唱戏,我们若不是在后台习练了好久,然后出台,那无人不晓得要闹笑话。若习练得极熟,及到出台,居然演手堵脚,使枪弄棒,好像行所无事,出于本能,才像个局面。岂有宇宙间的万物,在宇宙大剧场里演戏,能够不如此,就好登台么?因此,鸟能飞,兽能走,鹊能筑巢,蜂能制房,小孩能吃奶,皆积了恒河沙数代的习练遗传,方

---

① 亚东图书馆编:《科学与人生观》,第252—253页。

挟此本能,使登台后,不为人骂为怪鸟废人。即就吾人而言,能看能听能跑能坐,所具本能,不可殚数。这就是本能者,所以适其登台。在台上又各自运用情感理智,天天改良,使彩声日高,一代一代积下去,再成新本能。叫宇宙大剧场兆兆兆兆幕后,角色愈好。这是漆黑一团老祖爷爷倾向真美善的原则。这种积成新本能,天天练习的把戏,便是今日所争的美学玄学科学[……]。可见本能乃是从漆黑一团先生,变为万有后,慢慢习练而来。并非有什么"隐得来希"的上帝,派阎罗王设立了"本能制造厂",把整个筑巢的本能,添进鹊的灵魂里,把整个制房的本能,添进蜂的灵魂里,把整个吃奶的本能,添进小孩的灵魂里,他们才有本能。本能止是各个角儿要登台便利,不能不慢慢经了恒河沙数代造成。①

为了证明"道德"并非天赋直觉,吴稚晖特举了身边发生的两个事例:其一,时任陆军次长开车撞伤了梁启超的两个儿子,不顾伤者安危,恐吓巡警,肇事逃逸;其二,瑞典公使馆秘书坐车撞伤一位车夫,立即下车并用本人座车将伤者送往医院。他评论道:"虽说这种洋大人,在中国地面上是少数;然他们在自己国里,却习惯了有此直觉。这就是瑞典秘书的祖宗,已算了几十代账;陆军次长的祖宗,止把孺子入井,算做灵机活动,没有算账到少爷翻车上去;所以直觉便有程度差等的分别。"②在梁漱溟看来,"直觉"与"算账"是截然对立的,他认为人在直觉上就是"仁"的,反对"算账"这

---

① 亚东图书馆编:《科学与人生观》,第240页。
② 亚东图书馆编:《科学与人生观》,第242页。

种功利性的计较;相反,吴稚晖认为所谓"直觉",只不过是历代祖先"算账"——以理智适应环境,一代代积累、演化的最终产物。"若在直觉赋自先天家,便十分狼狈了。我想必定有极精微的答案给我的,那精妙处,可预料还是请理智先生解围。所以理智审查了情感,预贮些直觉在脑子里,做个应急时的宝丹,是我们人动物的(或不止人动物)一种能耐。然而环境的变动,静稳舒缓,一代一代止把老方子使用,好像只是一个上帝钦定的御方,不是父子传下,乃是开天辟地时造下,也就说得去。若环境变动剧烈,止十五年,便药不对症。一定发见或是前的直觉(周举人的),或是后的直觉(谢世兄的),终有一个假冒仙传。若要说彼此被环境改动,那就要问谁是改方先生呢?方才晓得那改方先生,便是姓理名智。于是理智在剧烈变动的环境中,便门诊出治,应酬一个不了。这就是解决羞恶,靠了理智更多之一说。"①

吴稚晖对于道德、爱情、人类、宇宙的看法是一以贯之的,概括说来无非两大特点:物质主义和还原论。在《一个新信仰的宇宙观及人生观》一文结尾,吴稚晖再次强调"我信'宇宙一切',皆可以科学解说",②这种"科学"本质上就是物质主义的还原论,将道德、情感、人类还原为两手动物、精虫孕蛋,乃至化学反应。如前文所述,吴稚晖这一科学观同陈独秀、胡适等科学派人士非常相似,他们共同将"科学"视为一幅世界图景,而这幅图景的主色调便是物质主义和还原论。吴稚晖的高明之处在于他在一篇文章中系统总结,并用诙谐而不乏粗鄙的语言详细阐释了这幅世界图景,时人称之

---

① 亚东图书馆编:《科学与人生观》,第259页。
② 亚东图书馆编:《科学与人生观》,第253页。

为"漆黑一团的宇宙观",①这幅图景扩展到人类层面,则成了"人欲横流的人生观"。吴稚晖将爱情还原为精虫孕蛋的生物化学反应,将道德还原为人类在进化中为适应环境而积累的产物,将人本身还原为两手哺乳动物,若从纯粹生物学观之,并无学理上的错误;但是在这一还原过程中有没有什么存在被遗漏了呢?科学派大多相信此过程中并无遗漏之物,相信"物质"足以解释一切,相信人可以很自然被分解为非人的存在,"自我"从本质上来说可以还原为各种"非我",然而张君劢并不这么认为。

四、别"自我"与"非我"——张君劢对还原论的抵制

但凡探讨"科玄论战"这一历史事件,肯定无法忽视掀起这场论战的第一篇文章——张君劢在清华大学的演讲稿《人生观》,遗憾之处在于,以往研究往往忽视了这篇文章的核心——人生观,并没有澄清什么是"人生观"。表面上来看,这是一个不成问题的问题——"人生观"不就是对人生的观点与看法嘛,张君劢在演讲中也说道:"同为人生,因彼此观察点不同,而意见各异,故天下古今之最不统一者,莫若人生观。"凭这句话分析,人生观就是对人生的观察、意见,而人生观的不同分歧,也仅在于每个人的"观察点不同",很容易想象不同人因观察点、知识水平的差异导致的分歧,完全可以通过若干理性的方法、科学的途径加以整合,去粗取精,最终得出一个大家都能接受的"科学的人生观"。那么"科学"很容易

---

① 亚东图书馆编:《科学与人生观》,第215页。

就统一人生观了,科玄二派又有何好争论的呢?显然"人生观"并非"各人对于人生的不同观点"这么简单,那么"人生观"又有何深刻内涵呢?

"人生观之中心点,是曰我。""与我对待者,则非我也。"这两句话是理解"人生观"演讲的关键,同样也是理解科玄二派分歧的关键。张君劢强调人生观的核心并非"人生",而是"我",并将世间一切存在划分为"我"与"非我"两大部分,接着举出了一些"非我"的例子:

> 而此非我之中,有种种区别。就其生育我者言之,则为父母;就其与我为配偶者言之,则为夫妇;就我所属之团体言之,则为社会为国家;就财产支配之方法言之,则有私有财产制公有财产制;就重物质或轻物质言之,则有精神文明与物质文明。[1]

张君劢所举的各种"非我"不包括茅厕里的石头或是外太空一颗行星,而是与"我"有密切关联者,因此他进一步讨论了"我"与"非我"的关系问题,举出九项其认为至为重要的关系:

(一)就我与我之亲族关系……$\begin{cases} 大家族主义 \\ 小家族主义 \end{cases}$

---

[1] 亚东图书馆编:《科学与人生观》,第1页。

(二) 就我与异性之关系…… { 男尊女卑 / 男女平等 / 自由婚姻 / 专制婚姻 }

(三) 就我与我之财产之关系…… { 私有财产制 / 公有财产制 }

(四) 就我对于社会制度之激渐态度…… { 守旧主义 / 维新主义 }

(五) 就我在内之心灵与在外之物质之关系…… { 物质文明 / 精神文明 }

(六) 就我与我所属之全体之关系…… { 个人主义 / 社会主义(一名互助主义) }

(七) 就我与他总体之关系…… { 为我主义 / 利他主义 }

(八) 就我对于世界之希望…… { 悲观主义 / 乐观主义 }

(九) 就我对于世界背后有无造物主义信仰…… { 有神论 / 无神论 / 一神论 / 多神论 / 个神论 / 泛神论① }

---

① 亚东图书馆编:《科学与人生观》,第1—2页。

由此可见,张君劢认为"人生观"就是处理自我与非我二者之间关系的看法、观念,"我对于我以外之物与人,常有所观察也,主张也,希望也,要求也,是之谓人生观"。① 尽管人生观是处理自我与非我的关系,但就如张氏自己所言,其核心还在于"我"。

一方面,"非我"并非自我之外的任何存在物,其必须同自我处于一定的关系之中。丁文江为了批判张君劢,又列举了两条关系:

> 张君劢做的一个表,列举九样我与非我的关系,但是非我的范围,岂是如此狭的?岂是九件可以包括得了的?我们可以照样加几条:
>
> (十)就我对于天象之观念……{ 星占学 / 天文学
>
> (十一)就我对于物种之由来……{ 上帝造种论 / 天演论
>
> 再加(十二)(十三)以至于无穷,为什么单举他所列的九项?试问有神论无神论等观念的取舍,与我所举的(十)(十一)两条,是否有绝大关系?照论理极端推起来,凡我对于非我的观念无一不可包括在人生观之中。假若人生观真是出乎科学方法之外,一切科学岂不是都可以废除了?②

对于丁文江的批判,张君劢是如此回应的:

---

① 亚东图书馆编:《科学与人生观》,第31页。
② 亚东图书馆编:《科学与人生观》,第7页

> 我所举之九项,其标准安在,在君全不知晓,妄为人点窜,以自鸣得意;而不知适以证其自昧于科学原理,自昧于物质科学精神科学之区别而已。盖我所举九者,皆属于精神方面,皆可以主观作用消息其间。若夫天体之运行,则有力学天文学之原理以范围之。物种由来虽至今尚无定论(详后),然生物学中一部分之现象,则亦有公例可求。故关于天象,关于物种,当然在科学范围以内,而不属于人生观。①

张君劢指出,自己对"非我"的界定并不像丁文江所言可推及一切自我之外的存在者,而有特定"标准",即"皆属于精神方面""皆可以主观作用消息其间","主观作用消息其间"就是自我的影响能施及其上。因此,"非我"虽不是我,但必须同自我处于一定的联系中,必须能受到自我的影响。

另一方面,非我的界定同自我相关,其根本还在于自我的特性,其核心还在于"我"。张君劢一再强调,人生观不能为科学所支配,实质上就是强调"自我"不能被还原为异己性的存在。关于"自我"能否被还原为非我的问题,正是科玄二派争论的焦点。

前文已经详述吴稚晖的"科学人生观"是如何以物质主义还原论为核心的,吴稚晖的阐释十分集中详细,但在论战中最早运用还原论来驳斥玄学派的人是丁文江。丁文江在批判张君劢的第一篇文章中就将人的思想还原为"感觉"和"神经系统":

---

① 亚东图书馆编:《科学与人生观》,第21页。

> 然则无论思想如何复杂,总不外乎觉官的感触。直接的是思想的动机,间接的是思想的原质。①

> 我们可以拿一个譬喻来说明他们的地位。我们的神经系就譬如一组电话。脑经是一种很有权力的接线生,觉神经是叫电话的线,动神经是答电话的线。②

对于张君劢分别"自我"与"非我",突出自我核心地位的观点,丁文江将二者皆还原为"感觉",以取消二者的差别:"物同'我'都是同样原质(感觉)所成功的复杂体,所以物同'我'没有一个明显的,一定的,普遍的界限。"③

这种还原论推到极端,则直接取消了"我"之存在意义:

> 读者或者要对我说,"我明明白白知道有个我;你如何把'我'变成为一束的思想,行为的动物,或是记忆感情所联合的复杂体?"读者注意!没有许多年前,世界上不能有对跖的人,同太阳的东升西落,都是最明最白的事,现在谁也不承认是真的了。可见得我们虽然是明明白白觉得有个"我","我"不一定是真有的!④

---

① 亚东图书馆编:《科学与人生观》,第9页。
② 亚东图书馆编:《科学与人生观》,第11页。
③ 亚东图书馆编:《科学与人生观》,第114页。
④ 亚东图书馆编:《科学与人生观》,第115页。

面对科学派这种来势汹汹的还原论,张君劢要坚持自我的核心地位,坚持自我不可被还原的观点,就必须突出其不同于"非我",不同于异己性存在的特点。最明显的一个特点,即是相对于"非我"物质性的精神性:"人之生于世也,内曰精神,外曰物质。内之精神变动而不居,外之物质凝滞而不进。所谓物质者,凡我以外者皆属之。如大地山河,如衣服田宅,则我以外之物也;如父母妻子,如国家社会,则我以外之人也。我对于我以外之物与人,常求所以变革之,以达于至善至美之境。虽谓古今以来之大问题,不出此精神物质之冲突可也。"①

相对于物质的规律性易为科学所主宰,自我的精神性特点使其超越于简单的逻辑规律之上,其复杂性使得他难以为科学所支配。张君劢引用欧立克(乌尔韦克,E. J. Urwick)《社会进步之哲学》一书的观点来证明自我所具有的精神性特点:

> 或者以为吾言类于柏格森之唯用主义之部分,然吾以为此生活冲动之背后另有物在,是名精神元素(Spiritual Element),个人之品性与人格,即自此而来。故个人之行为与团体之行为之决定,有三元素之结合:第一曰生活冲动,是为半自觉的,以求适应于新需要;第二曰自觉的目的,是为理智,所以解决问题之方法于此存焉;第三曰精神元素之作用,此为一种深远能力、非常人所能察知。②

----
① 亚东图书馆编:《科学与人生观》,第 31 页。
② 亚东图书馆编:《科学与人生观》,第 32 页。

张君劢相信"我"并非单纯的物质存在,其后还有"精神元素"支配人的日常行为,但对于这种元素具体是什么,却缺乏进一步的阐发。不过正因为这些元素"非常人所能察之",自然也无法还原为更简单的元素;同样也因为其不可知的特点,备受科学派诟病与讽刺。类似精神元素这般重要、不可知的东西,还有杜里舒所谓的"隐得来希":"吾人姑不以因果之量度求之生物与心理,即但就生命界与心理界而求其因果关系之明确,亦已不易矣。不见杜里舒氏发见细胞之协和平等可能系乎?欲求其因果于物理界而不可得,乃归其因于'隐得来希'。'隐得来希'者非他,生命构成不可知之代名词耳。"①

　　"我"的第二大特点在于自由意志,张君劢在人生观演讲中就强调科学与人生观的对立在于后者有"自由意识":"科学为因果律所支配,而人生观则为自由意志的"。②说人生观具有"自由意志"并不准确,应该是自我在处理与非我的关系时具有自由意志,张君劢举了东西方先贤为例子:"孔席何以不暇暖,墨突何以不得黔,耶稣何以死于十字架,释迦何以苦身修行:凡此者,皆出于良心之自动,而决非有使之然者也。"③他们的选择在于其良心自发的驱动,而非因果律可以解释,由先贤推广到每一普通人,皆是如此:"乃至就一人言之,所谓悔也,改过自新也,责任心也,亦非因果律所能解释,而为之主体者,则在其自身而已。大之如孔墨佛耶,小之如一

---

① 亚东图书馆编:《科学与人生观》,第27页。
② 亚东图书馆编:《科学与人生观》,第3页。
③ 亚东图书馆编:《科学与人生观》,第3—4页。

人之身,皆若是而已。"①如果说突出自我的精神性是为了对抗科学派的"物质主义",那么突出自我的自由意志特点,则是为了抵御还原论及其所导致的决定论。还原论所植根的科学世界图景在上文讨论吴稚晖的"科学人生观"时已多有涉及。简单说来,还原论即是将某种聚合物敲成小碎块,将某个组织层内(聚合物)的定律和定理融入更普遍也更基本的层次内(小碎块)的方法。还原论相信,大自然是由简单而具有普遍性的物理定律所组成,而且,其他所有的定律和原理最终都可以化简为这些物理定律。② 还原的目的是简化,简化的目的是更好地寻找规律,寻找规律则是为了利用规律,更好地支配与改造被还原的对象,对于被还原物是如此,对于被还原的"我"也是如此。无论是以丁文江、胡适、吴稚晖为代表的自然主义还原论,还是以陈独秀为代表的社会文化还原论,其目的皆是将自我还原到更为简单有规律可循的"非我"层次:陈独秀将自我发自"良心"的道德还原为各种具体的社会、历史阶段产物,使得"我"之道德可为物质生产方式所决定,为"唯物史观"所解释并改造之;吴稚晖将"我"之爱情还原为精虫孕蛋之间所产生的化学反应,使得男女之爱可以为自然科学所塑造、改良,皆将"自我"置于能为(自然或社会的)科学所决定的地位。科学派人士十分乐于用科学的人为手段来改造自我,重塑人生观。丁文江在第一篇批判张氏文章的结论处引用了胡适的话:"我们观察我们这个时代的要求,不能不承认人类今日最大的责任与需要是把科学方法应

---

① 亚东图书馆编:《科学与人生观》,第4页。
② [美]爱德华·威尔逊:《知识大融通》,梁锦鋆译,中信出版社,2016年,第81页。

用到人生问题上去。"① 任鸿隽同样相信:"科学自身可以发生各种伟大高尚的人生观。[……]因为不曾研究过科学的,看不到这种人生观的景界,我们应该多提倡科学以改良人生观,不当因为注重人生观而忽视科学。"② 在批判张氏的第二篇文章结尾处,丁文江再次强调理智(科学)对于情感(自我)的决定与塑造作用:

> 情感完全由于天赋,而发展全靠环境,知识大半得之后天,而原动仍在遗传。知识本来同情感一样的没有标准;近几百年来自然科学进步,方才发明了一个求知识的方法。这种方法,无论用在知识界的那一部分都有相当的成绩,所以我们对于知识的信用比对于没有方法的情感要好;凡有情感的冲动都要想用知识来指导他,使他发展的程度提高,发展的方向得当。情感譬如是长江大河的水,天性是江河的源头,环境是江河的地形,情感随天性环境发展,正如江河从源头随地形下流,知识是利用水力的工作,防止水患的堤岸,根本讲起来也是离不开地形的。这就是作者的人生观,究竟比张君劢的那一个适宜于现在的世界,请读者自择!③

对于丁文江这种理智规范情感、科学塑造自我的观点,论战中一位化名"菊农"的人士称之为"机械主义",他承认这种态度给现代文明做出很大贡献,但仍有两大缺陷是自身无法解决的:

---

① 亚东图书馆编:《科学与人生观》,第18页。
② 亚东图书馆编:《科学与人生观》,第68页。
③ 亚东图书馆编:《科学与人生观》,第118页。

其一,无法使人完全摆脱物的束缚。"各种科学的知识,都是教人不要做物界的奴隶。但是知识的能力很是有限,人们用理知得来的知识只是相对的知识。得了这种知识固然可以解决实际上的各项问题,对付实际上随处发生的事情;但是人仍不能完全免乎他的桎梏。因为仅是知识虽然可以超脱一些物的束缚,却不能完全超脱。"实际上,物质主义还原论将自我还原为非我,将"我"置于"物"的境地,何止是不能完全超脱,更是有将自我进一步物化的危险。"原来'人'与'物'不同之点,正因为'物'是他动的,'人'是自动的。'物'是受支配的,'人'是自由意志。人是靠自觉的努力活动的,他的活动,他的行为是自主的。"①

其二,容易消灭不同人独特的人格个性。"现代的教育——在个人主义机械主义下的教育——完全是削足适履的教育,将个人的人格磨灭净了。[……]定一格式,务使受教育的都变成与这格式合式的,千人万人都一律,他们以为能事尽了。只可惜个人各有个性,各有人格,万不能强同,这一层他们却不问。"②科学在于从参差多态中寻找规律性,而将与规律无关的部分作为剩余物抛弃掉,如果以这种眼光来看待人,那么不同人的个性势必被抹杀得一干二净——对于爱情来说,自我的外貌身材、成长经历,性格特征,对过去的回忆与未来的期盼皆丧失重要性,剩下的共性只是"精子孕蛋要厮并"。为了防止还原论将丰富的人生变得单调乏味,决定论使自由的选择为科学规律所支配,菊农极力倡导发扬自由意志:"最要紧的是我们认定人们有自由意志,自由意志便是中心的创造

---

① 亚东图书馆编:《科学与人生观》,第143页。
② 亚东图书馆编:《科学与人生观》,第144页。

力。换言之,我们承认内心心力可以使个人向上;如果内心对于人生之理想有了了解和领会,内心之努力,便可以使理想实现。物质可以支配一切,只是对于活泼泼的心力,却丝毫不能限制。物质可以于某种限度制限我们的身体,却万不能侵犯着人格的活动;人格是绝对的有自由的。"①

菊农非常清醒地认识到这种机械主义植根于祛魅后机械的宇宙观,认识到丧失了内在深度的自我很容易被各种还原论与决定论主宰,因此主张回归传统的自我观,重新赋予自我与更广阔的存在以联系,使个人与宇宙融合无间:

> 在机械的宇宙观之下,几乎认宇宙为敌,努力以求克制之道,科学之发达,这也是一个原因;但是为人之道却太苦;人生无时无刻不在防御自然压迫之中;个人无时无刻不在与自然为敌,因此而狭义的个人主义极发达。但是我们以为个人与宇宙在超越界里并主客之分而亦无之;只是一大调和。自然界一切事物,对于我都有精神的意义。个人不是要克制自然乃是要与自然和洽。小己人格充分实现时,便与宇宙融合无间了。这正是我们的理想。②

针对科学派观点所表现出的决定论色彩,张君劢引用康德的观点予以驳斥之:

---

① 亚东图书馆编:《科学与人生观》,第 142 页。
② 亚东图书馆编:《科学与人生观》,第 144 页。

人类好于一切现象求其因果之相生,于是有知识,有科学。然欲以因果律概括一切,则于人生现象中,如忏悔,如爱,如责任心,如牺牲精神之属于道德方面者,无法以解释之。于是康德氏分之为二:曰关于伦理者,是自由意志之范围也;关于知识者,是因果律之所范围也。自由与因果二义乃不相冲突,而后人事与知识方面各有正当之说明。①

自由意志和决定论并不冲突,因为它们各有其适应范围,因果律适用于与自我无涉的客观知识,而我之爱、忏悔、责任心等"人生现象"方面则不为因果律所支配,也不受决定论影响,充分拥有"自由意志"。

张君劢除了征引欧立克、杜里舒、柏格森、康德等西方思想家观点来论证自我独立于非我的特点,也不忘挖掘中国传统思想资源。"人生观"演讲中即着力强调中国传统精神文明同西方物质文明的区别:"自孔孟以至宋元明之理学家,侧重内心生活之修养,其结果为精神文明。三百年来之欧洲,侧重以人力支配自然界,故其结果为物质文明。"②即使丁文江极力讽刺挖苦,"可见得西洋的玄学鬼到了中国,又联合了陆象山、王阳明、陈白沙高谈心性的一班朋友的魂灵,一齐钻进了张君劢的'我'里面",③称其为"中西合璧式的玄学及其流毒",④张君劢仍将传统儒家思想视为拯救中国于

---

① 亚东图书馆编:《科学与人生观》,第40页。
② 亚东图书馆编:《科学与人生观》,第4页。
③ 亚东图书馆编:《科学与人生观》,第13页。
④ 亚东图书馆编:《科学与人生观》,第12页。

"蹈欧洲败亡之覆辙"的重要方法。张君劢的方法概括起来有三步：

第一步，"别内外"，张氏将丁文江以还原论对待的"自我"通通归为"外"在方面：

> 以一人之身言之，衣履外也，皮肉亦外也，脑神经亦外也。其足乎已而无待于外者，果何物乎？吾盖不得而名之矣。举先圣之言，以明内外之界之解释。孟子曰：
> 　　求则得之，舍则失之，是求有益于得也，求在我者也。
> 　　求之有道，得之有命，是求无益于得也，求在外者也。①

由以上其所引孟子言论可知，张君劢所谓的"内"就是自我本身，然我之皮肉、脑神经难道不是自身的一部分吗？为何将其视为"外"呢？可见张君劢对"我"之限定有特殊标准，在他看来能被还原的肉体、物质部分不属于真我，真我即无法被还原、被决定，有自由意志的内在精神性自我。

别内外，找出真实的内在自我后，第二步就是"求在我"：

> 孟子之所谓"求在我"，孔子之所谓"正己"，即我之所谓内也。本此义以言修身，则功利之念在所必摈，而唯行己心之所安可矣。以言治国，则富国强兵之念在所必摈，而唯求一国之均而安可矣。吾唯抱此宗旨，故于今日之科学的教育与工商

---

① 亚东图书馆编：《科学与人生观》，第54页。

政策,皆所不满意,而必求更张之。然以今日之人类,在此三重罗网(以上三特征)①之中,岂轻轻提倡"内生活"三字所得而转移之者? 故在锁国与农国时代,欲以"求在我"之说厘正一国之风俗与政治,已不易矣;在今日之开国与工国时代,则此类学说,更不入耳。

张君劢深知在一个功利主义盛行的现代工业社会,想劝人们"正己""修身",提高内在精神境界,以此来转移世风,实属不易,但苦于前途艰险,又别无他法,"然吾确认三重罗网实为人类前途莫大之危险,而尤觉内生活修养之说不可不竭力提倡"。②

提升了自我的内在修养后,第三步则是要将此方法进一步推广,使更多人知道"求在我",践行修身之法,此所谓"正人心"。而无论是自我修身还是"正人心",宋代的心学和理学都最为擅长,因此张君劢呼唤"新宋学之复活":

> 当此人欲横流之际,号为服国民之公职者,不复知有主义,不复知有廉耻,不复知有出处进退之准则。其以事物为生者,相率于放弃责任;其以政治为生者,朝秦暮楚,苟图饱暖,甚且为一己之私,牺牲国家之命脉而不惜。若此人心风俗,又岂碎义逃难之汉学家所得而矫正之乎? 诚欲求发聋振聩之

---

① 指现代欧洲文明的三特征:国家主义、工商政策、自然界之智识。见亚东图书馆编《科学与人生观》,第54页。
② 亚东图书馆编:《科学与人生观》,第54页。

药,唯在新宋学之复活。①

张君劢阐释"我"之特性,所采之思想资源,囊括古今中外,十分混杂;论述方式又细碎零散,不成系统,常常与其他问题相纠缠,故不为以往研究所重视,然此问题实为理解张君劢之人生观、理解整场论战之核心。综述前文,概而言之,张君劢的自我观有以下特点:(1)精神性,不可简单被还原为物质;(2)自由意志,不可被简单的因果规律解释,不可被决定论支配;(3)综合以上两点,自我不可被简单视为感官性的物质存在,而具有内在深度,可以通过内在生活修养而达至一个更高境界。

如果说梁漱溟在《东西文化及其哲学》一书中的潜在论战对象是盛行于"五四"时期的感官主义功利主义的自我观,那么张君劢在"科玄论战"中所直接面对的则是孕育这种自我观的以物质主义还原论为核心的科学世界图景。然而相较于梁漱溟从自身生命体验出发,通过重释儒家思想来重建自我观的回应方式,张君劢在论战中的回应显得单薄了许多——对西方思想的袭取仅停留在"寻章摘句"阶段,对中国传统思想的借鉴也只是喊了句"新宋学之复活"口号。论战最后,吴稚晖可以理直气壮地提出"科学的宇宙观及人生观",张君劢却写不出一个"玄学的宇宙观及人生观"。究其根本,在于玄学的人生观植根于玄学的宇宙观,而玄学的宇宙观就是传统那套天理流行、仁义充沛的宇宙观,这种宇宙观根本无法抵御现代科学的无情批判。吴稚晖在对梁漱溟的一段批判中,辛辣

---

① 亚东图书馆编:《科学与人生观》,第58页。

地嘲讽了玄学宇宙观,并对比了科学宇宙观:

> 说句笑话,他[梁漱溟]是住在孔圣人世界,我是住在孙悟空世界。他是规规矩矩的世界,我是古古怪怪的世界。说句僭妄话,他是住在哥白尼以前的世界;一个玻璃壳的天,挂些日月星辰的灯彩,罩在地皮上;玻璃上面,佛坐第一位,玉皇大帝第二位,孔圣耶贤,各有班序,才灵学怪,辘轳回轮;有朝一日,真如放光,四大永空(梁先生的知识,虽远超于此,然而他的概念,似乎仍在这玄中)。我却自信住在哥白尼以后的世界;既不曾有天,何来天理;亦不曾有地,何来地位(人为万物之灵等),不过无量数变动,及无量数假设;假设成理,谓出自然,名曰天理,亦名词而已,本无乎不可;假设有我,谓灵万物,灵之而已,相对亦足容许;本来无有,如何有空;本来无空,如何非有;文明文明,演进别名,何产可破。①

无论如何,张君劢通过"人生观"演讲和后来论战中的一系列文章,鲜明地提出了人生观这一论题,同样鲜明地展示了"自我"与"非我"的区别,以及自我的精神性、内在性和自由意志之特点,至于对这一论题的深入阐发,留待后人罢了。

---

① 亚东图书馆编:《科学与人生观》,第246页。

第四章 熊十力自我观之研究

一、"矛盾"的哲学家熊十力

毫无疑问,熊十力是一个哲学家。我们从他生前用"本体论"等哲学概念构筑的著作中,从他身后学界出产的一本本名曰"熊十力哲学研究"的著作中,皆能得出此结论。然而当进一步追问,熊十力的哲学是什么意义上的哲学——与西方哲学传统意义上的"哲学"或中国当代学院里的哲学相类似吗?答案又变得并非那么显而易见。实际上,问题往往就隐藏于习焉不察的结论里,而对这一问题的回答,需要先考察围绕熊十力"哲学"的两大矛盾。

(一)矛盾一:哲学成就评价之矛盾

熊十力的《新唯识论》于 1932 年出版后不久即引起相当大的争议:一方面,马一浮、蔡元培二人为其作序并给予其极高评价,马一浮称"十力精察识,善名理,澄鉴冥会,语皆造微。早宗护法,搜玄唯识,已而悟其乖真。精思十年,始出《境论》,将以昭宣本迹,统贯天人,囊括古今,平章华梵"。① 蔡元培则从当时佛学研究状况出发,给此书定位,他指出当时中国佛学研究有两种取向,一种以钢和泰(Alexander von Staël-Holstein)和陈寅恪为代表,从文献学角度入手,比较研究汉文佛经与其他文字佛经的版本异同;另一种以欧阳竟无的支那内学院为代表,以提倡相宗为主,囿于信仰而不敢对佛经进行批判性研究。《新唯识论》则开辟出了第三条道路:"当此之时,完全脱离宗教家窠臼,而以哲学家之立场提出新见解者,实为熊十力先生之《新唯识论》。"②另一方面,佛学界人士先后撰文对其严厉批判,刘定权指责其根本不懂唯识学,却妄谈证悟、混淆体用;吕澂则批评其妄谈性智而不悟实修。1944年《新唯识论》的语体文本出版后,印顺又指责其对佛教空、有二宗均认识错误,企图"援佛入儒,扬儒抑佛"。然佛教的因缘论和儒家的体用论完全不同,佛教人士对《新唯识论》的贬低,显然出于其自身的护教立场,而马、蔡二人对熊氏著作的赞美也不乏友人间相互捧场之色彩,真正对熊十力著作从学术角度进行的研究始于二十世纪八十年代末九十年代初。

郭齐勇的《熊十力哲学研究》是较早全面研究熊十力思想的著作,该书具体探讨了熊十力的"境论"、"本体—宇宙论"、"量论"、佛学、经学、易学、道家等方面思想,以及与新儒家群体其他成员的

---

① 熊十力著,萧萐父主编:《熊十力全集》(第二卷),湖北教育出版社,2001年,第6—7页。
② 熊十力著,萧萐父主编:《熊十力全集》(第二卷),第4页。

关系。在熊十力哲学思想研究方面，此书有填补空白之功，然其对熊氏思想之历史意义的把握建立在张灏《新儒家与当代中国的思想危机》一文的基础之上，认为"熊十力《新唯识论》写作的背景是价值系统的崩溃、意义结构的解体和自我意识的丧失。近现代中国的思想危机是'意义的危机'，即人们对于人生、宇宙的基本意义看法与信仰的危机"。① 随后引用了一段张灏对"意义危机"的阐述："对唯科学主义的反对，使得熊十力们归宗儒家的道德理想与准宗教精神，重新确立传统知识分子对宇宙人生的根本意义的终极信念。熊十力的全部工作，简要地说，就是面对西学的冲击，在传统价值系统崩坏的时代，重建本体论，重建人的道德自我，重建中国文化的主体性。"② 20余年后，程志华出版了同名研究著作《熊十力哲学研究——"新唯识论"之理论体系》，由副标题可以看出此书研究范围集中于《新唯识论》，相比于郭氏之著作，研究范围缩小意味着对相同问题的探讨更加细致深入，但整体格局并无太大变化，全书主体部分仍然围绕着本体论、宇宙论、人生论、量论、治化论、宗教论等主题展开论述。同样，该书也将"唯科学主义"的冲击视为熊十力哲学思想产生的重要历史背景，"历史地看，'科玄论战'在中国学界产生了深远影响，自此中国哲学分别走向了两条路线：一方走向了科学的、实证的道路，自由主义者和激进主义者是其主体；另一方则走向了人文主义的道路，它'形塑'了整个现代新儒家的致思方向。[……]实际上，张君劢虽直接参与了'科玄论战'，梁漱溟也较早地致思于此，但最早从哲学角度对此进行思构

---

① 郭齐勇:《熊十力哲学研究》，人民出版社，2011年，第22页。
② 郭齐勇:《熊十力哲学研究》，第23页。

的却是熊十力,在此方面成就最大的也是熊十力"。① 程志华将张灏所谓的"意义危机"具体化为一种"哲学危机",熊十力的"重建中国文化主体性"则体现为其汇通中印西三方哲学,实现了儒学的"哲学体系化","为避免'科学主义'所可能带来的困境,必须依靠一种'更高的学术'以作为'导引'。在熊十力,作为科学'导引'的'更高的学术'乃哲学,但此哲学非一般的哲学,而是作为'人文主义'的'东方学术'"。② "面对西方哲学的冲击,面对迫切的时代问题,'乾嘉汉学'这样一种理路呈现出'理论资源枯竭'之局。基于上述认识,熊十力致力于构建'新唯识论'的哲学体系。[……]显而易见,这是一个严密的哲学体系,而这个体系的建构透显出明显的'哲学化'理路。"③

以上两本成书相隔20余年的同名著作研究取向之异同,实际上也反映了这段时期学术界熊十力研究的状况和特点。其一,研究范围逐渐由对熊十力整体思想的全面探讨转变为对某一具体方面的细致剖析。例如程志华的研究集中于"新唯识论"体系的构建;景海峰的《熊十力哲学研究》一书在涉及熊氏哲学思想的同时,将重点转移到近代唯识学在中国之流变,熊十力同梁漱溟、马一浮交往关系,熊十力与柏格森思想对比等专题式研究之上;张光成的《中国现代哲学的创生原点:熊十力体用思想研究》和郭美华的《熊十力本体论哲学研究》分别考察了熊十力的体用思想与本体论;张

---

① 程志华:《熊十力哲学研究——"新唯识论"之理论体系》,人民出版社,2013年,第101—102页。
② 程志华:《熊十力哲学研究——"新唯识论"之理论体系》,第443页。
③ 程志华:《熊十力哲学研究——"新唯识论"之理论体系》,第446页。

庆熊的《熊十力的新唯识论与胡塞尔的现象学》一书则以现象学为视角重新审视了熊十力的新唯识论哲学,并将其与胡塞尔思想进行对比研究,颇有新意;李祥俊的《熊十力思想体系建构历程研究》则围绕"因果与体用"为核心梳理了"新唯识论"体系建构过程,并兼论及熊十力的量论与"外王学"思想。其二,研究范围缩小的同时,却仍不离"哲学"角度考察熊十力思想。20余年来的熊十力思想研究基本上集中于将其著作作为"哲学文本"来进行解读、评价,可以说熊十力研究在某种程度上成了"哲学家熊十力的哲学思想研究"。当然,翟志成早在1992年便于台湾《当代》杂志上撰文《长悬天壤论孤心——熊十力在广州(1948—1950)》,以熊氏这三年在广州的生活为切入点,探讨了其留在大陆的原因问题、人格品质问题,并因此文与刘述先、郭齐勇二人发生了论战,但毕竟与其思想研究距离太远。学界关于熊十力的"哲学思想"研究几乎得出了"一边倒"的极高评价,概而言之,不是将其视为"中国现代哲学的创生原点",就是作为重塑中国文化主体性的哲学范本。

  从熊十力"哲学"成就得到的众多好评声中,仍然可以分辨出少数但并不乏力度的批评异议,李泽厚的《略论现代新儒家》一文便是其中代表。此文承认熊十力哲学相对于宋明理学家有其创新之处,认为其着重发挥了易学生生不息的动态精神,将它化为刚健不息的心性本体,从而既超越了程朱僵硬的外在框架,又超越了陆王否认外物的纯粹心灵:"'人本''动态''感性'这三者,我以为便是熊继承和发展了儒学基本精神之所在。在这三种特征或三个方面上,例如在以动态的感性万象世界乃实而非虚幻,以动不以静作为本体的基本性格,便都超过了宋明理学。同时也超过了近代的谭嗣同和章太炎等人。谭嗣同重动反静,不主故常,但因接受佛宗,视世界为空幻,缺乏熊这种经过仔细思辨后反佛老重感性的自觉的人本精神。比章太炎,就更如此。尽管章也由佛归儒,但在哲学上也没有这种活泼、乐观的积极精神。"①但是,他更强调熊氏哲学的重要缺陷,即缺乏对现代自然科学以及近代西方文明的了解,这就使其哲学只能停留在直觉主义的"冥悟证会"阶段,最终转回"通过直觉体认达至哲学形而上学本体存在"②的宋明理学的老路上去了。因此,在李泽厚看来,熊十力哲学已经同现代哲学脱节,其存在如同博物馆里的珍奇展品:"熊所著书及其哲学[……]'在现代中国哲学的势力最小,地位最低,而知道他的人亦最少'。从过去到现在均如此。纵观未来,恐怕也不会有巨大的变化,尽管今天有人极意抬捧,但似乎不大可能在未来某日会有熊十力哲学热的到来。它毕竟晚产了,已与时代进程脱节。他完成了谭嗣同、章太炎等人的哲学未竟之业,却没有也不可能发生上述诸人的重大思想影响了。它那未经现代观念洗礼的混沌整体哲学观念和直观模糊的思维方式,尽管在外貌上可以近似于某些现代西方哲学(如怀特海[Alfred North Whitehead]),但在基本性质上,是并不相同的。它那活泼的动态、感性、人本精神和直观智慧也许仍可能给后人以诗意的启迪,但就整体说,这晚熟的产品只能以博物馆奇珍的展览品的意义,存留在中国现代思想的历史上。"③

李泽厚对熊氏哲学评价之低同大多数熊十力研究者的结论恰

---

① 李泽厚:《中国现代思想史论》,第272—273页。
② 李泽厚:《中国现代思想史论》,第274页。
③ 李泽厚:《中国现代思想史论》,第275页。

成鲜明对比,进而思之,这表面上的极端矛盾在深处看起来并非截然抵触。熊十力哲学研究者给出的高度评价无不建立在其"中国本位"的前提之上,熊十力哲学是"中国"现代哲学的创生原点;熊十力哲学思想是对"中国"现代意义危机的回应;熊十力哲学建立了"中国"文化主体性。若抛去"中国"前提,如李泽厚般以纯粹现代(西方)哲学标准评观之,一个不知道宇宙来自大爆炸,其自身处于膨胀中,里面存在着黑洞这般奇异天体的人却大谈宇宙本质上和自我之"本心"同一,时刻处于一缩一张(一翕一辟)中,实在是未经"现代观念洗礼";一个无法通过严格论证,还需求助于"冥悟证会"才能成立的哲学体系,确实不应得到太高评价——扔进博物馆已是最高礼遇;胡塞尔的现象学建立在对"心理主义"认识论的批判之上,其本身有着严密的现代逻辑学作为支撑,熊十力的逻辑知识恐怕只停留在入门阶段,尽管二人阐发的哲学理论在表面上有许多相似之处……简单说来,李泽厚和大多数熊十力研究者的分歧来源于二者采用了两种不同的评价标准,李泽厚的标准是现代(西方)哲学,"熊学"研究者的标准则是面貌模糊的现代中国哲学。之所以说"现代中国哲学"是面貌模糊的,是因为古代中国哲学到底存不存在,学界尚存争论——不少学者认为中国古代"思想学说"并不能完全以西方舶来的"哲学"观念裁剪之,万幸的是对中国传统思想世界的研究,不只是哲学界在孤军奋战,文学界、史学界还有近年来随着国学院兴起的"经学界"同样在以本学科视角考察之。熊十力虽在中国现代哲学界地位尊崇,但至今仍少享受交叉学科研究之"待遇",因此"视差之见"导致了相互矛盾的两种评价。当然,能够产生"视差",意味着熊十力本身思想的复杂性,这也是第二大矛盾——熊十力哲学思想本身的内在矛盾。

(二)矛盾二:熊十力哲学的内在矛盾

《新唯识论》的《绪言》写道:"本书于佛家,元属创作。凡所用名词,有承旧名而变其义者(旧名,谓此土故籍与佛典中名词,本书多参用之;然义或全异于旧,在读者依本书立说之统纪以求之耳。如恒转一名,旧本言赖耶识,今以显体,则视旧义根本不同矣。此一例也,余准知),有采世语而变其义者(世语谓时俗新名词)。自来专家论述,其所用一切名词,在其学说之全系统中,自各有确切之涵义而不容泛滥,学者当知。然则何以有承于旧名,有采于世语乎?名者公器,本乎约定俗成,不能悉自我制之也。旧名之已定者与世语之新成者,皆可因而用之,而另予以新解释,此古今言学者之所同于不得已也。"[1]熊十力清醒地意识到,自己建构的哲学体系中存在着"旧名"与"世语"两种截然不同的"名词",也知道两种名词"不容泛滥",并尝试以给二者赋予新含义的方式,将它们融合在一起。对熊十力这种"杂烩"式的诠释方式,赞者称其哲学"出佛原儒、会通中西",[2]简直博大精深;弹者或立于"旧名"一方,如欧阳竟无及其弟子,称其"逞才智"而"弃道远"以至于"灭弃圣言",[3]或站在"世语"位置,如李泽厚,称其不通现代文明,不懂科学知识。

---

[1] 熊十力著,萧萐父主编:《熊十力全集》(第二卷),第8—9页。
[2] 熊十力著,萧萐父主编:《熊十力全集》(附卷上),湖北教育出版社,2001年,第3页。
[3] 参见李祥俊:《熊十力思想体系建构历程研究》,北京师范大学出版社,2013年,第四章,第206—276页。

如果说"旧名""世语"二者的冲突是内在于熊十力哲学文本之中的矛盾,那么"立言"与"践行"这对矛盾虽不存在于某一具体的哲学文本,却贯穿了熊十力的整个哲学运思生涯。所谓"立言",指的是撰写哲学著作,建构哲学体系,这也是大多数学者研究熊十力哲学的重点之所在;所谓"践行",并不仅指将纸面上的理论付诸实践,更指一种态度或认识,即认为纸面上的理论成果并不是终点,而是通达一种实践状态的中转站,甚或认为有更高的"道"(哲学真理)超越于文字之上,需要抛开固有逻辑论证,亲自去"认证"与"体悟"。"践行"实际上已经超出了现代(西方)哲学的范围,更接近于一种宗教的或神秘主义的体验,因此李泽厚才会颇为不屑地称"其哲学只能停留在直觉主义的'冥悟证会'阶段"。然而,无论喜不喜欢,批判或赞同,都无法忽视这种"践行"色彩是熊十力哲学——如果还能称为"哲学"——思想的重要组成部分。例如,他深感从文字层面"立言"的局限性,"因为语言是实际生活的工具,是表示死物的符号。这道理是迥超实际生活的,是体物不遗而毕竟非物的,如何可以语言来说得似?虽复善说,总不免把他说成呆板的物事了"。① 在熊十力看来,语言僵死的符号性特点使其必然抓不住超越于现实生活的"道理",而想要得"道"见"体"就必须抛弃语言、逻辑、感官经验,返回自我内在深处去体认,"吾人反观,炯然一念明觉,正是自性呈露,故曰自性觉。实则觉即自性,特累而成词耳。又自性一词,乃实体之异语。赅宇宙万有而言其本原,曰实体。克就吾人当躬而言其本原,曰自性。从言虽异,所目非二

---

① 熊十力著,萧萐父主编:《熊十力全集》(第一卷),湖北教育出版社,2001年,第570页。

故。无倚者,此觉不倚感官经验,亦复不倚推论故"。① 这种崇尚"内证"思维方式之体现,并非以上孤证特例,当学生问熊十力(万物)"同源之说可征乎?"熊十力答道:"此固可于生物学上举其征,如柏格森哲学是已。我却不用拿生物学来做根据。我是直接反求诸心,见得此意。"②可见在熊十力看来,从自我内心深处体悟出的道理比客观证据更有说服力。

事实上,重视思想的"实践"维度,不仅是熊十力一人之特点,更是新儒家学派共性之所在。梁漱溟在1961年写了一篇长文《读熊著各书书后》,严厉批判了熊十力在晚年所撰的《论六经》《原儒》《体用论》等著作,其理由除去一些具体的事实性错误外,最根本的原因在于,他认为熊十力在晚年"堕落"了,具体说来即是为了"立言"而不顾甚或贬斥"践行":

> 堕落,或云自毁自杀,是早已开始的。上文我曾说熊先生"明知故犯",那便是开始。大约一个人不向着他所认识到的应行自勉之路而勉趋之,则任从自己情趣走,有背乎那正路而不惜,便是堕落。熊先生情趣在好玩弄思想理论把戏,他亦完全明白东方古人之学莫不有其反己之真实功夫为其学说所自出,不应该离开此等真实功夫而谈什么思想理论。然而他却任从情趣去搞他的哲学理论,而怠于反己之实功。这便开始堕落。距今三十四十年前,其迹不显;近二三十年来渐渐显

---

① 熊十力著,萧萐父主编:《熊十力全集》(第二卷),第10页。
② 熊十力著,萧萐父主编:《熊十力全集》(第一卷),第569页。

著。这表现在他耽于著述,自得自满,高自位置上。前曾指出他"悔而不改",已是积重难返时候。比及晚年乃大暴露:浑忘理论必出乎实证乃有其价值,而特高视理论;傲然以理论自雄,恣意呵斥古人,略无所谓;然其谈理则愈以泥执,一反其早年所实悟者。①

"立言"与"践行"本是熊十力思想内部两大特点,他由重"践行"转向重"立言",建构自己的哲学理论体系,貌似并无不妥之处,梁漱溟为何如此激烈地指责他这一转变为"堕落"呢? 一方面,熊十力为了建构自己的理论体系,对古人思想的阐释颇有"六经注我"之特色,梁漱溟看不惯他对古人思想妄加篡改;更重要的是另一方面,梁漱溟认为西方舶来的"哲学"概念,以及概念背后那套运思方式并不能完全涵括"东方古学","至如儒家身心性命之学不可等同于今人之所谓'哲学',在熊先生何尝不晓得,却竟随俗漫然亦以哲学称之"。② 儒家或印度佛学溢出"哲学"所能涵括的部分,即梁漱溟认为熊氏晚年背离了的"修养实践功夫":

> 哲学——爱智之学——原倡自古希腊人,而后来西洋人发达了它。东方古人的趣尚却不同。它没有单自成功一门学问来讲求。假如说他们亦有其哲学的话,那在印度只不过是其宗教生活(瑜伽功夫)中无意而有的一种副产物,在中国则只是其道德生活(人生实践)中无意而有的一种副产物。如此

---

① 熊十力著,萧萐父主编:《熊十力全集》(附卷上),第772页。
② 熊十力著,萧萐父主编:《熊十力全集》(附卷上),第740页。

而已。当西洋近代学术风气传过来时,乃有人从古书中拣取出一些来讲它。在学术发达、门类繁兴的今日,这样做亦未始不可吧。但有一个前提必不可忽。

这个前提就是:从来空想空谈不成学问;真学问总是产生在那些为了解决实际问题而有的实践中,而又来指导其实践的。在东方古书中被看作是哲学的那些说话,正是古人们从其反躬向内的一种实践活动而来,要皆有其所指说的事实在,不是空话,不是捏造。你只对着古书望文生义去讲,并不能确知其所说究是些什么。局外人不曾有此实践,更没有发言权,不要插入乱讲话。它本不像西洋哲学家那样在搞什么思想,却倒像西洋科学家在那里搞某种事实。科学家只能在实验室或其他现场实地去较量,切忌逞臆猜想,亦不能徒以口舌争。在这里,你要插入讲话,就得亦经一番修养实践功夫再来讲。①

在梁漱溟看来,脱离了反躬自身的修养实践功夫去谈"中国哲学",最后只能落得南辕北辙的结果,他特举熊十力晚年探讨龙树思想的话为例:

佛教之成为哲学,自龙树开基,其功不可朽也。(见《明心篇》,第五○页)
龙树创辟大空学派于释迦没后六百年,其在学术思想方面之开展固已超过释迦甚远。然犹奉释迦为大祖者,盖以其

---

① 熊十力著,萧萐父主编:《熊十力全集》(附卷上),第742—743页。

> 人生思想尚秉释迦出世主旨,师承有自,弗忘其朔耳。龙树毕竟是出世思想,此须认定。(《体用论》,第一〇四页)①

梁漱溟认为,熊十力以"哲学"眼光考察龙树,使以修证佛法为鹄的一代高僧成为为了阐释佛教哲学而选择出世生活的"哲人",彻底颠倒了其思想之本末:

> 请看他这里说的哲学,岂复是他过去(回看上文)所强调的那种哲学?盖已经是通俗说的哲学了。而佛教呢,却好像成为这样的哲学才有价值!在我们看,龙树不过多作一些发挥阐扬释迦教旨的功夫;而他则赞称"其在学术思想方面之开展,固已超过释迦甚远"!在我们看,龙树的学问和他的修证实践分不开,而其修证当然本于出世思想,其何待言。而从熊先生的语气,却好像龙树可能为出世思想,亦还有非出世思想的可能,要待他加以"毕竟如何"的一番指明和认定!又好像龙树可能宗奉释迦,亦还有不宗奉释迦的可能;龙树之宗奉释迦,不过是"弗忘其朔"!种种怪话,直是不堪入目。②

梁漱溟斥责熊十力晚年"堕落",并不否认其早年曾经"见体","请看他这里说的哲学,岂复是他过去(回看上文)所强调的那种哲学?盖已经是通俗说的哲学了",这句话意味着过去他强调的那种哲学尚不同于通俗哲学,而是真"见体"之所得:

---

① 熊十力著,萧萐父主编:《熊十力全集》(附卷上),第772—773页。
② 熊十力著,萧萐父主编:《熊十力全集》(附卷上),第773页。

明白地说,他自己确曾见体也。就在以上引录的一段话之后,有这样的话:

夫证会者,一切放下,不杂记忆,不起分别;此时无所能,无内外,唯是真体现前,默然自喻。(下略)(同见前书,①第七一页处)

这话非曾见体者不能道得。更取一事例以为佐证:

余少时读严又陵《天演论》。又陵按语,解释佛家不可思议一词,有云:智者则知由无常以入长存,断烦恼而趣极乐,正如渴马奔泉,久客思返。真人之慕诚非凡夫所及知也。当时不知何谓长存。岂谓修养功深,庶几灵魂永存欤?然殊难置信。又陵长存一词究作何解,想彼只是作文章也。后读阳明咏良知诗(无声无臭独知时,此是乾坤万有基云云),始憬然有省,却不管又陵意如何,佛氏本旨如何,而吾自悟当下便是长存。此意极不易言,系乎见性与否。凡夫迷执躯壳,只堕溺无常之生死海中;至人超越形气,直得本体,则时空内外等见,无自而起。夫无常乃相对也。见性则即于相对而见绝对,固非于相对之外,别求绝对。(下略)(见《十力语要》,卷三,第六九页)

这里"吾自悟当下便是长存"一语,正是说的见体。此事只可亲证,讲解是讲不出的。曾亲证者自然相喻无言;否则,无从相喻,无从相信。②

---

① 指《十力语要》,卷三。
② 熊十力著,萧萐父主编:《熊十力全集》(附卷上),第 766—767 页。

固然,梁漱溟对熊十力晚年思想的批判并不见得完全公允,带有其自身对东方古学之"前见",然其对中国古代思想"实践"层面的强调,对熊十力思想深处"立言"与"实践"内在冲突的揭示,为我们理解以"新唯识论"为核心的熊十力早期思想提供了重要的切入口。实际上,面对梁漱溟的批判,熊十力也辩解道,自己"立言"的最终目的还在于"践行"、"见体":

> 今首要答你①的,我喜用西洋旧学宇宙论、本体论等论调来谈东方古人身心性命切实受用之学,你自声明不赞成。这不止你不赞成,欧阳师、一浮向来也不赞成。我所以独喜用者,你们都不了解我的深心。在古哲现有的书中,确实没有宇宙论的理论。孔门亡失了千万数的经传,是否有宇宙论,今无从考,也许有而亡掉。
>
> [……]
>
> 我的作书,确是要以哲学的方式建立一套宇宙论。这个建立起来,然后好谈身心性命切实工夫。②

(三)熊十力早期思想诠释的一种新思路

中国古时并无"哲学"这一概念,"哲学"一词始于日本学者西

---

① 指梁漱溟,此段选自1958年6月25日熊十力给梁漱溟的一封信。
② 熊十力著,萧萐父主编:《熊十力全集》(第八卷),第758—759页。

周对英文 philosophy 一词的翻译,清末时期,黄遵宪始将"哲学"概念从日本引入中国。而将"哲学"由一个异域舶来的概念转变为一种研究中国古代学问的新范式,这一"功劳"应记在胡适的《中国哲学史大纲》上,"我们可以毫不夸张地说,直到现在为止,中国哲学史的研究都没有从根本上超越这个典范"。冯友兰的《中国哲学史》则进一步深化了这一范式的影响:"冯友兰先生在依傍西方哲学的路上又向前走了一步,提出:'今欲讲中国哲学史,其主要工作之一,即就中国历史上各种学问中,将其可以西洋所谓哲学名之者,选出而叙述之。'冯友兰的哲学史实践也是依照这个主张来操作的,例如用亚里士多德的'四因说'来解释朱熹的理气关系,用柏拉图的'理念说'来解释朱熹的'理一分殊'等。"①由此可见,"中国哲学"这一范式直到二十世纪二三十年代才逐渐形成,而熊十力几乎在同一时间开始建构其新唯识论哲学体系。回到本章开头的问题,熊十力的哲学是什么意义上的哲学——与西方哲学传统意义上的"哲学"或当代中国学院里的哲学相类似吗?

通过对熊十力"哲学"的矛盾性分析,可以看出其既非西方哲学,也非当代中国学院哲学,其产生于中国哲学这门学科初创之时,带有先天的矛盾性特征。实际上,早在梁漱溟撰文批判之前,熊十力身边的好友林宰平已表达了相似的反对意见,"昨宰平过此,谓西人哲学一词为知识的。而弟以中国学问为哲学,却主张知识与修养一致,此恐为治西洋哲学者所不许。盍若不用哲学之名

---

① 彭永捷:《论中国哲学学科存在的合法性危机——关于中国哲学学科的知识社会学考察》,《中国人民大学学报》,2003 年第 2 期。

词为得"。① 林宰平同样认为，(西方)哲学重在求知识、"立言"方面，而容不下"修养""践行"的层面。有趣之处在于，熊十力"哲学"这种在同代人之间激起争议乃至批判声的矛盾性却消失在了后来研究者的视野之中，研究者们过滤掉了熊十力哲学的"实践"性特点，将重点几乎完全放在"立言"层面，从各种角度分析、解释其留下的"哲学"文本，将其塑造为"中国现代哲学的创生原点"、重建中国文化主体性的大哲学家，似乎遗忘了他建构哲学体系，"立言"的目标最终还在"实践"，"我的作书，确是要以哲学的方式建立一套宇宙论。这个建立起来，然后好谈身心性命切实工夫"。

意识到熊十力哲学的"实践"层面，仍有一个问题，斯人已逝，他留下的只是"立言"之文本，如何从中获得"实践"层面的洞见呢？当然，考察熊十力的"实践"思想仍然需要以其留下的文本作为材料，需要的更多是一种视角上的转变。

> 任何理解我的人，当他用这些命题为梯级而超越了它们时，就会终于认识到它们是无意义的。(可以说，在登上高处之后他必须把梯子扔掉。)他必须超越这些命题，然后他就会正确看待这个世界。②

维特根斯坦将其哲学著作称为助人正确看这个世界的"梯子"，同样，对于熊十力留下的文本，我们也可采取相同视角，将其

---

① 熊十力：《十力语要》(卷一)，与张东荪往复信，见熊十力著，萧萐父主编《熊十力全集》(附卷上)，第741—742页。
② [奥]维特根斯坦：《逻辑哲学论》，贺绍甲译，商务印书馆，2009年，第104页。

视为通往"修证见体""身心性命切实工夫"的"梯子",而不是将眼光局限于"梯子"本身,或从宏观上赞叹它修建得多么精妙绝伦,或将其拆成碎片不断琢磨、把玩。以这种视角重新审视熊十力早期留下的哲学著作——主要是《新唯识论》,需要扩展研究的视野,将其著作与个人命运、时代思潮更密切地结合起来考察。在这些方面,既有的研究成果提供了几点颇值借鉴的思路。其一,考察熊十力哲学思想的同时,不忘兼顾探讨其生平经历,郭齐勇的《熊十力哲学研究》与李祥俊的《熊十力思想体系建构历程研究》两书皆有熊十力生平经历介绍,并尝试将其人格与思想相结合:"熊先生的哲学智慧、圣贤气象和崇高的人格精神是浑然一体的。他就是伟大的中华民族精神生命的象征!他的一生,是为赤县神州不绝如缕的文化慧命而奉献奋斗的一生。"[①] 其二,将"科玄论战"视为熊十力哲学产生的重要思想背景。郭齐勇直接继承了张灏《新儒家与当代中国的思想危机》一文观点,将《新唯识论》视为回应"意义危机"的产物,"熊十力《新唯识论》写作的背景是价值系统的崩溃、意义结构的解体和自我意识的丧失"。[②] 程志华则认为,熊十力是为了抵御"唯科学主义"对人文领域的侵袭,才力倡哲学本体论研究,"本体论并不是科学所研究的领域,而是哲学之专有的研究领域。因此,尽管'科学主义'非常'猖獗','实证主义'也非常具有'破坏性',但本体论领域是科学'夺不走'的。熊十力说:'学问当分二途:曰科学,曰哲学。科学,根本从实用出发,易言之,即从日常生活的经验里出发。科学所凭借以发展的工具,便是理

---

① 郭齐勇:《熊十力哲学研究》,第21页。
② 郭齐勇:《熊十力哲学研究》,第22页。

智。……究极言之，只有本体论是哲学的范围，……我们以为科学、哲学，原自分途。'因此，无论'科学主义'如何'泛滥'，'实证主义'如何"破坏"，因为本体论不在科学范围之内，故它是永远不会被'夺走'的"。① 其三，注意到了熊十力个人生命体验与其哲学思想的联系。李祥俊追溯了熊十力一生的六次"生命体验"，并尝试给这些体验以哲学解释。② 程志华引用了李祥俊对熊十力六次"生命体验"的研究，并将其与熊十力的"性智"思想相联系，认为"因此，无论从时间上，还是从逻辑上，可以说这六次'实感'对其哲学建构发生了重要影响。实际上，他的哲学体系就是其'实感'即'生命体验'的理论升华，亦即对'超知识'的'性智'的'知识言说'"。③ 这些研究均给笔者写作带来极大启发，但同时也带来些许困惑。例如，李祥俊、程志华虽注意到熊十力"生命体验"的人生经历，但仅将其同哲学之"性智"部分相联系，忽视了其整体哲学思想的实践性本质；另一方面，二人偏向于给"生命体验"寻求一种"哲学的解释"，而没意识到熊十力的"哲学"恰好以达到特定的"生命体验"——证悟见体为目的，因此，既有研究有颠倒二者的逻辑关系之嫌。又例如，既往研究注意到"科玄论战"与熊十力思想之间的关系，但最终将这种关系化约为对"科学主义"或"唯科学主义"的抵制。上章讨论"科玄论战"已经说明"唯科学主义"并不能概括时人对于"科学"观念的理解，时人更多将"科学"理解为一种新的世界图景，这种世界图景以"物质主义"与"还原论"为主要特

---

① 程志华：《熊十力哲学研究——"新唯识论"之理论体系》，第103—104页。
② 李祥俊：《熊十力思想体系建构历程研究》，第110—130页。
③ 程志华：《熊十力哲学研究——"新唯识论"之理论体系》，第398页。

征。因此,探讨熊十力思想,必须将其同"物质主义"和"还原论"这两大思想背景相联系,才能有较为准确的理解。

最后,想要通过"立言"留下的文本获取"实践"思想的理解,还必须有一个恰当的切入视角,才能真正进入熊十力复杂的思想世界,而这个视角就是"证人之学"。

二、熊十力的"证人之学"
——理解《新唯识论》的一个视角

(一)生命体验与"证人之学"的缘起

1913年,革命成功,民国初建,身处首义之城的熊十力并不快乐。一年前,自己同吴崐、刘子通、李四光三人在雄楚楼共庆革命胜利的那一幕幕情景仿佛还在眼前,然而,短暂的喜悦过后,熊十力沮丧地发现单纯的政权更迭并不能改变社会凋敝、民气萎靡的现实,"海通以降,风气糅杂,国学式微,斯道久废,人伦攸斁"。熊十力相信社会风气、国运隆替关键在于知识阶层的品质,"从来国运之隆替,以士习纯驳为征。观于汉、晋之际,士俗浇漓,遂酿五胡之祸。其机括甚微,而影响至巨,可以鉴矣"。① 因此主张从"士习"入手重整时局:"夫唯明乎人之所以为人,而学以致道,以道正习者,乃能为造化。主于以化民成俗,扶翌国运。其事由微而著,由小而巨。此证人学会之所勉企也。"②

----
① 熊十力著,萧萐父主编:《熊十力全集》(第八卷),第2页。
② 熊十力著,萧萐父主编:《熊十力全集》(第八卷),第3页。

这篇见于《庸言》杂志的《证人学会启》乃熊十力公开发表的第一篇文章,他在文中提出以改变"士习"为手段来挽救世道人心的方法,并不符合时代潮流。随着科举制度的终结,士大夫阶层逐渐解体,而随之而来的革命洪流也日益使知识阶层处于一种边缘化地位。"证人学会"终究没有建成,1913年"二次革命"失败后,熊十力离开武昌回到德安,暂时告别革命生涯,开始了一段乡居读书生活。

"证人学会"虽没建成,但在这篇短文中第一次见诸文字的"证人之学"却是长期以来支配熊十力思想的重要问题意识,也是后人进入熊十力思想世界的关键门径。"证人何谓?证明人所以为人之道也。"按照常理,每个人生下来即是"人"了,何须证明人之为"人"?在熊十力看来,"人"并不等同于两足直立通体无毛的哺乳动物,而是超越性价值的承载者:"官天地,宰万物者,人而已矣。人之生也,无极之真,二五之精,妙合而凝。唯彼哲人,成性存存,道义之门;其惟愚人,昏昏冥冥,梦死醉生。我日斯迈,而月斯征。夙兴夜寐,无忝而所生,可不惧哉?"① 愚人醉生梦死显然不具备"人"之资格,而"证人之学"就是要使人达至"哲人"状态,重归"无极之真,二五之精"。另一方面,"证人之学"还有解救"内苦"之效。

> 闻诸印度旧教之论曰:生人之大苦有三,曰内苦,外苦,自然之苦。内苦如心苦、怨失等,外苦如世人(指人与人相交)、

---

① 熊十力著,萧萐父主编:《熊十力全集》(第八卷),第1页。

禽兽等，自然之苦如电、雷、水、火等。今自物质学发明，人类能征服自然。如古畏雷电，今以雷电供舟车邮便之用；古多为水所限，今则轮舶周行海面。是自然之苦可驱也。古者鸟兽害人，爪牙角毒，人不足以胜禽兽。迫人智稍进，陷阱弧矢之用张，乃役物以自养。所谓外苦，又去其一。①

随着人类文明的发展，原来困扰自身的"外苦"与"自然之苦"日益得到解决，但"内苦"却依然萦绕人心：

> 先民以来，所大苦不解者，唯内苦与世人之苦耳！（何烈士自新《叙曲广讲演录》曾道及此）人生而静，天之性也。感物而动，则缘于情。情违于性，其流别曰贪嗔痴。一曰爱恶欲，过此以往，至于无穷，如海中沸波，回旋怒荡；如盲驴旋磨，束缚围绕，执而不返，字之曰妄。此亦一妄，彼亦一妄，两俱执之，一往不返，而人己之争端起矣。自非人道不明，曷以至此？②

人因情感、欲望过剩不得满足，便陷于贪嗔痴妄的状态，从而使得内心苦不堪言。究其本质，此种"内苦"还是源于人背离了其本性："人生而静，天之性也。感物而动，则缘于情。情违于性，其流别曰贪嗔痴。"因此，"证人之学"求人之为人之道，探究人之本性，最终使人复归本性，从而有解"内苦"之效。

---

① 熊十力著，萧萐父主编：《熊十力全集》（第八卷），第3—4页。
② 熊十力著，萧萐父主编：《熊十力全集》（第八卷），第4页。

熊十力希望通过"证人之学"求得"人"之本质——规定人之为人之"道",意味着他相信在生物学意义之外还有更高的存在可以规定"人"之本性。这一洞见与其生命体验有着密切联系,他曾回忆自己少年时一段独特经历:

> 余少失怙,贫不能问学。年十三岁,登高而伤秋毫(时喟然叹曰:此秋毫始为茂草,春夏时,吸收水土空气诸成分,而油然滋荣者也。未几,零落为秋毫,刹那刹那,将秋毫且不可得,求其原质,亦复无有。三界诸有为相,皆可作如是观)。顿悟万有皆幻。由是放荡形骸,妄骋淫佚,久之觉其烦恼,更进求安心立命之道。①

熊十力由夏之茂草迅速凋落为秋之枯枝败叶,感悟到生命短暂、世事无常,进一步产生了万物皆幻影而不可长存的洞见。这种世间万物皆短暂而不真实的想法非常容易使人滑入虚无主义的深渊,进而怀疑世界存在的意义与自己生命的价值。少年熊十力一度陷入这种虚无主义,"由是放浪形骸,妄骋淫佚"。幸运的是他没有一直这样堕落下去,因为放纵并不能填补内心的空虚,只会产生新的烦恼,他由虚无而生的烦恼出发,尝试去探寻幻境后的真实、流变外的持存。

因悟幻不自有,必依于真。如无真者,觉幻是谁?泯此觉

---

① 熊十力著,萧萐父主编:《熊十力全集》(第一卷),第5页。

相,幻复何有？以有能觉,幻相斯起。此能觉者,是名真我。时则以情器为泡影,索真宰于寂灭,一念不生,虚空粉碎,以此为至道之归矣。既而猛然有省曰,果幻相为多事者,云何依真起幻？既依真起幻,云何断幻求真？幻如可断者,即不应起,起已可断者,断必复起。又舍幻有真者,是真幻不相干,云何求真？种种疑虑,莫获正解,以是身心无主,不得安稳。

由着这种类似于笛卡尔"我思故我在"的思路,熊十力认识到虽然世间万物都是幻影,但能够感觉这些幻影的存在者——我,应该是真实存在的,"此能觉者,是名真我"。"真我"一方面可以觉知到世间幻影般的万物;另一方面,其自身一念之生发,又会产生新的幻影,是谓"一念不生,虚空粉碎"。尽管进一步思索后,他又开始怀疑"幻相"存在的意义以及"真我"与"幻相"的关系问题,并因这些问题一时不得解决而身心不安;但仍可以发现,熊十力从早年的生命体验与对此体验的反思过程中,日益产生了物质世界并非实有,它的存在系于其后一个更深层次的"真我"之存在的观念。当然"真我"并非任何一个肉体意义上的自我,而是超越于具体肉身而弥散于一切存在者中的存在。16岁的熊十力在阅读陈白沙的《禽兽说》一文时,深切体悟到此"真我"之存在:"余乍读此文,忽起无限兴奋,恍如身跃虚空,神游八极,其惊喜若狂,无可言拟。当时顿悟血气之躯非我也,只此心此理方是真我。血气一团宛然成藐小之物,而此心此理则周遍乎一切物之中,无定在而无所不在,是夐然绝待也。"①

如果说13岁那次还是感"茂草变秋毫"而悟得的万物皆幻,那么27岁在武昌城中的一次体验则是熊十力从直观上感受到现实世界的"虚幻"本质:

> 弱冠时,一日登高,睹秋草零落,忽生悲感,推想天地万物皆归无何有之乡。壬子,在武昌,一日正午,坐人力车过大街,天无片云,白日朗然,车中无思无念,忽尔眼见街道石板如幻如化,形象与原见之石亦不异,但石体不实,犹如幻化。拟之浮云尚不可,浮云犹实在极矣!见房屋如此,见一切人坐者立者皆如此,见人说话口动亦如此,仰视天、俯视地,一切如幻如化。平常视天,即所谓苍然大圜气界,并无不实在感,此时顿觉大圜气界如幻如化、毫不实在。视车及车夫,皆如幻如化。但视自身犹如故,无幻化感。吾视商店两人对话时,口动,面带笑容,皆幻化人也。忽起念云,哀哉!人生乃如是耶?怆然欲泣,即视觉一切复其旧。匀后思此境,不可再得,迄今就衰,终不再现。②

对经验世界的虚幻性体悟,促使熊十力去寻求其背后的真实存在;由虚幻性体悟而引发的对世界存在意义与人生之价值的疑惑,让他开始思索世界的本质、人的本质——人之为人的道理。

---

① 熊十力著,萧萐父主编:《熊十力全集》(第五卷),湖北教育出版社,2001年,第280页。
② 熊十力著,萧萐父主编:《熊十力全集》(第五卷),第141—142页。

"学而不思则罔,思而不学则殆",对这些根本性问题的思索过程,之于熊十力来说,也是一个泛览诸家思想学说的过程,从陈白沙之《禽兽说》而得"真我"之见的例子可以看出,学与思的过程往往是相辅相成互相促进的。

1920年熊十力正式拜入欧阳竟无门下学习佛学之前,他的思想来源比较混杂,在思考同一问题时,他往往会博采众家观点:

> 于虚空之中,而有诸天。于诸天之中,而有地球。于地球之上,而有吾人。人者万物之一也。渺乎小哉! 以渺小之人,而欲穷尽虚空诸天地球万物三际(过去现在未来)无穷之理,吾知其难已。庄生曰:"吾生也有涯,而知也无涯。以有涯求无涯,殆矣。"仲尼曰:"君子于其所不知,盖缺如也。知之为知之,不知为不知,是知也。"管子曰:"思之思之,又重思之,思之至极,鬼神通之。"吾人勿强所不知以为知,而精思以求通,其庶乎?
>
> 佛教解释宇宙全体,分立二门,曰真曰妄。(马鸣作起信论,立真如生灭二门。真如为真,生灭皆妄也)孔教解释宇宙全体,亦分立二门,曰道曰器。《易》曰:"形而上者谓之道,形而下者谓之器。"是也。(形上即在形下之中,异乎佛氏之言真妄矣)
>
> [……]
>
> 《易》以乾坤并建为宗(王船山曾言之),故乾、坤二卦,明宇宙开发之故。曰:"大哉乾元,万物资始。至哉乾元,万物资生。"所谓二元说也。天下事势,恒以二端相待相反而成变化。

(吾友李四光云:天下事恒有一反拨力,乾坤只是二片,相反而相济也。)此圣人所以执两用中乎?非知化者,不足以语之。①

由这几段1913年紧随《证人学会启》发表的随笔,可见熊十力非常关心世界、宇宙的本质问题,他汲取了佛教、孔教、周易各家思想资源,虽缺乏系统而深刻的结论,但仍能总结出两点其思想发展的端倪:其一,将世界(宇宙)分为两个层次,佛教称为"真"与"妄",孔教称为"道"与"器",前一层次比后一层次处于更加真实、本质性的地位,这种认知与其生命体验有着密切联系;其二,将周易中的"乾""坤"二卦视为两种相反相成不断运动的力量,这种力量与世界本质具有密切关联,此思想在《新唯识论》中得到了更加系统而深刻的阐发。

此时期由于思想来源混杂,缺乏系统,熊十力的观点常会出现前后矛盾之处:

凡佛之说,过高而不切于人事类如此。大凡一学说之发现,必有种种之原因。印度国土博大,地质沃饶,生活最易。其国人恒游心高远,于是出世之思想兴焉。故考印度之古教,无一不以解脱为目的者,此地理上之原因也。印度古教言解脱矣,然皆持诸法实相。至释迦起,以此为未足,复取群实而皆虚之。菩提树下,神悟天启,了尽空无,一翻旧教之案。解脱思想之高尚,无复有逾于佛者矣。此宗教上之原因也。以

---

① 熊十力著,萧萐父主编:《熊十力全集》(第八卷),第14—15页。

此二因,乃产出释迦之极端解脱主义。而穷高极幽智者,过之之病,盖不能无讥焉。①

> 佛说尽高尚,然其为道也,了尽空无,使人流荡失守,未能解缚。先自踰闲,其害不可胜言矣。故学佛者,必戒定慧俱修,庶乎寡过,此非实践者不知也。②

> 雪澄尝好佛,余谓佛氏言空而着于空,孔教不空而无着,即如李习之言,佛氏说法,随说随扫,不留痕迹,不知佛氏处处要说到无可说,便是沉空之见,便是痕迹。③

由以上这些1913年发表于《庸言》杂志的文字可见,当时的熊十力认为佛教陈义过高,且强调"出世",因此不切于普通中国人的日常生活;另一方面,佛教讲究"空无",容易使信者陷入一种虚无主义境地,从而"流荡失守";总而言之,相比佛家,儒家思想更切合中国人的实际生活,显然他持有一种扬儒贬佛的观点。

然而,仅三年后,熊十力于《船山学自记》一文得出以下观点:

> 余曩治船山学,颇好之,近读余杭章先生《建立宗教论》,闻三性三无性义,益进讨竺坟,始知船山甚浅。然考船山《船山遗书》目录,有《相宗络索》《八识规矩颂赞》二书。自邓显

---

① 熊十力著,萧萐父主编:《熊十力全集》(第八卷),第8页。
② 熊十力著,萧萐父主编:《熊十力全集》(第八卷),第9—10页。
③ 熊十力著,萧萐父主编:《熊十力全集》(第八卷),第12页。

鹤、曾国藩之伦,皆莫为刊行。诸为船山作传者,亦置弗道。吾臆船山晚年或于佛学有所窥,陋儒或讳其书不传,未可知耳。①

通过章太炎的启发和自己对佛教原典的深入阅读,熊十力逐渐体会到佛教思想的博大精深,一改过去"陈义过高""使人流离失守"的判断,认为自己曾十分崇拜的王夫之,其思想深刻处亦可能受佛典启发,相比于佛教思想,"船山甚浅";而对于那些避讳王夫之与佛教思想联系的儒家信徒,他直接以"陋儒"蔑称之,可见此时的熊十力至少相信佛教思想的精深之处并不逊色于儒家思想。

熊十力早期思想来源混杂,甚至有时前后矛盾,一方面因为他早年没有接受系统性教育,许多知识靠着自己博览群书自学而来;另一方面则缘于他所处的时代背景。熊十力生长在清末民初时期,此时期传统仁义充沛、天理流行的世界图景日渐解体,植根于此图景之中以"仁"为核心的自我观也日益丧失说服力,实际上佛学这种大多数时间处于传统知识阶层视域边缘的学问在晚清知识界突然流行起来,某种程度上也同主流儒学世界观衰落有着密切关联。尽管熊十力在思考世界与人的本质时,还在引用"人之生也,无极之真,二五之精,妙合而凝"这样的儒学语言,但在剧烈转型年代,破碎了的传统世界观已无法给其提供一个整全的世界图景,他才需要在佛学中寻找新的思想资源。科学世界观直接促使了传统世界图景之解体,使得具有内在德性的世界转变为机械化

---

① 熊十力著,萧萐父主编:《熊十力全集》(第一卷),第6页。

的物质世界。熊十力对这一转变有着敏锐的观察,1918年印行的《心书》内有其《示韩濬》一文,此文讨论了"天"的四种含义及其流变:

> 天字之义有四:以形气言,一也(如《诗》言"旻天""昊天"是);以主宰言,二也(如《书》称福善祸淫之天,及《诗》所称"上帝"者,皆是)。以虚无言,三也(如《中庸》末章所称"无声无臭"之天,是与第二义不同:盖一有人格,一无人格;一属宗教,一属哲学);以自然言,四也(如《易》言"天行健",是今所为天演也)。四义中,后三皆本前一引申之,而学术思想之变迁,亦于此可略识矣。[……]晚近天演说张,形气之秘机愈泄,斯以自然言天者贵矣。夫始制天字,用表至高在上之苍穹耳,浸假则引伸为真宰之名,又引伸为虚无真理之目,又引伸为自然之谓。至于后二义,于形上形下之故,渐有发明。然佛明因缘,则自然又成戏论;佛说唯心,与此云无神,精粗迥别也。①

熊十力意识到,天演说的盛行,使得从"人格化神"或"泛神"角度理解"天"的思想日益缺乏说服力,"晚近天演说张,形气之秘机愈泄,斯以自然言天者贵矣",具有"虚无真理"内涵的"天"最终转化为物质化的"自然";然而,比之于物质化的"天演说",熊十力更赞成"唯心"的佛学对"天"之理解:一方面,佛学对"天"或世界本

---

① 熊十力著,萧萐父主编:《熊十力全集》(第一卷),第6—7页。

质的理解更接近于自己对物质世界虚无幻化本质的生命体验;另一方面,他认识到丧失了道德性的物质化"天""世界"无法赋予生活于中的"人"以德性内涵,使得人日益从功利主义角度理解"自我",物化世界与功利化的自我具有内在关联,而二者共同促使现今成为"残酷竞争之世":

> 挽世唯物之说胜,功利之习炽,又值东西学说,汇流交错,互相冲突,人心靡所依止,妄动以赴竞争之壑。争必有所托,故仁义托于五伯,文明人道托于今日竞争残酷之群雄,孰与正其是非哉?①

熊十力对于"科学"有着非常复杂的情感,毫无疑问,无论是从自己的生命体验出发,还是因对科学的物质化世界图景所带来的功利主义盛行之憎恶,他都不喜欢也不认同科学的世界观与人生观;但是,他又无法否认科学所带来的巨大的技术变革及其对现实世界的功用,因而,最理想状态是"科学"与"佛学"互相调和,祛除科学的"物质化"特点。这可以解释他读到梁漱溟对鲁滂学说的佛学化解释之喜悦,他专门摘抄了部分内容,并加上自己的理解,撰成《记梁君说鲁滂博士之学说》:

> 顷见梁漱溟引法博士鲁滂之说,比合佛旨,融相入性,科学家执心外有物,庶开其蔽尔。按鲁君说:"以太涡动,形成原

---

① 熊十力著,萧萐父主编:《熊十力全集》(第一卷),第22页。

子,非物质之以太,能变成岩石钢铁。力与物质,同一物而异其形式。质力非不灭者,质力之相续灭,则归于万物第一体不可思议之以太。"此其大旨也。梁君说其义曰:"所谓第一本体不可思议之以太者,略当佛之如来藏或阿赖耶。《起信论》云'不生不灭,与生灭和合,非一非异,能摄一切法,生一切法者也。'鲁君所获虽精,不能如佛穷了[……]"①

遗憾的是《记梁君说鲁滂博士之学说》中的"科学"是经过了梁漱溟佛学思想改造过的"科学",以物质主义与还原论为其核心,而物质主义将熊十力否定物质世界的"生命体验"变为了"玄想",还原论则将他眼中具有道德性与超越性的自我还原为功利主义的感官性动物。熊十力虽然没有参与"科玄论战",但对论战中科学派咄咄逼人的进攻态势和吴稚晖嬉笑怒骂的"漆黑一团的宇宙观"有着深刻印象:

> 摩哈默得那里知道什么玄学科学,果然,这是丁在君先生的话,在君是个科学学者,何以会有这种的口吻,所以奇怪了。其实也并没有什么可怪,凡是要拿一个天经地义的定型囊括一切,就不免对于异己者有个成见,故统一思想和排他思想是连带而生的,宗教是有统一思想的,所以宗教也有排他的思想。——佛教与一般宗教根本不同,自当别论。——罗素说:宗教是杀人的利器,欧洲历史上许多战争,差不多都与宗教有

---

① 熊十力著,萧萐父主编:《熊十力全集》(第一卷),第25页。

关。现在在君先生的论调,居然带有杀伐之音,我说他简直像个教主,固然拟于不伦,我的朋友熊子真先生看了这篇文章,他也就这么说,可见这种的感想必不止我一个人。①

以上这段文字摘自"科玄论战"中林宰平的一篇参战文章《读丁在君先生的〈玄学与科学〉》,对于科学派宣传科学的文字中所带有的"杀伐之音",熊十力与林宰平有着同样的感受。

熊十力认为科学可以探究到物理世界的真实,但无法得到本体世界的真实,后者必须求诸"证会"或"体认":

> 哲学,大别有两个路向:一个是知识的,一个是超知识的(超知识的路向之中,也有两派:一极端反知的,如此土道家是。一不极端反知的,如此土晚周儒家及程朱阳明诸儒是)。西洋哲学,大概属前者。中国与印度哲学,大概属后者。前者从科学出发,他所发见的真实,只是物理世界底真实,而本体世界底真实,他毕竟无从证会或体认得到。后者寻着哲学本身底出发点而努力,他于科学知识亦自有相当的基础(如此土先哲于物理人事亦有相当甄验)。而他所以证会或体认到本体世界底真实,是直接本诸他底明智之灯,易言之,这个是自明理(这个理是自明的,故曰自明理),不倚感官的经验而得,亦不由推论而得,所以是超知识的。②

---

① 亚东图书馆编:《科学与人生观》,第85页。
② 熊十力著,萧萐父主编:《熊十力全集》(第一卷),第601页。

熊十力深信得自自我生命体验的"真理",比科学研究物质世界所得的真理更加真实,属于"本体世界"的真实。这个观点说来简单,论证起来并不容易,若要普通读者获得自己证悟而来的"本体世界的真实",关键之处在于证明这个现实的物质世界并不如我们日常生活中感受的那般"真实",换言之,解构掉这个物质化的世界乃是达至"证悟"终点的必经之途:

> 《新唯识论》,须从头另造,原稿可就者甚少。吾十年来精力尽萃此书。在此欧化时代,唯物思潮汹涌之际,吾所为者极不合时宜。然掉背孤行,以亢乎往古来今而无所悔,则吾志也。①

1920年,熊十力赴南京拜于欧阳竟无门下学习佛学,系统性学习佛教唯识学,这使他得以在此基础上建构自己的哲学体系,更给了他一个趁手"工具"得以解构物质化世界——前面一点,既往研究多有论述;后面一点,则是笔者重新解读《新唯识论》的起点。

(二)解构物质世界——作为"证悟"途径的《新唯识论》

熊十力的《新唯识论》先后有三个版本,第一版为文言文本,出版于1932年,第二版为语体文本,出版于1944年,第三版是1953年出版的《新唯识论》删定本。第二版除了将初版的文言文翻译为

---

① 熊十力著,萧萐父主编:《熊十力全集》(第一卷),第647页。

白话文外，还增添了许多引证材料，以支持其核心论点，从而使内容更充实，论证更详细，但全书的总体布局与核心观点并没有太大变化，最明显的变化在于更多引证了宋明诸儒的思想，这可视为熊十力思想越来越远离佛家而接近儒家的证据。第三版主要在第二版基础上删定，考虑到政治原因，熊十力在第三版中删去了一些批判唯物主义的内容，并加上了佛学源流的介绍，以降低此书的阅读难度并促进其普及。考虑到1953年删定本有迎合当时政治需要之因素，以及本研究之时间下限在1944年，因此，本研究主要以1932年《新唯识论》为核心，部分会参考1944年语体文本的内容，引用语体文内容时以"语体文本"标注。

《新唯识论》第一章"明宗"开篇即阐明了本书的主旨，"今造此论，为欲悟诸究玄学者，令知实体非是离自心外在境界，及非知识所行境界，唯是反求实证相应故（实证即是自己认识自己，绝无一毫蒙蔽）"。实体存在于自我的"心"中，而不可从外在物质世界中求得。另一方面，寻求"实体"的方法不同于求"知识"的手段，故实体"非知识所行境界"，只能反求实证。熊十力为了强调"实证"本体方法与探求物理世界知识方法二者之差异，特用"智""慧"两不同概念来区别二者。"智"即是反观自我内在，获得"实体"洞见的方法，"吾人反观，炯然一念明觉，正是自性呈露，故曰自性觉"，[1]这种"炯然一念名觉""自性呈露"即是"智"的洞见。熊十力特引儒家经典来阐释这种"智"的状态，"《中庸》所谓'诚者自成'，《易》所谓'自昭明德'，《论语》所谓'默而识之'，皆即心自见

---

[1] 熊十力著，萧萐父主编：《熊十力全集》（第二卷），第10页。

义"。① "慧义云者,分别事物故,经验起故(此言慧者,相当于俗云理智或知识)。"② "慧"简单说来即是用理智从经验中求知识,文言文本的《新唯识论》虽未明说,但读者很容易推测出"慧"即是"科学方法",在语体文本中则直接将"慧"等同于科学方法,"科学,根本从实用出发,易言之,即从日常生活的经验里出发。科学所凭借以发展的工具,便是理智"。③ 熊十力之所以认为"慧"或"科学"无法探究到"实体"——世界宇宙之本质,是因为"慧"所探究的对象——外在物质世界,从根本上来说是存在于自我"心"中的实体所幻化而来,简单说来水中肯定捞不到月亮,因为水中之月是"实体"月亮的幻影。"所谓慧者,本是从向外看物而发展的。因为吾人在日常生活的宇宙里,把官能所感摄的都看作自心以外的实在境物,从而辨别他,处理他。慧就是如此发展来。所以慧只是一种向外求理的工具。这个工具,若仅用在日常生活的宇宙即物理的世界之内,当然不能谓之不当。但若不慎用之,而欲解决形而上的问题时,也用他作工具,而把实体当做外在的境物以推求其理,那就大错而特错了。"④ 那么,凭什么将科学研究对象,我们日常生活于其中的物质世界斥为"幻相"呢,熊十力在第二章"唯识"中给出了答案。

"在唯识学之识境论中,将凡夫所执的先于或独立于心识存在者,称为外境。[……]前述四种理论之所执被归为外境,是因为它

---

① 熊十力著,萧萐父主编:《熊十力全集》(第二卷),第11页。
② 熊十力著,萧萐父主编:《熊十力全集》(第二卷),第10页。
③ 熊十力著,萧萐父主编:《熊十力全集》(第三卷),第14页。
④ 熊十力著,萧萐父主编:《熊十力全集》(第二卷),第12页。

们有一共同特点，即是独立存在，真实不虚，而为根本之存在，余物皆是生于它，依存于它。"①唯识学将"外境"定义为"世人所认为的"独立于"心识"而存在的外在物质世界，"识"（vijñāna）本义是识别，即对"境"之分别与辨别。同时"识"还有显现/呈现即反映"境"之功能，所谓"了别"（vijñapti），②在唯识学看来，我们日常所感受到的现实世界，是"识"去识别、呈现"境"而产生的结果，离开"识"的"外境"是不存在的，简单说来，现实世界是"识"与"境"相互作用之产物。传统唯识学否认离"识"之"境"的存在，熊十力在此基础上更进一步，否认取"境"之"识"真实性：

> 唐窥基法师序唯识曰："唯遮境有，执有者丧其真；识简心空（此言成立识者，所以简别于心空之见也。彼许识不空故，心亦识之异名），滞空者乖其实。"（见《成唯识论述记序》）此非了义。夫妄执有实外境，诚为丧真，不可无遮。而取境之识，是执心故，即妄非真，云何而可不空？若以妄识认为真心，计此不空，是认贼作子，过莫大焉。③

窥基担心将"心识"斥为空无，会导致一切皆空的观念，因此否认"境"有的同时承认"识"之存在。熊十力进一步认为，不但"境"非实有，取"境"之"识"，因为执于"境"，不见"境"之虚幻本质，所

---

① 周贵华：《唯识通论——瑜伽行学义诠》（下），中国社会科学出版社，2009年，第365页。
② 周贵华：《唯识通论——瑜伽行学义诠》（上），中国社会科学出版社，2009年，第199页。
③ 熊十力著，萧萐父主编：《熊十力全集》（第二卷），第13页。

以此"识"只能称为"妄识",同样是虚妄的,"取境之识,是执心故,即妄非真"。这样,熊十力解构外在物质世界就分为两个步骤,第一步先证明"外境"非实有,第二步再证明"妄识"为虚幻。下面先阐述第一步。

熊十力认为世人执"外境"实有往往出于两大原因,其一称为"应用不无计",其二称为"极微计":

所谓"应用不无计"是指世人因习惯于日常生活中的日用百物,而将所接触的这些事物视为实有,如经常用瓶子装水便习惯于将瓶子视为真实存在的实物。此种观念可进一步推广,将我们日常所用所见的一切事物的总和视为"宇宙",而将这个"宇宙"视为客观物质实在,"依此俗计,而锻炼较精;以为吾人日用间所接触的万象,唤做宇宙,这是客观存在的,不须靠着自识去识他才有他的"。[①] 熊十力指出,"应用不无计"的错误在于没有认识到我们日常生活中所接触的一切事物皆无法离"识"而存在。仍以水瓶为例,一个水瓶看起来有颜色,摸起来有坚硬的触感,这使得常人将其视为一个独立的存在物,实际上水瓶的存在只是人之"识"综合了视觉上颜色之相与触觉上坚硬之相而形成的罢了,并不能离"识"而自存:"汝意综合坚白等相以为瓶境,即此瓶境纯由汝意虚妄构成,离识何曾有如是境?"有两点理由可证"境"不离"识":其一,我们对任何一个物体,都是通过分立的视觉、听觉、味觉、嗅觉、触觉等方式去感知——不可能摸到一个瓶子是啥"滋味",也不可能听到一个瓶子的软硬程度,然而我们最终获得的却是一个完整

---

① 熊十力著,萧萐父主编:《熊十力全集》(第二卷),第14页。

的对瓶子的存在感知,既不只是一个瓶子的颜色,也不只是一个瓶子的触感,因此是"识"综合了我们对同一个物体的不同感知方式,形成了一个有颜色、味道、气味、触感的存在物。其二,不同人对同一个瓶子的感知结果也不一样,如有人看到的颜色会深,有人看到的则浅,色盲甚至看不到特定的颜色;即使同一人在年轻时与年老时去摸、去捏同一个瓶子,得到的触感也不一样,"今汝触瓶坚,少壮老衰所得坚度,前后不同,各人触坚,更不一致,是知坚非外有,亦遂触识而现其相"。① 一部分人放弃瓶子乃实有之观念,而坚称瓶子的"坚""白"之相,视觉与触感的产生有外因,而这部分外因应当是自存的。对于这一看法,熊十力承认"境"可以作为"外因",但否认此外因是独立存在的,因为在他看来,"识"和"境"只是一体两面罢了,"但此为因之境,定不离识独在。云何不离?以境与识为一体故。一体,故得交感"。②

所谓"极微计"是指将物质世界分解为十分微小的"粒子",将这些"粒子"视为离"识"独在且构成世界的基础,近代科学所谓的"原子""电子"也属于"极微计"的范畴。熊十力认为,能作为"实体"者,必须如"太易未见气"一般:"实体者,所谓太易未见气也。虚而不可迹(不可以迹象求),故无不充周(若有迹象,即有方所,则不能充周也。圆满之谓周,不息之谓充),故遍为万有实体(充周故为万有实体),其得以极微或元子、电子言之耶?"③在熊十力看来,任何分解为微观的粒子,无论是"元子(原子)"还是"电子"都有其

---

① 熊十力著,萧萐父主编:《熊十力全集》(第二卷),第15页。
② 熊十力著,萧萐父主编:《熊十力全集》(第二卷),第16页。
③ 熊十力著,萧萐父主编:《熊十力全集》(第二卷),第22页。

"迹象"可求,有"迹象"必然处于一个特定的位置,因此无法做到充盈周边一切地方。

相比之对"应用不无计"的驳斥,熊十力对于"极微计"的反驳更难让人信服,其先独断地界定"实体"之性质,然后以"极微计"下分解出的微观粒子不合"实体"性来证明其不可独立存在,颇有循环论证之嫌。若不论细节方面的瑕疵,可从熊十力的论证中得出"境不离识"的结论,事实上在他看来,二者并非不相离的两个个体,而是一个个体的两方面。

> 夫由吾自身以迄日星大地乃至他身(自身已外,有一切众生身),皆境也。自身境与自识不离,夫人而知之(自身境者,以自身望自识,亦是境故,是所知故)。日星大地乃至他身等境,皆为自识所涵摄流通而会成一体,初无内外可分。乃人尽昧焉,以为此皆离自识而独在者,果何据耶?①

对于同一个人来说,他自身和他对于自我的认识二者同为一体,这一点尚好理解;而自身之外的物质世界和他人如何能与自我算作同一体呢?在熊十力看来,日月星辰虽高但不离我们的视线范围,属于"眼识";大地宽广无垠但不离我们每日行走、脚踩,属于"触识";他人虽和自我不属于同一个身体,但二者之间心理相同、情感相通,因此"一切境相与识同体"。②

既然"境""识"原本为一体,那世人为何将其视为二物,且会有

---

① 熊十力著,萧萐父主编:《熊十力全集》(第二卷),第22、23页。
② 熊十力著,萧萐父主编:《熊十力全集》(第二卷),第23页。

离识之境的"幻觉"呢?"人生不能舍离实际生活,无弗资万物以遂其生长者。"①原来,人生存在世界中,吃需要利用土地种植出来的粮食作物和粮食喂养而成的家畜家禽,住需要挖取土壤石材来建筑房屋避雨遮风,正因为人习惯于以物质来供养自身生命维持日常生活,所以原本融"境""识"为一体的"本心"才会因日常习惯而异化为"习心",习于追逐外物,从而日益将原来与"识"为一体的"境"视为相分离的"外物"。熊十力将追逐外物的"习心"对于外在物质世界之"执"分为两个部分:"别执"和"总执"。"别执"是对于某个具体事物的客观存在之认定,如认为喝水的杯子、写字的笔、居住的房子等等是客观存在的。这些个别的存在物相互之间上下左右的位置关系进一步会让"习心"产生空间的"幻觉",例如我若认定屋子是外在于我客观存在的,自然就会将我与屋子之间的空隙视为外在于自我的"空间",其他如桌子、杯子和笔等物品就会在此空间中自然呈现,所谓"方分空相,由斯而起"。另一方面,在空间幻象出现的同时,时间幻象也会同时现起,熊十力认为,空间时间本是一体,只在于"横竖"之差异,"于横的方面计有空间相,于竖的方面计有时间相"。② 有趣之处在于这种时空为一体的观念颇合爱因斯坦相对论之观念,但理由并非来自严格的科学论证,而源于时空皆为"习心"幻化之道理。"别执"与空间、时间客观存在的观念共同构成了对整个外在物质世界的认定,这种认定熊十力称之为"总执"。

在第一步证明了"境"不能离"识"而存在,二者本为一体,皆为

---

① 熊十力著,萧萐父主编:《熊十力全集》(第二卷),第25页。
② 熊十力著,萧萐父主编:《熊十力全集》(第二卷),第26页。

"习心"所化之后,熊十力第二步则开始着手破除将"识"视为独立存在实体之观念。

熊十力通过借助佛教"缘生"的一套理论来破除"识"为独立实体之观念。"缘者,借义。众相互相借待,故说为缘。生者,起义。识相不实而幻起故,姑说为生。"由此可见,所谓"缘生"指的是各种幻相之间互相凭借互相依存而生发出新的幻相这一过程,"缘"则指的是幻相之间互相依赖的这种关系。"夫识若果为实有者,即是有自实自体。有自体故,便无待而恒现成。"①在熊十力看来,实体必须是不依存于任何其他存在物之存在而独立自存的,因此若证明"识"实际上不能自存,相反是由各种幻相互相生发而起的,那么即可证明"识"并非实体。简单说来,熊十力解构"识"之方法,就是将其还原为各种"缘生"。这些"缘生"具体可分为"因缘""等无间缘""所缘缘"和"增上缘"四部分。

任何一件事物的产生必有其特定原因,"因缘"指的就是能够生成特定事物而具有的这种生成性、决定性力量。例如,传统唯识学思想将"种子"视为"因缘"之"因"。眼睛具有视物能力,源于"眼识",而"眼识"则缘于特定的"眼识种子";同理,耳朵的听力最终缘于"耳识种子",这一种子学说最终将人类的所有感官能力皆还原为相对应的"种子"。很明显,此类种子学说源于古人在农业生产中所取得的经验,种瓜得瓜种豆得豆,种下特定作物种子就会长出相对应的作物。古人由此原理类推到人身上,得出了解释人诸般感官能力的"种子学说"。熊十力觉得这种学说过于粗陋,完

---

① 熊十力著,萧萐父主编:《熊十力全集》(第二卷),第27页。

全将"流行无碍"的"心识"给"拟物化"了,"世俗计稻等物皆从种生,今计心法亦尔,岂非大谬",因而改变了传统唯识学以"种子"为"因"之观点,将"一种动的势用"命名为"心识",以"心识"作为因缘之"因","所谓心识者,元来没有独立的自体。易言之,即无实物。他只是一种动的势用而已"。① 比之于僵硬的"种子",熊十力的"势用"显然更为高明,"势用"并非实体,因此缘此而生的眼、耳、鼻、舌、身、意诸识就丧失了实体性。

"等无间缘者,谓识前为后缘,行相无间,等而开导,故立此缘。"②"等无间缘"可分为三层次来理解:首先是"前为后缘","识"时刻处于变动不居的状态,前一"识"刚灭,后一"识"即生;其次是"行相无间",前一"识""生"与后一"识""灭"之间毫无间距可言;最后是"等而开导","开"是避开,"导"是招引,"开导"具体描述了前后相续之"识"的关系,前一"识"一方面"避开"后一"识",以给其空出位置,另一方面也牵拉着后一"识"的到来,正是因此"开导"之功效,"识"与"识"之间才能"行相无间"。

综合"因缘"与"等无间缘"二者,可以一白色水杯为例,来说明物如何为"境识"所生,"境识"又怎样被还原为"因缘":势用流行、"心识"乍起,从而生出了"眼识""身识"与"意识","眼识"与"心识"所幻化出水杯的白色之境本为一体,同样,"身识"与水杯坚硬的触感之"境"也同为"心识"所化,然而由于世人为"习心"所蒙蔽,错将"识"与"境"分为两半,认为"白色"与"坚硬触感"在自身之外。当我们闭上眼睛,拿起水杯的那一刹那,原本连续不断的

---

① 熊十力著,萧萐父主编:《熊十力全集》(第二卷),第29页。
② 熊十力著,萧萐父主编:《熊十力全集》(第二卷),第30页。

"眼识"立即被"身识"取代,"眼识"让出自身的位置带出"心识",二识之间的转化毫无间距,"意识"综合"眼识"所取的白色之相与"身识"所取的坚硬触感之相,构造出一个"白色杯子"的观念。哪怕我们不睁开眼睛,放下杯子,意识所构造的"白色杯子"幻相仍然存在,除非我们睁开眼睛用力将杯子摔在坚硬的水泥地上,此时"意识"所构造出的幻相会立即被一堆不规则的白色物体之境取代。

那么问题来了,"眼识"所取的白色之境,"身识"触得的坚硬触感,"意识"构造的"白色杯子"之相,三者是同一层次的存在者吗?"识"与"境"的具体关系在这一过程中又是怎么样的呢?"所缘缘"回答了以上问题:"所缘缘者,略有四义:一有体法,二为识所托,三为识所带,四为识所虑。"①

"有体法"指的是为众缘所生的"境"和"识"都是存在的,所谓有"体",但此"体"并非"实体"或"本体",其"存在"也是相对于意识综合诸识所形成的"幻相"而言。对于白色杯子来说,"白色"与"坚硬触感"都是存在的,它们为众缘所生,也可以触发众缘,"白色杯子"则是不存在的,只是意识所构成的"幻相"。"为识所托"和"为识所带"则解释了"识"与"境"之关系。固然从本体上而言"识"与"境"本为一体,但大多数情况下,因为世人不得"证悟"本体,所以将它们分为二者。"为识所托"是指"识"建立于特定的"境"之上而起,例如"眼识"需要以"色境"为基础,不可能只有视力而没有视力所见的事物;反过来"识"的出现也会带动"境"的现

---

① 熊十力著,萧萐父主编:《熊十力全集》(第二卷),第31页。

起,例如当我们看见一片红色时,不会有意将"眼识"所见的红色与红色之"境"分开,而自然认为二者是混溶一体的,这就是"为识所带"。熊十力认为,"有体法""为识所托"和"为识所带"三者还不足以定义"所缘缘",其原因在于这三者的功能与镜子十分相似,一面镜子同样可以映照出各种颜色不同形状的物体,镜子映照出图像的功能有赖于被映的物体,这是"为识所托";镜子又可以同时映照出各种物体,这是"为识所带"。① 这样一来,若单纯依以上三点来界定"所缘缘",则会将人之"识"与镜子混为一谈,区别二者的关键在于"为识所虑"。"为识所虑"强调"识"对"境"的呈现并非如镜子呈现那般死板无生气,而带有特定的情绪化特征,即"虑"。② 举例说来,当我们看见一个水杯时,定会起情感上之波澜,或联想起要用它喝水,或记忆起购买它时的相应情景,即使单纯拿在手中观察,也有相应的审美性情绪泛起。

"增上",顾名思义乃"添上""加上"之含义,"增上缘"则指的是甲种事物虽没有直接产生乙种事物,但对于乙种事物的产生具有重要的帮助作用,则可称甲种事物为乙种事物的"增上缘"。"增上缘"与"因缘"有一定的相似性,都涉及两种事物的产生与被产生关系;不同之处在于"因缘"之"因"具有内在的决定性、生成性力量,而"增上缘"之"增上"仅是一种辅助性作用。当然,这并不是说"增上"可有可无,仅是"锦上添花"而已。"增上缘"虽不能决定一个事物的产生,但没有"增上缘"此事物也必不能产生。③ 以鸡蛋

---

① 熊十力著,萧萐父主编:《熊十力全集》(第二卷),第32、33页。
② 熊十力著,萧萐父主编:《熊十力全集》(第二卷),第33页。
③ 熊十力著,萧萐父主编:《熊十力全集》(第二卷),第34页。

为例,毫无疑问"鸡蛋"是孕育一只小鸡的决定性因素,鸡蛋本身就含有一种能生成小鸡的生成性力量;另一方面,并不是每一个鸡蛋都能孵出小鸡,冰箱里的鸡蛋放臭了也变不出小鸡,原因就在于合适的温度是孵出小鸡的辅助性因素,温度本身变不出一只小鸡,但没有合适温度,鸡蛋也永远变不成小鸡,因此合适温度便是鸡蛋孵小鸡的"增上缘"。

"增上缘"具体有两层含义。一层含义"胜用",这一含义较为宽泛,在熊十力看来,甲种事物只要对于乙种事物的存在没有阻碍性作用,那么甲便对乙具有"胜用"作用,而这种作用对乙的产生并不一定要有密切的促进之处。他举了我们站立的土地为例,我们能够站起来,脚下的这片土地起了支撑性作用,毫无疑问是一种直接的"增上缘"关系。在他看来,不仅是这一片区域,更远处和此区域相连的土地同样与我站立有"增上缘"的关系;而那些遥远的土地上如果发生地震,或者洪水泛滥,即使不会直接对我之站立产生影响,但从"增上缘"角度来看仍然是一种"违碍"。[①] 若从此角度来看,就会发现世界上几乎每一事物都与另一事物处于"增上缘"的关系之中。举个例子,我今天能写出这篇论文,赫鲁晓夫是"增上缘"之一,如果他在半个世纪前的"古巴导弹危机"中没有同美国妥协,而是对抗到底,势必引发波及全世界的核战争,我的爷爷奶奶外公外婆中任何一人死于这场核战争,今天就不会有我,自然也没有我写的论文。这样一来,"增上缘"就成了一种无法穷尽的关系,熊十力都感叹"增上缘者,宽广无外,势不胜穷"。[②] 解决这种

[①] 熊十力著,萧萐父主编:《熊十力全集》(第二卷),第34—35页。
[②] 熊十力著,萧萐父主编:《熊十力全集》(第二卷),第35页。

困境的办法很简单,即我们在探讨一个事物的"增上缘"时,一方面意识到几乎每一事物都与它处于"增上缘"关系中,另一方面在解决具体问题时,只考虑对该事物有直接影响的"增上缘"。① 例如,我们眼睛能看见一片红色的图景,在熊十力看来只与四种"增上缘"有关:(1)我们要想看见事物,肯定得有眼睛与配套的神经系统,这些是"官缘";(2)只有我的眼睛与红色图景之间没有其他物体阻隔,有空隙,图像才能传到眼睛中,这是"空缘";(3)有光,眼睛才能看到东西,这是"明缘";(4)"识"与"境"本为一体,红色之相只是"心识"所化,我们将它当作外在图景,全因"本心"为"习气"所遮蔽,这是"习气缘"。

"增上缘"的第二层含义主要强调其具有"促进"与"违碍"的双面性。例如农药可以杀灭害虫,对庄稼的健康生长具有"促进"的"增上缘",但反过来对被杀死的害虫则具有"违碍"的"增上缘"。②

综括言之,"因缘"指的是"心识"本身即具有的一种生成性力量,"识"能生"境";"等无间缘"描述了"识"与"识"之间次第相续的关系;"所缘缘"则阐明了"境"与"识"之间的关系,"境"为"识"之基础,"识"能带动"境"的产生;"增上缘"范围最广,包含了以上三缘之外的种种关系。

以往无论是广义的熊十力哲学思想研究,还是狭义的《新唯识论》研究,都比较忽视《新唯识论》中的"唯识"一章。理由显而易见,这一章表面上看来就是对佛教唯识学的一种概述,熊十力原创

---

① 熊十力著,萧萐父主编:《熊十力全集》(第二卷),第36页。
② 熊十力著,萧萐父主编:《熊十力全集》(第二卷),第35页。

性思想并不多,远不如其后"转变""功能""成色""明心"各章的原创度高,从中很难归纳出类似"本体论""宇宙论"等内容。笔者之所以费大量笔墨去仔细解读阐释这一章内容,其目的在于挑战这一"成见"。

从"立言"角度看,熊十力对传统唯识学并非一味继承、毫无批判,他批评窥基没有意识到"识心"乃被"习气"遮蔽而非"本心",因此处于和"境"一样的非实体地位;他纠正传统唯识学将"种子"视为"因缘"之"因"的观点,而以"一种势用"替换之。他对传统唯识学的批评与修改正是其招致正统佛教信徒、学者批判的重要原因。

从"实践"角度看,熊十力将客观物质世界还原为"习心"所化的"境"与"识",又将"境"与"识"还原为聚则成、散则无的四种"缘生"关系和合而成的产物。那么从根本上来说,我们每天所接触的现实世界、我们认为客观存在的物质世界,本质上只是"缘"这一虚无的关系所互相支撑而构成的幻相,并非独立自主的存在。我们大多数人虽无法如熊十力那样从实践中获得万物皆"本心"所幻化而成的虚无这样的"生命体验",但若仔细阅读熊十力在"唯识"章中逻辑严整、论证绵密的文字,很容易得到与其生命体验一样的"证悟"洞见。可以说"唯识"这一章以"立言"为手段最终通达到"实践"的目的。

如前所述,窥基之所以在破"境"的同时承认"识"之存在,是因为担心若将"境"与"识"同时斥为虚无幻相,则会让人以为世界上一切皆幻觉,没有真实存在,从而陷于虚无主义之中。熊十力不同意窥基将取"境"的"识"视为真实存在,认为此"识"只是"习心"所化,而"本心"才是世界的本体,真实的存在。那么"本心"是什么样的呢? 其又有何特点呢?"转变""功能"两章回答了这些问题。

三、道德化世界图景与超越性自我观的重建

(一)道德化世界图景的重建

熊十力在《新唯识论》的语体文版本中强调,人生若想不陷于虚无、无意义的境地,则必须承认这个世界有一个存在的本体,否则一切都是幻相,意义也就无处追寻。他的这一思路非常类似于窥基,窥基否定"境"而承认"识",同样也想给这个宇宙世界设定一个实体性的支点,只不过熊十力认为窥基的"识"因执于"取境"所以只是"习心",还达不到本体的标准,只有不执于"境"的"本心"才是本体。这样一来便引出一个重要问题,如果"本心"不执于"境",与"境"无涉,换句话说,本体就和我们日常所见的世界彻底脱离了关系,那凭什么说这个"本体"便是生发出整个世界的原点呢? 我们又从何去认识这个"本心"呢? 固然,熊十力强调本体是"不可思议"的,一旦我们用思考物质世界的方法去考量本体,就是将其拟物化,而彻底偏离了本体之实质;[①]另一方面,他承认本体的功用可以表现在我们日常生活中,因此可以通过本体之"功用"去探寻本体自身。熊十力核心思想之一就是"体用不二",他一再用"大海水与一池水"的例子来强调本体这一特点,简单说来,大海的

[①] 熊十力著,萧萐父主编:《熊十力全集》(第二卷),第51页。

水即是本体,一池水即是"功用",毫无疑问,一池水来源于大海水,但它们二者在本质上是一致的,我们虽无法认识如一望无垠的大海水之本体,但通过其功用"一池水",同样可以探得本体之特点。具体说来,熊十力认为通过功用表现出的本体有以下特点:

(1)没有固定形象。这里的"形象"作名词理解,指具体的形状、样子。熊十力反对传统唯识学将"识"作为本体,一重要原因便是"识"与具体的"境"有了联系,很容易囿于具体的事物,而丧失了本体的超越特征,而在他眼中,本体与世间万物的最大差异便在于没有固定的外貌、样子,因此也不会囿于具体的"形象"。更进一步,本体不但区别于物质世界具有特定外貌形状的物体,而且也不同于一些人格化的超越者,即许多宗教里所谓的"造物主",例如印度教里的"梵天"、基督教里的"上帝"等。其理由在于人格化的超越者本质上还是以世间的普通人为模具想象出来的,丧失了本体奇妙的神用特征,"又凡作者[指的是人格化的'造物主'],更须作具,倘有常模,便无妙用"。①

无形象之特点除针对"人格神"之设定外,更主要目的还是批判传统唯识家的"种子说"。前文讨论"因缘"章节已经提到,熊十力批判"种子说"有将本体比喻成具体事物的弊端,"不悟种子取义,既有拟物之失";另一方面这种学说与"极微计"又有异曲同工之妙,而本体无固定方所,显然不是如"极微计"所描述的那样是可以分为处于具体位置的微观粒子。"种子说"的辩护者往往会强调,虽然自己的学说将人的眼、耳、鼻、舌、身、意等诸般感官能力归

---

① 熊十力著,萧萐父主编:《熊十力全集》(第二卷),第49页。

结为相应的"种子",但在这些具体"种子"背后还有一个终极的"阿赖耶识",此识作为储存一切种子的处所,可以生发出一切其他种子;而且"阿赖耶识"也不似具体的感官诸识,它并无具体之"形象"。熊十力指出,这种"阿赖耶识"主张人类的物质性身体脱胎于"神识""阿赖耶识",此识是永远不灭亡的;此观点非常类似于认为在人的物质身体外还有一个非物质的"灵魂",人的肉体虽消亡了,但灵魂在轮回中永远不灭亡。这样一来,人的灵魂变成化生世界的本质,熊十力指责这种观点是彻底的"唯我论",大多数人都认为佛教主张"无我",实质上乃不知"佛家固极端之多我论者"。①

既然本体无固定形象,其"样子"是否就无法描述了呢?若将本体直接称为不可描述者,显然有碍于读者去接近、去了解本体,因此熊十力还是采用了一些"形象化"的语言去描述"无形象"的本体。只是不同于"种子"这种物质化非常明显的譬喻,他更偏爱用"风""云""气"这些肉眼无法看见,肉身却能感到其巨大作用的自然现象来描述"本体"之特征,"体是虚伪,犹如云气",还像海上的飓风一般,刹那间起来便有排山倒海之势。② 这些自然现象除了有肉眼不可见的特点,还会让人有渗入一切地方、无处不在的感觉,这正是本体的第二大特点。

(2)纯一而无处不在。本体没有具体形象,也不在特定位置。"种子说"除了给予本体一具体形象,从而有拟物之失,还因物化之故而给本体设定了一固定位置。试想若本体居于一特定处所,那么它怎么能生发出在其他地方的物体呢?因此熊十力认为本体是

---

① 熊十力著,萧萐父主编:《熊十力全集》(第二卷),第57页。
② 熊十力著,萧萐父主编:《熊十力全集》(第二卷),第49页。

无在(不在一特定地方)而又无处不在的。他形容本体就像既没有形体又没有气味的生生不息的"宇宙大流"一般,不断运动,渗入一切地方,同时又不会停滞于某特定地方;这种流行不息的本体,可以化生万物,它是天、地、人、物等宇宙间一切事物得以成为其自身的根本性原因。① 既然本体无处不在,宇宙间一切事物都因本体而生,事物数量无穷,是否同样有无数个"本体"共同存在呢?

传统佛教一部分思想家赞同事物各有其"自性",将其称为"因缘",这种观点认为每个事物都有或隐或现的两重存在,显露出来的是"果",隐藏着的是"因",这个"因"决定了该事物能够存在,即是它的本体。熊十力指出这种看法十分荒谬,一方面,现象界的事物只是本体所变化出的幻相而已,其自身并没有真实存在的本质,故无"自性",当然不能依此现象别立一个本体;②另一方面持此"因缘说"的人,往往在因缘之外又立了个"真如"作为本体,这样一来,世间万物除了各自都有一个自己独特的"本体",又多了一个共有的本体"真如",最后便陷入"二重本体"的困境之中。③ 到底这两个本体,哪个才是更为基础的本体,却也说不明白,因此熊十力坚持本体既是无所不在的,又是单纯统一的。

(3)道德化特征。阐明本体的道德化特征,首先需引入"习气"这一概念。众所周知,如果我们每天在同一时段做同一件事,一段时间后,到了一天的这个时间段,便会不自觉地去做这件事,这种现象被称为"习惯"。"习气"类似于"习惯",也包括某种行为在人

---

① 熊十力著,萧萐父主编:《熊十力全集》(第二卷),第58页。
② 熊十力著,萧萐父主编:《熊十力全集》(第二卷),第54页。
③ 熊十力著,萧萐父主编:《熊十力全集》(第二卷),第55页。

身上留下的"印记";但其含义更为广泛,长时间养成的习惯自然属于"习气"范畴,短时间内事物在人身上留下的印记同样属于"习气"。例如看见一片美景后闭上眼睛,景色依然会在眼前遗留下痕迹;听见一段旋律,音乐结束后,这段旋律仍会在耳畔回荡,熊十力形容为"如香灭已尚有余臭"。习惯是过往的行为所养成的,一旦养成,则会影响未来的行为,"习气"同样如此。在熊十力看来,"习气"不仅有"香灭余臭"这样来源于过往影响的所谓"余势",而且还有潜伏着可以影响未来世界的"倾向","倾向者,[……]皆有起而左右将来生活之一种向往故"。① "习气"对于个人来说,可以是一种习惯或经验,对于更大范围的人群,如一个民族来说,可以是一种民族心理、民族文化;无论对于个人还是群体,"习气"都有着重要功能,人需从经验中学习、成长,民族需靠文化来寻求认同与凝聚力,所以"习气"并不含贬义。从根本上来说,"习气"乃是人之为人的重要特点,人虽然为宇宙本体所化,但毕竟不同于无形无相、周行不息、无所不至的本体。人有肉身,需要靠物质世界来维持自我的生存,"习气随形气俱始",②因此人一旦有了肉身,同物理世界有了接触,其生命本身便是一团"习气"。

本体无"习气",但其与特定"习气"具有一定联系,这部分"习气"被称为"净习",相对于"净习"的则是"染习"。"染习"包括三种,分别是"贪习""瞋习"("瞋"同"嗔")和"痴习",这三者均起源于对物质世界和自身物质性躯体的执着。"净习"包括四种:"戒习""慈习""定习"和"勇习"。"戒习"指的是时刻注意着不放荡,

---

① 熊十力著,萧萐父主编:《熊十力全集》(第二卷),第59页。
② 熊十力著,萧萐父主编:《熊十力全集》(第二卷),第60页。

从而远离"染习";"慈习"指的是柔和而有同情心,不怨恨他人;"定习"指的是内心不晦暗、不沉沦;"勇习"指的是永不懈怠地精进、向上。① 虽然"净习"和所有"习气"一样均产生于人的物质身体成型之时,因滞于物而起,但不同于"染习"执着于物质世界,"净习"更接近于本体自身的性状,"顺性为净,违性为染",②因此反而言之,本体自身也具有"净习"的相应特征——戒、慈、定、勇,简单说来,本体自身也具有了道德化内涵。

综上所述,熊十力眼中的本体具有无固定形象、纯一而无处不在和道德化这三大特征,那么这个本体是如何生发出整个世界的呢? 我们眼见的现实物质世界为何与这个本体有如此之大的区别呢?

熊十力对外在物质世界的解构、对本体特性的描述均极大地受到佛教唯识学影响,这种影响既可以体现在直接用唯识学思想斥责物质世界的虚幻本质,又体现在对传统唯识学的批判性改造,改造以"种子""阿赖耶识"为本体的观念,将本体重塑为一种生生不息、无处不在的势用。当涉及这种"势用"的具体形态,以及势用怎么生发出现实世界这个问题时,他开始从传统儒家思想中汲取资源。在熊十力看来,本体时刻处于一种运动、变化的状态中,这种变化体现为一"翕"、一"辟","一翕一辟之谓变"。③ 简单说来"翕"即是一种收缩、凝固的趋势;就在"翕"这种势用生发出来的同时,其中已经孕育了另外一种截然相反的势用,名之曰"辟",显然

---

① 熊十力著,萧萐父主编:《熊十力全集》(第二卷),第62页。
② 熊十力著,萧萐父主编:《熊十力全集》(第二卷),第63页。
③ 熊十力著,萧萐父主编:《熊十力全集》(第二卷),第41页。

"辟"是反对物化,健行不息,甚至于可以主宰"翕"的势用。这一"翕"一"辟",一正一反,相辅相成的两大概念很容易让人联想到《易》中的"乾"与"坤"两种概念,同样是一正一反、相辅相成、化生万物。文言文本的《新唯识论》并没有将这两组概念之间的关系说破,语体文版本中则直接用"乾卦"与"坤卦"来阐述"辟"与"翕"。①

在熊十力看来,本体即是一"翕"一"辟"的势用流行,其中"翕"这一收拢的趋势凝成了日常的物质世界,"翕则势若凝固而将成乎物矣";②但本体从根本上来说是反物化的,因此在"翕"的同时,另一种势用"辟"也随之而起,"辟"是一种刚健、向外扩张的势用,它比"翕"更为强大,可以主宰"翕",因此最终保持了本体无形象而无处不在的非物化特征。③"翕""辟"为一体的本体成功地解释了物质世界的成因——它是本体"翕"之势用的产物,同时保证了本体超越于物质世界的特性,可以说比传统唯识学拟物化的"种子"本体论高明了许多;另一方面,"翕""辟"所生发出的世界图景也不同于近代的科学世界图景,科学世界图景具有机械的物质化非道德特征,而我们可以看出"辟"本身除了非物化倾向外,还有刚健不息、精进向上的道德化特征。

熊十力借助佛教唯识学解构了现实物质世界,将其斥为不实的幻相,又通过重建伦理化的本体,建构了一个有道德内涵的世界图景,在此图景中,除了"人",物质世界均由本体"翕"的势用凝结而成。毫无疑问,人有物质化的躯壳,这部分也为"翕"所凝成,但

---

① 熊十力著,萧萐父主编:《熊十力全集》(第三卷),第108页。
② 熊十力著,萧萐父主编:《熊十力全集》(第二卷),第41页。
③ 熊十力著,萧萐父主编:《熊十力全集》(第二卷),第41—42页。

是人毕竟不同于一般非人的存在,人之"习气"中有"染习",也有"净习","净习"顺应于本体势用流行,"故极习之净而征性之显",①达到极致便可令"本心"呈现。而在熊十力看来,自我的"本心"即是本体"辟"的势用所生发出来的,"心者恒转之动而辟也",甚至可以说"辟"是针对"翕"而言的一种势用,而相对于"翕"凝成的"物"而言,"心"则是"辟"的又一个称呼。② 那么,具体而言,"心"又有什么样的特征呢?熊十力在《新唯识论》的"明心"章中对此问题作出了回答。

(二)"明心"与超越性自我观的重建

熊十力在《新唯识论》中多次谈到"心",他分"心"为"习心"与"本心"。"习心"乃取"境"之识,与识共同变幻出我们日常生活的现实世界;"习心"以"本心"为基础,其自身又分为"染习"与"净习","染习"执于物而背离"本心","净习"则顺乎"本心",乃生生不息"辟"势用之展示。毫无疑问,除了本体势用"辟"生出的"本心",其他心皆为"习心",熊十力将种种"习心"划分为四大部分:"遍行数""别境数""染数"与"净数"。

"遍行数"。简单说来这部分"习心"是时刻随心而同在的,不用依靠一定的"境"而生发,也不会断灭。"遍行数"具体包括"触""作意""受""欲""想""思"六部分。"触"的特点是追逐、趋向于"境",当"心识"取"境"时,"触"也就随之而起,可说"触数"正表

---

① 熊十力著,萧萐父主编:《熊十力全集》(第二卷),第67页。
② 熊十力著,萧萐父主编:《熊十力全集》(第二卷),第79页。

现了"心识"取"境"的重要特征;①"作意"的特点是提醒、刺激"心识",使得"心识"的其他部分有猛然醒悟之效果,例如过马路时看见汽车,"作意数"便起,以提醒自我汽车有伤人的可能性,从而远离危险,又如人为某些疑问所困扰,久思而不得解,突然"作意数"起,给人以灵光一闪的答案;②"受数"指的是"识"对于"境"的一种顺应趋势,此趋势有"乐"与"苦"之分,例如,"眼识"取"色境"时,若光线充足,则是"乐受",若昏暗或眼睛视力差,则是"苦受";③人在一种快乐的环境中自然不愿离去,相反,若身处痛苦的处境中则随时想要摆脱之,这种对快乐环境的希望与追求被称为"欲";"识"与"境"浑然一体,"境"与"境"之间也是浑融一片的,因此要想于"境"中有所认识,对认识的"境"有所表达,则必须将浑然的"境"用语言分解成一片片分离的"相",并通过语言表达传递给他人,这一用语言符号分解、表达境的过程被称为"想数";④"本心"纯净而无染,因此就没有善恶的区别,那么"习心"如何有了善恶的分别,并相应地选取顺从其中一方呢?这一切都是"思数"的作用,"思数"使得"习心"能起善恶之见,并驱使心去选择或善或恶的一条道路。

不同于"遍行数"与"识心"同时现起并永远一同存在,"别境数"并非常存,只有当"识"对"境"起了一种有意识的了解、分析的态度,它才会出现,"别境数"分为六个部分:

---

① 熊十力著,萧萐父主编:《熊十力全集》(第二卷),第107—108页。
② 熊十力著,萧萐父主编:《熊十力全集》(第二卷),第108页。
③ 熊十力著,萧萐父主编:《熊十力全集》(第二卷),第108—109页。
④ 熊十力著,萧萐父主编:《熊十力全集》(第二卷),第110页。

"慧数"指的是"心识"对于"境"的一种分析与综合能力,建立于"想数"的基础之上,"想数"将浑融的"境"分解为可被理解的一片片"相","慧数"在此基础上进一步于"殊相"——不同的"相"中求共相与规律,不同于"想数"是人人(有基本认知能力)都有的,"慧数"只有聪明人、善于发现规律者才具有;①"寻数"则在"慧数"上更进一步,略相当于人的举一反三的推理能力;人的推理过程总是一个由浅入深、由模糊的大概进入精细的局部之过程,这一过程被称为由"寻"入"伺","寻数"是初步的较为粗陋的推理能力,"伺数"则是更加精深、具体的推理能力;②善于于日常生活的习焉不察之处提出疑问,由疑问引导出一系列深入观察与思考,最终可能导向一个非常伟大的发现,因此"疑数"可以看作一种善于发问的能力,但另一方面,于已经非常清楚的地方还纠缠怀疑不休,则是一种愚蠢的表现;③"胜解数"指的是由一种决定性的征兆而确定某事物存在,这种能力非常重要,如果没有于"境"中决断、确定结论的能力,会始终彷徨无措以至于无法行动;"念数"指的是让原来遇到的事物在记忆中留存而不忘记的能力,乍看之下,记忆力似乎人人皆有,因此"念数"应归入"遍行数"的范畴中,但熊十力指出,有两点原因使得"念数"并不能常在,其一是如新生儿或小孩尚没有持续的记忆,其二是曾经记住的事物很有可能被遗忘。

"遍行数"与"别境数"揭示了"习心"的诸种认识能力,约略而言,"遍行数"偏向于感性认识能力,因此几乎人人都有;而"别境

---

① 熊十力著,萧萐父主编:《熊十力全集》(第二卷),第111—112页。
② 熊十力著,萧萐父主编:《熊十力全集》(第二卷),第112页。
③ 熊十力著,萧萐父主编:《熊十力全集》(第二卷),第111—112页。

数"则是更为精深的理性认识能力,并非人人皆有,而且只有在运用理性思考事物时才会存在。因为涉及的是认识能力,所以"遍行数"与"别境数"并无善恶、好坏之别,只有深浅、精粗之分,显然人心并不仅有认知能力,更有别是非断善恶的道德能力,熊十力分别在"染数"与"净数"中阐明了此种能力。

"染数"本义是扰乱"心",心被扰乱所以就会有烦恼产生,所以"染数"又有烦恼的含义,有具体五种表现:"贪数""瞋(嗔)数""痴数""慢数""恶见数"。①

"贪数"起源于对"境"的一种盲目而执着的爱,具体表现可谓是无穷无尽,熊十力主要举了八种最主要的表现:一是"自体贪",简单说就是自恋;二是"后有贪",大多数人相信人死如灯灭,因而希望长生不老,就是"后有贪";三是"嗣续贪",顾名思义即是希望自己的血脉、后代延绵不绝;四是"男女贪",沉溺于色情活动中不能自拔自是"男女贪"之典型,熊十力将范围进一步推广,认为文学作品涉及男女之情的,甚至写"仙女"的,以"美人芳草"寄托忧国忧民之情的都包括在内;五是"资具贪",贪图享用美食、豪宅、金钱、仆人、名誉与权势等等世间让人享受之物,都属于"资具贪";六是"贪贪",沉溺于想象拥有、享受自己并没有的好东西,简单说就是"意淫";七是"盖贪",留恋于已经逝去了的享受;八是"见贪",固执于自己浅显狭隘的一己之见。②

"瞋数"起源于憎恨、愤怒之情,由憎恶的对象之不同可以划分为三种:第一种憎恶的对象是具体的人,称为"有情瞋";第二种憎

---

① 熊十力著,萧萐父主编:《熊十力全集》(第二卷),第117页。
② 熊十力著,萧萐父主编:《熊十力全集》(第二卷),第117—118页。

恶的对象是不如意的环境,对于种庄稼的农民来说,风调雨顺自是最理想的气候,可往往天不遂人愿,干旱、洪灾都不利于粮食生长,农民因这些自然灾害心生的怨恨即是"境界瞋";第三种憎恶对象是他人不同于自己的意见与观点,成为"见瞋"。熊十力据"瞋数"批判了当时盛行于思想界的天演论,相信天演论的人会认为物种之间、人与人之间、不同民族国家之间为了生存自然会产生争斗,生出愤恨,因此"瞋数"是必然不可少的。熊十力指出,生存的基础是互相依存、相互帮助而非优胜劣汰的竞争,"互助论"比"天演论"更具有合理性。①

"痴数",顾名思义即是缺乏智慧、不明事理的状态。从广义上来说,一切"染数"都因惑于"习心"不见"本心"而生,属于广义的"痴数";狭义的"痴数"指的是人对于一些根本性问题的迷惑,如人生的意义、世界的本质,普通人对于这些问题要么毫无所见,一片迷惘,要么听信一些并不正确的见解,从而距真理更远,这些都是"痴数"。②

"慢数"指的是不仅固执于自我的意见、观点,而且将这些观点视为比他人皆高明的态度,简单说来就是一种傲慢。③

"恶见数"是"慧数"与"痴数"二者综合作用而成。"慧数"是一种推理、发现规律的能力,"痴数"则是不明事理、缺乏智慧,按理说二者应该水火不容,但现实经常是不明事理的人以自己的愚痴妄为推测,这样一来得出的观点即是"恶见数"。"恶见数"又可细

---

① 熊十力著,萧萐父主编:《熊十力全集》(第二卷),第118—119页。
② 熊十力著,萧萐父主编:《熊十力全集》(第二卷),第119—120页。
③ 熊十力著,萧萐父主编:《熊十力全集》(第二卷),第121页。

分为三。(1)"我见",又称为"身见",指的是将自己的肉体身躯视为自我的全部,而不悟肉身之外有更为根本性的"本心"存在,"本心"源于本体高于肉身,"身见"进而会将与肉体存在密切相关联的财富、权位、住宅、美食皆视为供自我存在而不可缺少之物,这样一来便无法洞察到它们的虚幻性本质。① (2)"边见",顾名思义即各执一边之见,也就是偏见,"边见"分为两种,一种是"常边",认为周围的事物常驻不坏,没有认识到万物本质上只是生灭不断的幻相罢了;另一种是"断边",看见四季流转、人的青春易逝,遂认为万物并无常形,只是些裂开的片段罢了,这种看法没有认识到万物本就是虚幻的,因而谈不上断开的片段,也没认识到真实存在的本体是延绵不断的。② (3)"邪见",又称"不正见",分为两种。一种是"增益见",指的是给本来不存在的事物增加了一个实体,例如世间存在的万物本没有实体性,一个白色的杯子,只是"眼识"取的白色相与手触摸的坚硬相罢了,意识将二者综合虚构出一个"白色杯子"的实体性存在物;又例如,每个人的躯体乃"翕"的势用所化,心乃"辟"的势用所化,从"本心"层面讲,人人共一个本体,差别只在于每个人沾染的"习气"程度不一,因此并无一个真实的"我"存在,"我"只是众人因不见本体之故而产生的增益见罢了。③ 另一种是"损减见",与"增益见"相反,指的是将本来存在的事物当作不存在,例如大多数人将宇宙视为一个机械性的存在者,而损减了本体所具有的生生不息之势用。"增益见"与"损减见"往往相辅相成,

---

① 熊十力著,萧萐父主编:《熊十力全集》(第二卷),第122页。
② 熊十力著,萧萐父主编:《熊十力全集》(第二卷),第122—123页。
③ 熊十力著,萧萐父主编:《熊十力全集》(第二卷),第123页。

不可能只有一个单独存在,例如古人不知道地球围绕着太阳运动同时也存在自转这一道理,以为地球是不动的,这一看法从"增益见"角度来说,即是增了一个"静相",反之从"损减见"来说,又是减了一个"动相"。① 熊十力认为,三种"恶见数"中,"邪见"的范围最宽广,包括了除"我见"与"边见"外的一切错误见解。

而"善数"分为以下七种:

(1)"定数"。"定数者,令心收摄凝聚故",②"定数"就是收拢"本心"使其凝聚。之所以要收拢"本心",是因为"本心"非常容易被各种妄见、愤怒、贪欲引入歧途,如物体顺着地心引力滑下、堕落一般。收拢"本心"就是要收回被各种外物吸引去的目光,反观内心,或使得沉溺的"本心"猛然警觉,或在反观中体会"本心"的虚灵、宁静与湛然之感,从而生出一股不被妄见、嗔怒与贪欲吸引的定力。③

(2)"信数"。信数之"信"并非通常"相信"的意思,而是指内心清净之义,内心清净也非世人所认为心中一无所有,而是有二者:其一是有一种愿意追求真理的欲望,此真理非客观科学规律,而是指人认为自己不同于一般存在者的一种"人性",人之为人的意义,信就是不断去探寻人之本性、人存在的意义,使自己不被物化;其二指的是一种发自"本心"的自信力,这种自信并非对自己能力的信心,而是"本心"自身不蒙尘垢所生发出的一种力量,类似于"壁立千仞,无欲则刚",熊十力特举圣雄甘地为例,指出他抵抗殖

---

① 熊十力著,萧萐父主编:《熊十力全集》(第二卷),第124页。
② 熊十力著,萧萐父主编:《熊十力全集》(第二卷),第129页。
③ 熊十力著,萧萐父主编:《熊十力全集》(第二卷),第129—130页。

民者的暴行全凭自己无私无欲的一种自信力。①

(3)"无贪数"。很明显针对的就是"贪数",认识到贪的无意义性因此也就不再贪,具体说来从七个方面揭示了八种"贪数"的无意义性:①认识到自己的存在并非自我私有而是与天地万物共为一体,摒弃了"自体贪";②认识到物其实并无实体持存,只是不断相续的刹那生灭幻相而已,就不会有"后有贪";③认识到包括自身在内的外物都是一体的生灭相续之过程,也就不会把自己的后代看得那么重要,可绝"嗣续贪";④认识到男女之间相敬才符合爱之本性,肉欲色情只会把人贬低为禽兽,便可抛"男女贪";⑤认识到人之本性乃圆满无缺憾,缺憾不足之感完全是向外逐物的产物,就会放弃"资具贪";⑥认识到"贪贪""盖贪"会导致人心产生物化,就能绝此二贪;⑦认识到自体与万物同体,摒弃了"自体贪",自然不会再执着于一己之私见,这样就克制了"见贪"。②

(4)"无瞋数"。愤怒和怨恨往往起源于利害关系,因为计较利益得失便会起纷争从而产生愤怒怨恨之情,"无瞋数"则要求人返回自我的"本心",从"本心"中体会出万物一体,从来就没有区别隔断,既然我与其他人与其他物本为一体,也就不会有利害上的冲突,"瞋数"从而自然被消解掉了。③

(5)"无痴数"。专门针对诊治"痴数",其一方面来自"定数",由此"本心"得以收拢凝聚不为妄见所惑,另一方面来自"信数",使"本心"清净无扰,二者共同作用下,"本心"得以除去一切蔽障呈现

---

① 熊十力著,萧萐父主编:《熊十力全集》(第二卷),第130页。
② 熊十力著,萧萐父主编:《熊十力全集》(第二卷),第131—132页。
③ 熊十力著,萧萐父主编:《熊十力全集》(第二卷),第133页。

出澄明之状态,"本心"澄明自然使得性智发用,从而达到无痴状态。①

(6)"精进数"。"精进数"指扩充"本心"使其勇猛强悍,具体说来即是保持一种自强不息、积极向上的人生态度,不沉溺于物欲,发挥"本心"刚健运动的态势。②

(7)"不放逸数"。简单说来就是时刻持守戒律。"本心"本是虚静无污染的,往往因为欲望的萌发而扰乱平静,欲望不满又生"贪""瞋"等数,遂离"本心"愈来愈远,最终陷于物化、贪欲的泥淖中,痛苦万分。所以远离苦恼的第一步就是不放逸,时刻持守戒律,不让欲望萌发。③

熊十力对本体的阐发,对宇宙图景及"本心"的描述体现了鲜明的实践性特征,赋予本体以刚健、仁慈、勇敢、清净无染的道德特征,也就是赋予其生发出来的宇宙之同样特征。这样一来,被科学世界观祛魅从而丧失了道德内涵的宇宙重新又变成一个伦理化的宇宙。人在这个宇宙中居于一种特殊地位,他的"本心"就是本体,"心即恒转本体也",④因此它能够通过反观自省来认识自己的内心进而接近本体。这样一来,《新唯识论》一书实际上就是一部发掘"本心"的实践性指南:首章先明大要;唯识章证明现实物质只是"心识"与"境"综合作用下的产物,再将"心识"还原为没有真实存在的众缘,从而解构了现实物质世界;转变章和功能章阐明生发出

---

① 熊十力著,萧萐父主编:《熊十力全集》(第二卷),第135页。
② 熊十力著,萧萐父主编:《熊十力全集》(第二卷),第138—139页。
③ 熊十力著,萧萐父主编:《熊十力全集》(第二卷),第139—140页。
④ 熊十力著,萧萐父主编:《熊十力全集》(第二卷),第80页。

这个虚幻世界的真实本体,而本体与"本心"相连;最后明心章阐明"本心"的诸多特点。借助这一逻辑,熊十力成功用"立言"的方式写出了他自己"实践"中的证悟过程,对世界本质的认知过程就是一个明心的过程,同样在证悟中明了了"本心",也就洞察到了世界的本质。

　　从诸种"善数"中可以发现,熊十力眼中的"本心"具有清净湛然、勇猛精进、生生不息、无贪、无瞋、无痴等特征,这些特征实际上也在指引着读者去践行一条合乎"本心"的特点,不为物欲所迷惑的道德化生活道路。而从扰乱"本心"的诸种"染数"中,我们很容易看出熊十力对以欲望、物质追求为核心的人生观持鲜明的批判态度。将自我理解为感官主义的以功利主义为行动导向的存在,在熊十力看来纯粹是"本心"被"染习"扰乱后堕落的产物,这也使他对"五四"时期的主流自我观持一种批判态度。梁漱溟、张君劢显然同样不满于感官功利主义的自我观,但他们二人对于这种自我观的基础——祛魅后的物质化机械化世界图景并无力批驳。在"科玄论战"过程中,面对科学派物质主义与还原论两大进攻利器,张君劢虽坚持"自我"不可被还原为物质化的"非我",但并没有系统的反驳能力,只能以寻章摘句的方式从宋明理学家、柏格森、倭铿等人的思想中截取片段来应对。熊十力在《新唯识论》中借助佛教唯识学系统论证了物质世界的虚幻性本质,成功解构了科学派的物质主义观点;同时,他将自我的"本心"与世界本体相联系,赋予了自我以超越性的道德内涵,无形无相、湛然纯一、刚健精进的"本心"自然无法被还原为任何具体事物,相反,只能通过证悟的方式去体验。可以说,整部《新唯识论》就是这一证悟过程的文字化描述:观(物质世界之)空—悟(本体存在之实)有—明(本)心—践(行真实自我之)性。如果说分散在"净习"与"善数"部分对于如何实践"本心"的文字略显冗长与琐碎,那么在《新唯识论》的最后部分,熊十力向读者总结了证悟"本心"的两条道路:其一,不为物质世界所迷惑,洞察到我们所在世界的虚幻性本质,认识到形气、物欲以及由此而生发的欲望、愤怒等情感对于自我"本心"的遮蔽危险,"形不碍性故,性之所以全也";①其二,将自我同一个更广大的存在者相联系,这个广大的存在者一定有超越性与道德性内涵,与之结合可以扩充自我的存在边界与深度,"天人合德,性修不二故,学之所以成也"。②

---

① 熊十力著,萧萐父主编:《熊十力全集》(第二卷),第142页。
② 熊十力著,萧萐父主编:《熊十力全集》(第二卷),第144页。

结论

一、自我观重建与现代新儒家的崛起

现代新儒家的出现与发展过程和"自我"问题紧密纠缠在一起,这种联系并非任何人主观生造,也非纯粹的历史偶然,而是植根于中国近代历史发展的深层脉络里,具体说来即西方强势文化对中国一步步渗透、冲击的过程。早在"五四"时期,陈独秀在《吾人之最后觉悟》、梁漱溟在《东西文化及其哲学》中都对这一过程有了细致的描述。这种冲击由浅至深逐渐动摇了中国人对自己在物质、政教乃至最终世界图景与自我认知上的自信,从而造成对作为整体的"中国文化"这一"大我"的怀疑态度与迷失状态。这种状态直接反映在新文化运动时期对于传统文化的一系列批判与争论,随着新文化派内部因政治信仰与见解问题发生分裂,在二十世纪二十年代中国思想界逐渐形成以李大钊、陈独秀为代表的马克思主义学派、以胡适为代表的自由主义知识群体以及以梁漱溟为代表的现代新儒家学派。①

传统上对于这三派的研究或从其思想资源上——马克思主义的、自由主义的、传统儒家思想上——加以区分,或从其对传统文化、社会改造的态度上——激进的、渐进的、保守的——加以区分。这些划分标准固然有其道理,但从另一方面观之,区分可能还在于不同群体对于"大我"——中国文化之迷失原因的理解不同,因此所采取的对策自然有别。马克思主义者认为,中国的问题出在外来的帝国主义压迫与内生的不合理生产关系、社会结构与政治秩序,一场激烈的政治与社会革命自然是解决这一切问题的最好方式,其过程自然越激烈迅速越能收其奇效。自由主义者也注意到马克思主义者所说的这些问题,但相信在现存的国际体系与国内政治秩序下能够通过呼吁"好人政府"、教育启蒙蒙昧的民众和舆论来改进政治与社会状况,这一过程相对于革命自然乃一更和缓与漫长的过程。

新儒家更多从自我的生命体验来感知"大我"——中国文化所出现的问题,这就会非常直接地体会到传统以"仁"为核心的道德世界图景崩溃后,造成的自我感官主义、功利主义与虚无主义化。对于这种涉及人生意义、存在价值深层次的自我问题,除非彻底皈依某种宗教,或是变成一个坚定的马克思主义无神论者,从传统文化中寻求资源几乎是必然之路。一个生长在中国的中国人无论从理性上多么反感、排斥、批判传统中国文化在政治、社会、思想方面的"流毒",但由于自身毕竟是这种文化所"化"之人,其在面临自我

---

① 黄兴涛主编:《中国文化通史·民国卷》,第67页。

存在的终极性问题时,外来宗教、理论还是会有隔膜之感,终究会回归以儒家为核心的传统思想世界,傅斯年便是一个典型的例子。作为"五四"青年的典型代表,傅斯年青年时持有激烈的反传统态度,拥护"全盘西化",他相信"家是万恶的根源",传统儒家的名教伦理完全为了"杀人"而存在;①可是到了晚年,当他的健康出现问题,眼光由一系列社会政治学术问题转向自我安身立命的人生问题后,傅斯年开始反思自己青年时代所推崇的那套实证主义在解决人生问题时的单薄无力,开始重读《论语》《孟子》,这时他的视角不再是"疑古的""找历史材料的",而是希望从儒家经典中汲取支撑个体生命存在的力量。晚年的傅斯年虽不能说彻底变成一个儒家信徒,但已经完成了由激烈反传统者向赞许、推崇传统儒家思想所包含的解决安身立命问题智慧之人的转变。1949年,身为台大校长的傅斯年开始要求本校一年级新生读《孟子》,对读《孟子》读出深刻体会并行诸文字的同学专门设立了"孟子心得奖"予以鼓励。

傅斯年的转变并不是孤例,在他二十世纪四十年代健康出现问题后与胡适的一系列通信中,我们可以发现,胡适对传统儒家思想的看法也开始出现转变,他开始强调孔子思想虽平淡无奇,但确实符合人性情理,这也许就是其伟大之处;承认《论语》《孟子》形塑了两千多年中国士大夫阶层的风骨。② 傅斯年与胡适这对"五四青年典型"与"五四青年导师代表"对于儒家思想态度的巨大转变,其

---

① 王汎森:《傅斯年:中国近代历史与政治中的个体生命》,王晓冰译,生活·读书·新知三联书店,2012年,第176、177页。
② 王汎森:《傅斯年:中国近代历史与政治中的个体生命》,第222、223页。

人生经历、年龄变化固然可以作为解释原因,但肯定不能作为决定性因素——若不然这一解释很容易导出 50 余岁的胡适、傅斯年二人与 20 多岁的梁漱溟具有相似人生经历与心理年龄的奇葩结论——关键原因在于他们从哪一个角度去理解传统中国文化,寻求什么渠道去解决近代中国所面临的一系列问题。

西方文化生产出的坚船利炮、机器厂房、物质财富有目共睹,即使是凡夫愚妇也皆可体会到其在物质财富方面的巨大优势;至于西方政治制度、社会规范、道德伦理层面的优点也随着留学生、驻外公使群体在各种报刊上的撰文介绍逐渐在知识阶层中普及开来。大多数中国人深切感受到国内混乱的政治局面,对西方政教体制多了层美好的幻想;而只有敏感的心灵才能体会到西方文化孕育的科学世界图景对传统世界观的冲击,以及这种冲击带来个体自我认同的迷失,自我存在价值的虚无化危机,梁漱溟就有一颗这样敏感的心灵。梁漱溟的父亲受时代思潮影响,抱持一种源于墨家而类似于西方功利主义的人生态度,此种态度直接影响到梁漱溟,使其在一段时间内变成一个功利主义者。受同学启发加上自身独有的聪慧敏感,梁漱溟开始质疑功利主义,然而丧失了原有价值标准,却因传统世界图景的崩溃与奠基于之上的自我观解体而无法建立起一种新的自我理解,从而无法寻得一种使自我能脱离挣扎欲望苦海的方法,无法给自己的人生赋予一个明确的目的,以至于陷入了长达数年的精神危机。这种独特的人生经历、心路历程让梁漱溟体会到,近代中国文化的危机不仅是物质、政教方面不如西方,更是世界图景解体、自我存在意义迷失这种深层次的生存危机。无论是社会政治革命还是教育舆论启蒙,皆非令人满意的解决此危机之方法。梁漱溟从佛学中获得世界本质乃虚无,皆为"心识"所幻化,人生本无特定目的这样的洞见,从而不再执着于追求一个固定的价值中心,这种积极的虚无主义使他脱离了为欲望、苦乐、人生意义这些问题所困扰而造成的精神危机,但是并不能解决更大的"自我"——中国文化之危机。佛学思想虽无法直接解决中国文化问题,但佛教唯识学给梁漱溟提供了一条勾连起个体自我与中国文化这个大我之间的思路——"意欲—文化"解释体系,即将文化视为生活的样法,而将"生活"定义为自我意欲所推动的"事"与"事"的相续。这样一来,文化最终的根源便是自我的意欲,不同文化的差异便被归结为自我意欲的路向之差异、自我观之差异。梁漱溟最终从传统儒家文化中找到了解决个体自我精神危机与更大的文化自我危机的方法,这种方法便是自我观的转变,将新文化运动时期主流的功利的感官主义个体自我观、佛教的虚无主义自我观转变为不计利害、一任直觉,具有"仁"与"善"的内在本性且情感充沛的自我。当然,由于梁漱溟是从自我生命体验中总结出的问题,由此问题出发向儒家经典寻求答案,这样一来便采取一种个人情感化的路径去诠释孔子学说、儒家思想,从而将传统经典重新置于现代人的生存处境中。

"民主"与"科学"是新文化运动的两面旗帜,如果说"民主"由于中国动荡的政局而始终无法实现,又因为新文化派内部意识形态上的分歧遂在理论层面也发生分裂,那么"科学"便成为新文化派重要的思想遗产,以至于张君劢在清华大学发表的反对科学支配人生观的演讲就引起了马克思主义信仰者陈独秀和自由主义派的胡适、丁文江两派之联合批判。两派人士虽在政见与意识形态层面存在着深刻分歧,却分享着极为相近的对"科学"之理解。这种理解不能简单地用"唯科学主义"概括,而应具体分为三个层次:权势话语、知识论(获取知识的方法)和世界图景。对于论战中的科学派来说,他们希望建立一种符合科学世界图景的人生观——世界的本质是物质的,人的情感、信仰与精神生活也可还原到物质层面,从而被因果律支配。吴稚晖在《一个新信仰的宇宙观及人生观》一文中勾勒出了此人生观的雏形,即将自我还原为物质化的"非我",以纯粹工具理性的方式来安排这些"非我",以适应外在环境的方式来行动与"生活"。张君劢意识到,这种粗浅的物质主义还原论并不能解决人生观问题,他想为"自我"勾勒出无法被还原为"非我"的特点,独立于物质存在的"精神"特质,因此在论战过程中一再强调"自我"与"非我"的区别,并希望从现代西方哲学与传统宋明理学中汲取能够赋予"自我"独特性的思想资源。遗憾的是,张君劢如此汲取出来的"只言片语"并不能从系统上反驳科学派的物质主义还原论批判。吴稚晖可以于嬉笑怒骂中建构出科学派的新宇宙观与人生观,张君劢却无法建构出相应的玄学派宇宙观与人生观。

如果说盛行于清末民初的功利主义思想氛围直接刺激了梁漱溟对人生意义问题的反思,那么"科玄论战"中科学派咄咄逼人的"杀伐之气",则让熊十力开始思索如何将自己对物质世界"幻相"本质的洞察转化为文字。善于从自我的生命体验中发掘问题与相应的解决思路,这是熊十力与梁漱溟的相同之处,不同之处在于熊十力的生命体验多了几分神秘主义色彩,从这种神秘主义体验中,熊十力发现物质世界的存在只是种种假象;这些假象是由一个更高的存在本体所生发出来的,而人的自我与此本体处于密切联系中。熊十力最终借助佛教唯识学的理论与周易思想的启发将自己的证悟化为文字,形成了《新唯识论》这部以"立言"为外表行"实践"指南之实的"哲学"著作。《新唯识论》以世界乃"心识"所化,"心识"待无实体的"众缘"而生的这一思路解构了物质化世界,同时将生发出宇宙万物的本体设定为一翕一辟的道德化"势用",从而重新赋予祛魅了的宇宙以德性内涵。在这个德性宇宙中,人的自我具有格外重要的地位,他的"本心"就是生发出宇宙万物的本体,自然无法被还原论还原为物质化的"非我";另一方面,因祛魅而被填平了内在深度的"自我"借助同德性本体的密切联系重新被赋予了伦理化的深度。我们可以发现,所谓"道德"不再是为了达成某种功利性目的的"工具",而是自我充满了德性的"本心"之显露。熊十力举孟子乍见小儿入井生发的"恻隐之心"为例,指出这种恻隐之心既非生物性本能,也不是出于功利性计算的结果,而是被日常"习气"所蒙蔽了的"本心"之展现的产物。[①] 自我的"本心"可以直接通向宇宙的德性本体并与其合一,但在现实世界中,绝大多数人因执着于物质世界、被欲望迷惑、被愤怒和愚痴遮蔽了双眼,而不见"本心"。熊十力在《新唯识论》中对"净习"与"善数"的阐述,指出了一条祛除"习气"、重归"本心"的实践之途,这再次充分体现了《新唯识论》一书的实践性本质。

梁漱溟以解决自我人生困境为机缘,从儒家思想中汲取资源,以个体生命与儒家经典互相阐释的方式为儒家思想重新注入生命

---

① 熊十力著,萧萐父主编:《熊十力全集》(第二卷),第81页。

内涵;熊十力则从一个更形而上,同时也更具实践性的维度将儒家易学中的"乾""坤"二卦及卦象中呈现出的刚健有为、精进不已的精神建构为宇宙本体,一方面重建了以儒学思想为核心的道德化宇宙图景,另一方面给现代新儒家学派建立了一个形而上的道德本体,给道德自我以本体论上的支撑,从而启发了唐君毅与牟宗三等第二代新儒家。可以说,梁漱溟、张君劢、熊十力三人以"自我观"问题为核心,开启并发展了现代新儒家学派,他们是当之无愧的中国现代新儒家学派的奠基人。

以往研究对于中国现代新儒家的界定,主要强调其三大特点:其一,张扬儒家思想的地位,将其视为中国传统文化的正统代表,在儒家传统中特别突出宋明理学的重要地位;其二,强调应该将以儒家为代表的中国传统文化视为具有生命力的精神实体,反对将其"博物馆化",或视其为单纯的学术研究对象;其三,主张"援西学入儒学",吸收西方学术的精华来充实传统儒学。①

毫无疑问,以上三点皆为新儒家的重要性质,但这些性质并非都是其独有的"特"点。首先,在西学东渐这个大的历史背景之下,除了极少数极端保守的人,没有人会反对吸收西方文化,因此"援西学入儒学"只是大的时代潮流而已,算不上新儒家之"特点"。其次,无论是突出儒家思想的正统地位,还是将儒家思想视为具有生命力的精神实体,皆为新儒家学派展露出的特点,但需要进一步追问:形成这些特点背后的深层次原因是什么?若将新儒家学派置于中国现代思想史的脉络中来观察,可以发现其不同于马克思主

---

① 郑大华:《梁漱溟传》,第148—149页。

义者、自由主义者乃至同为文化保守主义者的"国粹派""学衡派"之处在于,从个体自我角度去理解中国文化,从个人生命处境面临的价值虚无感、意义危机感去理解中国文化遭遇的危机,正因为从自我生命深处去感受文化危机,才会最终选择儒家思想作为安身立命之源。梁漱溟、熊十力均在一段时间内倾心佛学,胡适、傅斯年更是在一生的大多数时间批判以儒家为代表的传统文化之弊端,但当他们将思考转移到自我存在的深层次意义问题上时,皆不约而同转向了儒家思想资源。再次,正是因为新儒家们将儒家思想视为解决自己生命困惑的资源,自然不会将它们当成"博物馆化"的历史遗迹或是纯然客观的研究对象,而将其视为具有生命力的精神实体。最后,新儒家学派思考的是人生意义、世界本质这些带有很强哲学色彩的问题,因此在语言论述、思考深度方面有较深的哲学化特点,这就不利于其思想为更大范围内的受众所理解,并造成了李泽厚所说的"在现代中国哲学的势力最小""而知道他的人亦最少"这一局面;然而这一状况的出现纯粹是由于新儒家学派思想过于艰深、语言偏于晦涩,并非如李泽厚所言"已与时代进程脱节",[1]相反,以自我观问题为运思核心的现代新儒家之思想,直到今天仍然具有鲜明的现实意义。

二、新儒家对抗虚无主义的两条道路

在传统世界图景中,"仁"为宇宙之核心,世界具有浓厚的道德

---

[1] 李泽厚:《中国现代思想史论》,第275页。

内涵,自我与宇宙所具有的超越性价值"仁"具有密切的联系,人正是在践行超越性价值的过程中获得了存在价值与生命意义来源,也使自我获得了内在深度。同时,传统宗族社会结构与科举制度安排为自我实践"仁"提供了具体渠道,个体自我在实践过程中逐渐发展出与家庭、宗族、国家乃至天地相联系的感觉——天人合一之感,从而扩充了自我的外在广度;兼具内在深度与外在广度的传统自我正是在对超越性价值的践行中,在与家庭、宗族、国家等共同体的紧密关系中获得了意义充实感,从而避免了虚无主义对精神世界的侵蚀。在近代中国的转型过程中,科举制度的消亡、传统大家族逐渐被现代核心家庭替代,这些均导致传统自我观赖以存在的制度安排与社会结构发生解体。另一方面,从思想史层面观之,梁启超倡公德、别公私,将自我从共同体中分离出来,严复通过译介穆勒的自由主义思想,明确划分了群与己、自我与共同体的界限,并赋予脱离了共同体之个人独立的价值,二者共同推动了自我观范围的缩小——由一种深嵌入共同体,并将自身可层层推进至家庭、家族、国家、天下等更大范围共同体的自我缩减至严格同共同体相区别的"己"之范围。"五四"时期,新文化派进一步推动这种将自我从共同体中分离出来的趋势,将家庭视为"万恶之原",使得自我彻底丧失了外在广度。随着天演论流行与现代科学世界图景的确立,传统天理流行、仁义充沛的宇宙被一个物质主义的机械化宇宙取代,超越性价值"仁"丧失了依托,在激进者眼中,这些道德价值甚至是统治者愚民、驭民的手段,应该予以彻底批判、抛弃。由于超越性价值本身被祛魅,自我自然就丧失了与其的联系,失去了内在深度。在新的世界图景下,失去内在深度的自我被理解为纯粹感官性的存在，只有眼见、耳闻、鼻嗅、舌尝、身触到的存在才是真实存在，因此自我本身也被视为这一系列感官的复合体。伦理道德因无法被感官察觉而被视为虚文，或是以功利视角将其看作获取自我利益的手段，其他超越性价值也因同样理由或被视为无意义的玄谈，或被以功能主义视角解释为满足自我生存需要的文化造物。而在感官主义者看来，人的生存无非就是各种感官生理性需求的满足罢了，自我最理想状态便是吃好、睡好、玩好，感官上接触到更多更有意思的新奇事物，最后出于繁殖本能，生出下一代，继续让他们也吃好、睡好、玩好，如此循环不止……

感官功利主义的自我观所造成的道德危机与虚无主义，早在这种自我观出现的同时便已被有识之士察觉，先觉者试图用一套"小我—大我"话语来重新赋予自我意义。在这套话语中，"小我"指的是个体自我，"大我"可以有各种变体：民族、国家、政党、人民、阶级、社会；小我自身虽被抹平了内在深度、丧失了价值，但他可以在为民族、国家独立，社会、阶级解放或政党、人民的献身中获得其价值。这种"小我—大我"话语在表面上与传统自我观是一样的，个体皆从一个更广大的"存在者"中获得其生存意义——对于传统自我观来说，这个存在者是一个道德化宇宙中的超越价值"仁"，而对于"小我—大我"话语来说，这个存在者可以是民族、国家、政党、人民等等；但是二者在实质上存在着非常大的差别，这一差别是"本真性"与"异质性"的差别。

如前文所述，自轴心时代以来，各大文明的超越性价值都有一个内化的过程，张灏将其称为"超越的原人意识"，这就意味着，对于传统中国文化来说，"仁"不仅是世界的本质，更是内化于自我本身的一种特点——也是自我的本质。这样一来,个体自我与超越性价值之间便无间隔,自我修身、齐家、治国、平天下的外扩过程,从另一层面来看也是自我不断接近、认识与实践其本真性的过程,当然这一切都建立于被祛魅前天理流行、仁义充沛的世界图景。而一旦此图景被祛魅后,自我被理解为纯粹感官性的生物存在,其"本真性"就由"仁"转变为为感官欲望所驱使的生物性本能。这样一来,那些"大我"便彻底成为"异质性"的存在,它们虽然可以提升自我的生存境界、赋予自我存在意义,但从根本上来说与自我的"本真性"——生物学上可称为"本能",是相互矛盾的。由此带来了两大严重后果:一方面,小我虽然可以从大我中获取意义充实感,但总是以其对自己本能的压抑为代价,这种压抑若在一定范围内,尚可视为"升华"前的"磨炼",但若超出一定范围,甚至威胁到小我最基本的生存"本能"之满足,则会产生余英时所说的"大我"吞噬"小我"之感;另一方面,若"小我"将异质性的"大我"作为人生价值的来源,即会出现梁漱溟所说的将"生活重心"移出自我之外的局面。外在重心动摇后,无非两种结果,要么重新选择新的外在重心,要么将生活重心内移——这本是梁漱溟赞同的方法,但在一个将自我理解为感官主义存在的语境中,重心内移后发现的并非任何超越性价值或道德性内涵,而是翻滚不息的生物性欲望"本能"罢了,满足这些欲望本身便成了最重要的人生意义,满足的手段自然是拼命挣钱。其细节处即使幽微复杂,然从梁漱溟视角观之,无非是持有感官功利主义自我观之人的外在生活重心动摇罢了。

对于传统自我观裂变所带来的虚无主义危机,梁漱溟和熊十力二人的思想与实践为我们指出两条重建自我理解、对治虚无主义的方法。熊十力的思辨性语言较为晦涩,哲学化体系也相对复杂,但治疗虚无主义的思路却十分清晰。他用佛教唯识学解构了物质化的机械世界图景,从易学中受到启发,重新建立了以"翕辟"为核心的道德化宇宙图景,在此图景中本体是一"翕"一"辟"的势用流行,"翕"的势用凝结成一切物质性存在,"辟"的势用阻止本体物化倾向,使得本体始终保持流行不息、刚健有力的特性。本体除了有非物质化且无处不在的特点外,还有刚健有为、精进不已的道德内涵,"辟"的势用化为"本心",所以宇宙本体与自我的"本心"成为一体两面。这样一来,自我重新与超越性存在融为一体,道德伦理价值不再是异己性存在,也不再是为满足特定目的的手段或是适应生物性存在的需求,而是"本心"绽露的体现、本真性自我的呈现。熊十力指出,那种将自我理解为感官性存在的观点,完全是"本心"被"习心"蒙蔽,被贪欲、嗔怒和愚痴扭曲的产物,从而将生物性的自我由一种"自然状态""本能状态"转换为非本真性的缺陷状态和堕落状态。同时熊十力还在《新唯识论》中指出了复返本真性状态的方法:收摄"本心"使其重归清净状态,不为贪欲、嗔怒、愚痴所迷惑,摒弃过度的欲望,使自我保持一种自强不息、积极向上的人生态度。

由此可见,熊十力对治虚无主义采用了一种"返魅"的方法,科学世界观祛除了传统世界图景中的神秘性、神圣性与道德性,而熊十力通过解构科学世界观,重建了一个具有神圣性与道德性的本体,由此本体重新生发出来了一幅"返魅"的世界图景。自我存在的价值、人生的意义便可从同宇宙本体相连的道德化"本心"的体认与践行中获得充实。对于熊十力自己来说,一个"翕辟"相生、生生不息、大化流行的世界并非理论上的虚构,而是他从自己活生生的生命体验中证悟得来的结果,从中他还获得了现实世界皆为幻相的洞见,他可以通过证悟获得与生生不息的本体融为一体,重新发现澄明透彻、刚健不息的"本心"之深刻体验,这些体验是他哲学思想的重要来源,也是他生命意义充实感的源头。熊十力希望通过《新唯识论》让读者能从层层递进的哲学论证中获得类似于自己证悟的洞见;诚然,我们阅读《新唯识论》,跟随他的思路,可以得出类似结论,但对于生活在现代世界的大多数人来说,很难获得与熊十力相似的生命体验,我们对宇宙真相的看法,更倾向于听从物理学家的观点;万物皆空的洞见虽然深刻,但绝大多数人还是愿意将自己生存的物质世界看作真实的存在。这样一来,从较理想的角度来看,熊十力的"返魅"方法,可被视为一种深刻的哲学理论——学界大多数采取类似观点;而从一个更苛刻与批判性的角度观之,熊十力的"哲学"很容易被斥为毫无科学根据的"玄谈"。一旦熊十力所建构的世界图景与本体被拒斥,所剩下的很可能就是枯燥的、毫无生命力的"哲学研究观点"以及并无多少新意的道德说教,"理论是灰色的",从中很难获得人生意义的充实感。

简单说来,并不是熊十力的"返魅"之途不"正确",而是其所要求的门槛太高,需要十分敏锐的生命感受力与"证悟"能力,对绝大多数人来说,也许正是其"缺陷"所在。

与熊十力晦涩的文字与古奥的理论相比,梁漱溟的风格则显得通俗、质朴许多,他不喜欢建构理论体系,也少有深刻的哲学思辨,甚至曾强调自己志不在研究学问、著书立说,只是对人生问题有自己独特的见解,把相关思考的结果写了下来而已。由于思考源于自我的生活经历,梁漱溟认为写一个"人生自述"相比理论著作更能体现自己的思想,[①]实际上他的许多重要著作中都穿插有自我人生经历的叙述。其成名作《究元决疑论》源于他出现精神危机和通过学习佛学走出精神危机的经历,《东西文化及其哲学》中有他对东西文化问题研究的心路历程介绍。可以发现梁漱溟的著述方式是先叙述自己的人生经历,由此经历中总结出问题意识,再从经典中找出对治相应问题的方案,简单说来即是采用人生经历叙述与经典解读相交融的方式来著述。梁漱溟的著述源于生活经验,因此其著述方式即是他走出精神危机、对抗虚无主义的方式。

通过叙事的方式来给人生提供意义,这种观点乍看之下有些荒诞,但当我们把眼光转向一部情节动人的电影、一本故事曲折的小说,便会意识到好的叙事自然会生发出丰富的意义。有时候一部优秀的叙事性作品的主人公与故事情节完全是虚构的,然其曲折动人的情节一旦深深触动受众(电影观众或小说读者),受众便会有虚构的人物比日常生活中真实存在的人更加"真实"之感觉。以"爱情"为例,提起令人难忘的情侣或是伟大的爱情经历,大多数人更可能联想到"罗密欧与朱丽叶"或"梁山伯与祝英台",而不是自己的亲身经历或是身边某个真实存在的人之经历。其原因很大程度上在于,爱情之"伟大""浪漫"程度往往与其经受的考验与挫折成正比,与其所处的历史大背景等复杂情境成正比,与其蕴含的叙事情节丰富程度成正比。大多数人觉得自己的爱情经历寡淡无

[①] 梁漱溟著,中国文化书院学术委员会编:《梁漱溟全集》(第一卷),第 327 页。

味,无法与经典的爱情典范相提并论,原因就在于其爱情往往陷入一种固定的模式化叙事中:见面、约会、看电影、赠礼物、外出游玩……相比于易装入学互生情愫的戏剧化场景,相比于两大豪族阻碍下翻窗见面月下谈情,相比于王子仗剑屠龙勇救美人的扣人心弦,自己的爱情叙事情节普通、简单太多,浪漫性自然也大打折扣。实际上这也是大多数人认为一场意外邂逅而来的爱情或是一方苦苦追求、花样表白而来的爱情,比程式化的"相亲"而来的"爱情"更具有浪漫性、更富有意义的重要原因。对于所有人来说,无论其爱情经历多么单调乏味或程式化,只要将其经历置于特定的叙事情境中,多少会有浪漫之感浮现,我们会很自然地接受"平平淡淡是最真""平淡扶持一起变老"的叙事为"爱情",但显然不会认为两条狗、两只猫之间有爱情,除非将它们的行为置于人为的叙事之中。

  以人的生物性感官体验来理解自我存在,之所以会出现意义虚无感,一个重要原因便在于其叙事性的匮乏。每个人都会将自己看到、听到、尝到、触到的感官性体验视为非常真实的存在,一些极端的感官性体验,如狂喜、暴怒或剧痛的感受更是刻骨铭心。但愈是极端的私人化的感官体验,愈难通过语言来传达给他人,我们可以很简单地告诉他人被扇一耳光的感觉,但对于酷刑、凌迟之感,只能将其转化为更为常见的或可以想象的叙述:蚂蚁噬骨、万箭穿心等等。对于复杂性感官体验的描述困难,一方面固然在于很多体验带有很强的私人性特点,每个人的感觉程度不一;另一方面,更重要的是人类语言对于感官体验的描述存在着天然的匮乏性特点,人类语言核心用途便是人际交流,显然感官体验过于个体化,很难被公共性的语言描述。想象一下,用 3000 字去描述做一道菜的过程并非难事,而且若描述精准,另一个人完全可以照着做一道非常相似的菜;但要用 3000 字去描述自己品尝一道菜的真实感官体验,恐怕并非易事,而且另一个人显然无法单凭看文字描述就能"尝"出或准确"想象"出一道菜的味道。描述感官体验词汇的贫乏性使得一种以感官主义理解自我的观点注定也是贫乏的,以这种理解组织起来的人生叙事将是固定的"昨天吃了很好吃很好吃的××、玩了很好玩很好玩的××,感到非常非常愉悦,今天吃了很好吃很好吃的××、玩了很好玩很好玩的××,感到非常非常愉悦,明天……后天……",从而使人生陷入一种固定的模式化叙事中,丧失了意义充实感。

叙事可以产生意义,那么这种意义来源于何处呢?毫无疑问,"情节"是重要的来源之一,上文已经指出经典爱情典范的丰富意涵很大程度上来源于男女主角曲折的爱情经历;然而,"情节"本身并不足以产生意义。很容易想象,一对保持稳定性关系、共同养育后代的野狼在大自然中所遭遇的各种艰险、曲折远远大于生活平静的都市白领情侣,但我们绝不会认为野狼具有更浪漫的爱情,原因便在于野狼自己无法将曲折复杂的经历以恰当词汇叙述出来。由此可见,用来描述与解释"情节"的"词汇"是生成意义的另一重要因素。同样以爱情为例,富有意义的爱情很可能需要如"浪漫""忠贞""痴情""情种""郎才女貌""相濡以沫""一见钟情""水性杨花""始乱终弃""海誓山盟""至死不渝""白头偕老""举案齐眉"等等词汇来描述与解释——一个没有带伞的年轻男子在大雨中苦守门前不愿离去,为了等门里的女孩开门,从感官体验角度来说,显然是不适的,从理性功利角度来看,也是不智的,但若以"痴情""至死不渝"等词汇来描述与解释这种行为,旁观者也能体验到这种行为里的爱情意义。

"人能够具有'自我'的观念,这使人无限地提升到地球上一切其他有生命的存在物之上,因此,他是一个人。"[①]康德之所以赋予"自我"观念如此高的地位,正是因为人在对"自我"的反思中,在反思后形成的"自我"人生的叙事中,感知到自己存在的意义。在传统社会,某个特定文化中往往存在一套以核心词汇构成的"元叙事",或曰"核心叙事",例如在基督教文化中,最核心的词语是"上帝",其他核心词还有"圣经""神启""虔诚""礼拜""教堂""拯救""天堂""地狱""最后的审判"等等;对于中国文化来说,最核心的词很可能是"仁",其他核心词还有"义""礼""天""修身""齐家""治国""平天下""天人合一"等等。这些核心词汇描述了一幅固定的通常是充满道德化的宇宙图景,建构了一整套具有规范性的理想人生叙事,也就是所谓"元叙事"。大多数人借助核心词汇描述、理解自己人生的意义,具体生活上则以"元叙事"为典范。

近代科学的兴起,使得道德化的宇宙图景遭到祛魅,元叙事随之解体,而许多构成人类生存意义的核心词语原本建立于此图景之上,它们的合理性也面临危机。事实上伴随这套科学世界图景而来的物质主义还原论已经开始解构许多重要的核心词语:"尊严""勇气""道德""善良"等等,将其还原为某种特定感官需求的产物,甚或身体中生化反应、大脑中生物电流的产物。针对这种还

[①] [德]康德:《实用人类学》,邓晓芒译,上海人民出版社,2005年,第3页。

原论思潮,查尔斯·泰勒提出"BA 原则"予以回击。

"BA"是"Best Account"的缩写,所谓"BA 原则"即是"最佳论述原则",这条原则认为:人类日常生活所选择的词汇有说明性与生活性运用两大特点,除非能找到能从"说明性"与"生活性运用"两方面皆能更好替代原有词汇所具有功能的新词汇,否则不能放弃原有词汇,哪怕是出于建构一个更具简洁性、解释力与统一性的科学理论或形而上学体系的目的。① 很明显,这条原则是针对现代科学为了建构更具简洁与统一性特点的"说明性"理论,来削减传统词汇中的"生活性运用"内涵的倾向。泰勒认为具有"生活性运用"特点的词汇不容随意还原,更不容削减,在他看来,"尊严""勇气"或"残忍"这些具有明显生活性运用内涵的词语是必不可少的术语,"因为没有它们我就不能评估可能的行为过程,不能判断我周围的人和处境,或不能决定我是如何实际感受某人的行为或生存方式";② 在他看来,这些词语因为无可替代地阐明了某些道德现象,在某种程度上已经不是单纯的"词语",而成为现实世界的一部分。③

泰勒的 BA 原则虽然有力地回击了庸俗还原论的威胁,但无法解决核心词汇的"凋亡"危机。组成人生叙事的核心词汇,绝大部分来源于各大文明中的经典,这些经典的成书时间远则数千年,近则上百年,它们所植根的世界图景与社会结构早已发生巨大变化,也许所回应的问题是亘古不变的人生问题,但问题所产生的语境,

---

① [加]查尔斯·泰勒:《自我的根源:现代认同的形成》,第 86、87 页。
② [加]查尔斯·泰勒:《自我的根源:现代认同的形成》,第 85 页。
③ [加]查尔斯·泰勒:《自我的根源:现代认同的形成》,第 101 页。

词语所描述的人生经验已经发生巨大变化，丧失了描述现实的词语只能走向"凋亡"，其生命力枯竭后，成为历史学家还原它们原有语境的"史料"。对于这一问题，梁漱溟给出了自己的解决方案，即以自己在人生经历中产生的感受、困惑为出发点向经典发问，这样一来，一方面他可以从经典中找到解决问题的答案，另一方面，阐释这一答案的过程实际上也是往经典中注入活生生生命体验的过程，从而重新赋予凋亡的词汇以阐明现实生命体验、解决人生困惑的能力。梁漱溟解决虚无主义危机的方法，简单说来便是用传统经典中的核心词汇重组自我的人生叙事，这一叙事过程既是生成自我存在之意义的过程，又是翻新传统词汇的过程。从某种程度上来说，一个伟大思想家的一生，就是以自我生命体验翻新传统核心词汇的一生。

参考文献

史料：

1.报刊：《东方杂志》《新青年》《新潮》《学衡》《北京大学日刊》《晨报副刊》《甲寅》《努力周报》《时事新报·学灯》《再生杂志》《再生》《太平洋》《独立评论》。

2.梁漱溟著,中国文化书院学术委员会编：《梁漱溟全集》,山东人民出版社,2005年。

3.熊十力著,萧萐父、郭齐勇主编：《熊十力全集》,湖北教育出版社,2001年。

4.张君劢：《民族复兴之学术基础》,中国人民大学出版社,2006年。

5.张君劢：《明日之中国文化：中印欧文化十讲》,中国人民大学出版社,2006年。

6.张君劢等：《科学与人生观》,中国致公出版社,2009年。

7.牟宗三:《牟宗三先生全集》,联经出版事业有限公司,2003年。

8.唐君毅:《唐君毅全集》,学生书局,1989年。

研究著作:

1.罗晓静:《寻找"个人":论晚清至五四现代个人观念的发生》,中国社会科学出版社,2007年。

2.顾红亮、刘晓虹:《想象个人:中国个人观的现代转型》,上海古籍出版社,2006年。

3.马小虎:《魏晋以前个体"自我"的演变》,中国人民大学出版社,2004年。

4.杨贞德:《转向自我:近代中国政治思想上的个人》,生活·读书·新知三联书店,2012年。

5.郑大华:《梁漱溟传》,人民出版社,2001年。

6.郑大华:《梁漱溟学术思想评传》,北京图书馆出版社,1999年。

7.郑大华:《梁漱溟与胡适——文化保守主义与西化思潮的比较》,中华书局,1994年。

8.郭齐勇、龚建平:《梁漱溟哲学思想》,北京大学出版社,2011年。

9.李渊庭、阎秉华:《梁漱溟先生年谱》,广西师范大学出版社,2003年。

10.李渊庭、阎秉华:《梁漱溟》,群言出版社,2011年。

11.景海峰、黎业明:《梁漱溟评传》,百花洲文艺出版社,1995年。

12.郑大华:《张君劢传》,商务印书馆,2012年。

13.郑大华:《张君劢学术思想评传》,北京图书馆出版社,1999年。

14.陈先初:《精神自由与民族复兴——张君劢思想综论》,湖南教育出版社,1999年。

15.吕希晨、陈莹:《张君劢思想研究》,天津人民出版社,1996年。

16.丁三青:《张君劢解读:中国史境下的自由主义话语》,南京大学出版社,2009年。

17.翁贺凯:《现代中国的自由民族主义:张君劢民族建国思想评传》,法律出版社,2009年。

18.郭齐勇:《熊十力传论》,中国社会科学出版社,2013年。

19.郭齐勇:《熊十力哲学研究》,人民出版社,2011年。

20.景海峰:《熊十力哲学研究》,北京大学出版社,2010年。

21.李祥俊:《熊十力思想体系建构历程研究》,北京师范大学出版社,2013年。

22.郭美华:《熊十力本体论哲学研究》,巴蜀书社,2004年。

23.张光成:《中国现代哲学的创生原点:熊十力体用思想研究》,上海人民出版社,2002年。

24.杜维明:《杜维明文集》,武汉出版社,2002年。

25.方克立、李锦全主编:《现代新儒家学案》,中国社会科学出版社,1995年。

26.罗义俊编著:《评新儒家》,上海人民出版社,1989年。

27.郑家栋:《现代新儒学概论》,广西人民出版社,1990年。

28.郑家栋:《当代新儒学史论》,广西教育出版社,1997年。

29.郑家栋:《断裂中的传统:信念与理性之间》,中国社会科学出版社,2001年。

30.余英时:《现代儒学论》,上海人民出版社,2010年。

31.景海峰:《新儒学与二十世纪中国思想》,中州古籍出版社,2005年。

32.宋志明:《现代新儒学的走向》,北京师范大学出版社,2009年。

33.林安梧:《儒学革命:从"新儒学"到"后新儒学"》,商务印书馆,2011年。

34.干春松:《康有为与儒学的"新世":从儒学分期看儒学未来的发展路径》,华东师范大学出版社,2015年。

35.干春松:《保教立国:康有为的现代方略》,生活·读书·新知三联书店,2015年。

36.许纪霖、宋宏编:《现代中国思想的核心观念》,上海人民出版社,2011年。

37.段炼:《"世俗时代"的意义探寻:五四启蒙思想中的新道德观研究》,上海人民出版社,2015年。

38.张宝明:《启蒙与革命——五四"激进派"的两难》,江西教育出版社,2009年。

39.余英时:《余英时文集　第二卷,中国思想传统及其现代变迁》,广西师范大学出版社,2004年。

40.汪晖:《现代中国思想的兴起》,生活·读书·新知三联书店,2008年。

41.汪晖:《汪晖自选集》,广西师范大学出版社,1997年。

42.龚群:《自由主义与社群主义的比较研究》,人民出版社,2014年。

43.[美]艾恺:《最后的儒家:梁漱溟与中国现代化的两难》,王宗昱、冀建中译,外语教学与研究出版社,2013年。

44.[加]查尔斯·泰勒:《自我的根源:现代认同的形成》,韩震等译,译林出版社,2012年。

45.[美]乔纳森·布朗:《自我》,陈浩莺等译,彭凯平审校,人民邮电出版社,2004年。

46.[美]狄百瑞:《亚洲价值与人权:儒家社群主义的视角》,尹钛译,任锋校,社会科学文献出版社,2012年。

47.[美]狄百瑞:《东亚文明:五个阶段的对话》,何兆武、何冰译,江苏人民出版社,2012年。

48.[美]狄百瑞:《儒家的困境》,黄水婴译,北京大学出版社,2009年。

49.[美]郝大维、安乐哲:《通过孔子而思》,何金俐译,北京大学出版社,2005年。

50.[德]哈贝马斯:《现代性的哲学话语》,曹卫东等译,译林出版社,2004年。

51.[美]弗洛姆:《逃避自由》,刘林海译,国际文化出版公司,2002年。

52.[美]李怀印:《重构近代中国——中国历史写作中的想象

与真实》,岁有生、王传奇译,中华书局,2013年。

研究论文:

1.刘晓虹:《个人观转型:中国现代性研究中的一个重要问题》,《华东师范大学学报(哲学社会科学版)》,2004年第6期。

2.顾红亮:《个人观与现代性意识的关联》,《杭州师范学院学报(社会科学版)》,2007年第3期。

3.孙强:《五四时期个人观念的历史内涵》,《贵州文史丛刊》,2011年第4期。

4.顾红亮:《技术人与道德人——论贺麟的儒者型个人观》,《上海交通大学学报(哲学社会科学版)》,2007年第3期。

5.顾红亮:《个别、个体与个性——论冯契的个人观》,《华东师范大学学报》(哲学社会科学版),2009年第2期。

6.许纪霖:《个人主义的起源——"五四"时期的自我观研究》,《天津社会科学》,2008年第6期。

7.方克立:《现代新儒学研究的自我回省——敬答诸位批评者》,《南开学报》,1993年第2期。

8.刘乐恒:《马一浮与现代新儒家》,《浙江社会科学》,2006年第3期。

9.胡军:《方东美哲学思想的道家精神》,《中国哲学史》,2000年第1期。

10.蒋国保:《方东美哲学思想的儒家精神——兼与胡军教授商榷》,《中国哲学史》,2001年第2期。

11. 余秉颐:《方东美哲学思想的理论归趣——与胡军先生商榷》,《学术月刊》,2001年第12期。

12. 胡军:《也论方东美哲学思想的儒家精神——兼答蒋国保先生》,《中国哲学史》,2001年第4期。

13. 胡军:《也论方东美哲学思想的理论归趣——兼答余秉颐先生》,《学术月刊》,2004年第5期。

14. 李颖:《五四时期青年毛泽东自我观探究》,《河南理工大学学报(社会科学版)》,2011年第4期。

15. 陈来:《论梁漱溟早期的中西文化观》,《武汉大学学报(人文科学版)》,2001年第3期。

16. 郑大华:《张君劢与现代新儒学》,《天津社会科学》,2003年第4期。

17. 洪晓楠:《张君劢对当代新儒家文化哲学思潮发展的影响——以"科玄论战"为例》,《大连理工大学学报(社会科学版)》,2002年第3期。